Globalization of Company Culture

会社文化のグローバル化

経営人類学的考察

中牧弘允
日置弘一郎
[編]

東方出版

はしがき

一九九一年のソ連崩壊はグローバル化を一挙に加速させた。グローバル化は交通・通信手段を急速に発展させ、地球規模での経済・金融市場が全人類の生活に複雑かつ深刻な影響をあたえるようになった。社会主義的な計画経済は次第に市場主義経済に道をゆずり、国家の統制は企業・NGO／NPOなどとの協働をますます余儀なくさせている。日本でも「民間にできることは民間に」「地方にできることは地方に」という掛け声が勢力を増し、郵政の民営化や地方行政の三位一体改革が進行している。

日本の会社も一九九〇年代に大転換を遂げた。いわゆるバブル経済がはじけ、右肩あがりの時代の日本的経営・生産が見直されはじめたのである。不良債権の処理、リストラとよばれる事実上の解雇、M&Aと称される企業の合併・吸収、そして倒産や不祥事の発覚が日常茶飯のニュースとなった。会社とは何か、会社は誰のものか、そして会社はどうなるのかが、会社のみならずマスコミや学界でも、真剣に問われるようになった。

そうした時代背景のもと、国立民族学博物館（通称「民博」、大阪府吹田市）では二一世紀の初頭にひとつの共同研究がスタートした。テーマは「会社文化のグローバル化に関する人類学的研究」（研究代表者　中牧弘允、二〇〇一―二〇〇二年度）である。その研究会は人類学の中牧弘允と経営学の日置弘一郎を中心に一九九三年から断続的につづいてきた会社とサラリーマンに関する共同研究のなかで企画された。計画書には「グローバル化は情報、通信、金融、経済などさまざまな視点から議論されているが、本研究は会社という組織の文化的側面からグローバル化の諸相をあきらかにする」と研究目的に記されている。とりわけ「目下進行中の地球規模での会社化において文化がどのような役割りを果たしているかを実証的に検証すること」をめざしていた。二年間の研究のあいだ、一四回の研究会と三八の報告がなされた。本書にはそれらを中心に、共同研究員によって執筆された一〇篇の論文が収録されている。その内訳は第Ⅰ部の「流通産業をめぐって」の三篇、第Ⅱ部の「文化マーケティングをめぐって」の四篇、そして第Ⅲ部の「現地化をめぐって」の三篇である。

これまでの会社文化にかかわる民博共同研究は主として人類学と経営学のコラボレーションから出発した。くわえて日本民俗学、日本史、社会学などを専門とする人たちの参加も得ながら、経営人類学とよばれる学問領域を開拓してきた。経営人類学の対象は自己管理からさまざまな組織の運営にひろがり、ひいては都市や国家や文明にまで拡大しうるとかんがえているが、経営学的研究の進展がもっとも顕著なのは先進地域の企業であろう。民博共同研究において日本の会社研究が共通の研究対象となっているのは、現代的組織としての会社がたんなる経済的活動の場ではなく、それぞれに独特の文化をもつ共同体的性格を色濃く有していることがおおきな理由のひとつである。しかも、そうした日本の会社文化はグローバル化のなかでおおきな変革と変容をせまられている。かつて日本的経営とよばれた終身雇用制や年功序列は国内ではきびしい見直しにさらされる一方、日本企業の海外進出にともなって日本的な会社文化は外国にも移植されるようになった。経営人類学の立場から、参与観察やインタビューなどのフィールドワークにもとづいて、そうした事態の把握につとめることが知的関心をよぶようになったのである。

グローバル化は、一般に、地球を相対的にちいさくし、画一化を推進する現象とみなされるが、他方では文化や地域の独自性や多様性の主張を随伴するといわれている。また、グローバル化には瞬時に世界をかけめぐる通信のように技術や統計など経験的データに裏づけられた側面と、「地球市民」のように思想や主観的意識の問題として経験的データをこえる性格とが区別できる。会社文化のグローバル化においても、そうした認識はあてはまるのだろうか。均質的でマニュアル化された文化が多国籍的展開を遂げる会社にみられる一方、国や地域によって味覚のちがいに配慮した販売戦略をとっていることも事実である。われわれの研究はそのあたりへの関心が出発点となっていた。

編者

●目次

第Ⅰ部　流通産業をめぐって　43

序論　会社文化のグローバル化と経営人類学

中牧弘允・日置弘一郎

一　新・会社法の思想

二〇〇六年五月一日、あたらしい会社法が施行された。一八九九年の商法制定から一世紀をへだてた抜本的改正である。改正の柱はこれまでの会社関連法を一本化し、グローバル化に対応する企業活動の環境をととのえることだった。おおきな特徴としては、起業のハードルが低くなり、M＆A（企業の合併・買収）など柔軟な経営が可能な合同会社や有限責任事業組合が新設され、社外取締役の義務づけやリスク管理の公開義務など、企業のコンプライアンス（法令遵守）や社会的責任（CSR）がきびしく問われるようになった点が指摘できる。会社はグローバル経済の発展にともない、その法的・制度的・倫理的再編の渦中にある。

会社関連法の改正には過去の桎梏の精算と未来の変化への対応という二面性がある。それは工業化をめざしていた時代から脱工業化、ひいては高度産業化を指向する時代に突入した現在、会社を本格的にグローバル時代に脱皮させるための法改正であり、グローバル経済での企業サバイバルをめざす法的対応でもある。一言でいえば、後述するところの「市場個人主義」よばれるような経済原理のもとで、規制を緩和し、自己責任をともなう企業活動をうながすことが新・会社法制定の思想といえる。

ここであえて「思想」にこだわるのは、条文の文言の背後に価値観や世界観のおおきな変化が潜んでいるからである。新・会社法には、あらたな「思想」のもとに、百年を超える社会変化にまがりなりにも対応してきた旧法を再編し、新法のもとで会社を蘇生させるとともに、新制度による会社の出現をうながす意図がうかがわれる。その「思想」とはグローバル時代の経済活動を律する理念・倫理にほかならない。

より具体的には、企業の国際競争力を高めるために経営者（経営陣）の裁量を大幅にみとめ、制約の少ない、より自由な選択にゆだねること、それにともない経営者（経営陣）の自己責任とコーポレート・ガバナンス（企業統治）をきびしく問うことが表裏一体となっている。これは「日本的経営」とか「護送船団方式」とよばれてきた企業経営をおおきく転換させる起爆力となる。換言すれば、社会的連帯を多少犠牲にしても国際競争力を優先する政策に直結するところの思想である。すくなくともそれを意図して制定された法令であることはまちがいない。

「会社文化のグローバル化に関する経営人類学的研究」は新・会社法の制定をにらんで組織されたわけではない。問題意識としては、むしろ、国際化・グローバル化に対応してきた日本の会社の「文化」――たとえば、価値観や行動様式にかかわる組織のアイデンティティ――にせまることで、法令や定款では明文化されない側面に光を当てることが含意されていた。それは基本的に、国際的に活動の場を広げてきた日本企業の経営文化に関心をもつ者たちが理論的・実証的に会社文化のグローバル化に取り組もうとして企画されたものである。経営人類学と称するのも、表向きの経済活動よりも、会社経営の底流にある心的態度や行動様式を人類学的調査によって実証的にあきらかにしようという共通認識が存在するからにほかならない。

新・会社法のほうは急激なグローバル経済に直面し、五〇年前（一九五〇年の商法改正）、一〇〇年前（商法）に整備された法律が弥縫策ではいよいよ収拾できなくなった事態に対応していた。他方、共同研究のほうは閉鎖的で運命共同体的な日本の会社が開かれた国際的経営戦略をもたなければ倒産するような事態にも関心を寄せていた。いずれも同時代の産物といえるが、前者がのぞましい会社のありかたを法的に規定しなおそうとしたのに対し、後者のほうは会社経営の多様な実態から「文化」の姿を記述しようとしていた。

会社文化の経営人類学的研究はこれまで入社式や社葬などの会社儀礼、会社の年中行事、会社の守護神をまつる神社、会社墓とよばれる物故社員の追悼施設、会社の歴史や事業を紹介する企業博物館などを主な研究対象としてきた。いずれも利益をうみだす本業とは直接的なかかわりのうすい分野である。しかし、そこにこそ象徴的に、あるいは典型的に、会社の価値観や世界観が表出されているにちがいないとかんがえた。また、そこには経営者の哲学や思想が色濃く浸透していると予想された。そして、参与観察やインタビューなど、人類学的調査手法が有効にはたらくと期待したこともおおきかった。実際、共同あるいは個別に会社やサラリーマンの調査をすすめていくなかで、おおくの成果をあげることができた。

だが、そこにはひとつの弱点、ないし克服すべき点が潜んでいた。それは端的にいうと、会社文化を終身雇用や年功序列に代表されるいわゆる「日本的経営」の視座から分析することの限界性でもあった。高度経済成長期に発達しピークをむかえた社縁文化[1]は一九九〇年代の「失われた一〇年」の時期に曲り角にさしかかっていた。バブル崩壊後の不況やリストラは従来の会社文化に見直しをせまっていた。一九七〇年代のオイルショックを克服した頃に脚光を浴びた「日本的経営」は国際的競争力を削ぐものと見なされはじめ、「グローバル化」が時代のキーワードになっていった。その要因には、東西の冷戦体制が崩壊し、世界の経済市場が一元化していったことが強烈な影響をあたえていた。

会社文化のグローバル化に関する研究は、マクロにはマクドナルドやコカコーラに典型的に見られるようなグローバル経営に視野をひらきながら[2]、ミクロにはもっぱら日本の会社の海外進出とそれにともなう異文化対応に焦点をあわせることがおおかった。というのも、研究会を企画した当初、「会社文化とグローバル化」としていたところを「会社文化のグローバル化」に変更した結果、国内で会社が直面するグローバル化よりも、海外進出した企業の会社文化が必然的に主たる調査・研究対象となったからである。まずは外国でのおおくの事例にあたることが優先され、アメリカやヨーロッパ、あるいはアジアの諸地域に進出した日本企業を追いかけた（第一・二・六・七・八・九・一〇章）。中国に進出したフランスの会社についての報告もある（第三章）。また同時に、共同研究会メンバーを中心にイギリスでの調査を実施し、経営文化の日英比較をこころみた（中牧編 二〇〇四）。そこではとくに共同研究ですでに実績のある宗教分析や企業博物館に比較の焦点を合わせることとなった。本書にはイギリスの企業の展示施設をあつかった二つの報告（第四・五章）がおさめられている。日本の会社文化はグローバル化の面では後発の勢力に属する。それなりの影響力はあるものの、最大勢力は欧米企業の会社文化、なかんずくアングロ・サクソン型の経営文化である。したがって、そのルーツをさぐるためにも、また今日の現状を知るためにも、イギリスの調査は有意義だった。

二　市場個人主義の抑止

イギリスの知日派研究者ロナルド・ドーアは彼が命名したところの「市場個人主義」の思想が世界で支配的になりつつあることを指摘している。「市場個人主義」の特徴としては①労働者保護よりも自助自立を強調する労働観、②市場原理にゆだねる報酬構造、③不平等の拡大の正当化、といった点があげられている［ドーア 二〇〇五：一三二―一三五］。また、極端な所得格差にみられるような、「貪欲を貪欲とけなすことをためらう」傾向を助長させているとも警告している［ドーア 二〇〇五：一三七］。最近では宗教のファンダメンタリズム―ふつう原理主義と訳されるが、本来は聖書無謬説にもとづくキリスト教至上主義―にならって「市場原理主義」という呼称がしばしば話題にのぼるようになった。いずれにしろ、「市場個人主義」や「市場原理主義」は、「ネオリベラル」といったラベルづけとともに、アングロ・サクソン型の資本主義における現時点での優勢な思想である。

競争と自己責任を強調する新・会社法はアングロ・サクソン型と日本型という異なる資本主義の相克のなかから

産み出されたものと見ることもできよう。だがそれは、グローバル化の進展のなかでせめぎあい、折り合いをつける資本主義の形としては、レーガン、サッチャー以来のアングロ・サクソン型にずいぶん比重を移したようにみえる。実際、過度の競争原理や市場原理の導入にはきわめて慎重な経済界のリーダーも少なくない。たとえば、経済同友会の提出した二〇〇三年の企業白書のなかで、小林陽太郎代表幹事は「米国型経営」の過度の行き過ぎ、すなわち投資家へのリターン重視に批判的な見解を述べている［小林　二〇〇三：一六―一三］。また、不平等社会や格差社会を問題視する議論の高まりも他方ではみられるようになった。二〇〇六年四月の衆議院千葉七区の補欠選挙で民主党が自民党に勝利をおさめた一因は、新任された小沢一郎代表に対する期待とともに、政策として不平等や格差の是正を訴えたからでもある。

では、「市場個人主義」を抑制するメカニズムはどのように働かせたらいいのか。その鍵は資本主義の多様性がにぎっているとドーアは指摘する。すなわち、労使関係にもアングロ・サクソン型以外に大陸ヨーロッパ型や日本型が存在するように、グローバル化における覇権的文化を抑止する方途は文化の差異に潜んでいるという［ドーア　二〇〇五：一八五―一八七］。この「資本主義の多様性問題」は会社文化のグローバル化を論ずるときに決定的な意味をもつ。なぜなら、会社は近代国家とともに資本主義の主要な担い手として登場したが、国民国家が領土の束縛から容易にのがれられないのに対し、会社はたやすく脱領土化し、多国籍企業はたがいに競争相手と覇を競い合うようになったからである。

会社文化のグローバル化についても覇権的な文化のグローバル化との関連で論ずべき点が多々存在する。ドーアのように文化的覇権国家アメリカへの文化的収斂を端的なグローバル化とみなす立場［ドーア　二〇〇五：一二〇］からすれば、アメリカの会社文化が覇権的となることは当然としても、それに比して日本の会社文化のグローバル化はどこまで覇権的といえるかという問題は残る。あるいは、ＢＲＩＣｓ（ブリックス。ブラジル、ロシア、インド、中国の総称）と称される台頭する経済大国、とりわけ中国やインドがその文化をどう覇権的に行使するようになるかといった設問もこれから視野におさめなくてはならないだろう。

三　グローバル化の乖離的性格

人類学はいわゆる低開発国や未開社会の研究に専門化しているというイメージからなかなか脱却できないでいるが、近年の顕著な動向のひとつはグローバルな人口移動にともなう諸問題への取り組みである。たとえば、インドはムンバイの生まれでアメリカの人類学教育を受けたアルジュン・アパデュライはそのひとりであるが、かれにならえば、「エスノスケープ（民族の地景）」の大変容をどう把握するかが課題となる。「エスノスケープ」とは旅行者、移民、難民、亡命者、外国人労働者といった移動する集団や個人が国家や国家間の政治におおきな影響をおよぼしている景観をさしている［アパデュライ　二〇〇四：七〇］。会社研究から言えば、このリストに海外（外国）駐在員や海外（外国）在住者をくわえることができよう。このような人口は流動的で不安定であるが、家族・親族や友人関係に民族的なネットワークをもち、脱領土的な行動様式をとっている。こうした移動する集団や個人こそがグローバル時代の本質的な特徴をなすとアパデュライはかんがえ、国民国家（nation-state）における民族（nation）と国家（state）の関係に再考をせまっている。

その議論の要点は、グローバルな文化経済は複合的・重層的であるにとどまらず乖離的（disjunctive）であり、エスノスケープをはじめとする五つの文化フローも―他はメディアスケープ（メディアの地景）、テクノスケープ（技術の地景）、ファイナンススケープ（資本の地景）、イデオスケープ（観念の地景）―たがいに深層では乖離的でまったく予測不可能であるとみなし、トランスナショナルな脱領土化があらたな「想像の世界（imagined world）」をつくり、ベネディクト・アンダーソンが提起した「想像の共同体（imagined community）[3]」であるところの国民国家を弱体化し、その終焉を準備すると予測していることにある［アパデュライ　二〇〇四：五四－五五、六九－八七」。

本書があつかう脱領土化した日本の会社や日系多国籍企業は「想像の共同体」というよりも現実の利益共同体に属するが、それでもそのエスノスケープは日本人派遣社員と現地人従業員という優劣関係の二元的乖離構造をもっている（第一・二章）。これはエスニシティや宗教、あるいは現地化と深くかかわり、会社文化のグローバル化を論じる場合には避けて通れない「文化の乖離」という問題となってあらわれる。

また、日本的生活文化の海外移転の場合も、それが寿司や醤油であれ、ラジオ体操や運動会であれ、あるいは取引や解雇であっても、会社が介在するとなればテクノスケープ、ファイナンススケープ、そしてメディアスケープの検討は不可欠であるし、その乖離的な性格―異なる食習慣や身体動作や雇用慣行―にも十分な注意をはらうことが肝要となる（第六・七・八・一〇章）。

グローバル化の乖離的な構造は人口のトランスナショナルな移動とメディア―とりわけ電子メディア―に媒介されたイメージや観念の脱領土化＝越境によってもたらされるとアパデュライは論じているが、グローバル化の主要なアクターのひとつである会社がどのような乖離的・流動的・不規則的影響をおよぼしているかを議論することも本書の課題である。具体例のひとつとしては、イギリスにおけるヤオハンの出店と撤退をめぐってアパデュライの理論がどこまで適用可能かどうか検討される（第二章）［以上、中牧］。

四　ウェーバーを疑う

経営学は人類学とは異なりもっぱら二〇世紀以降の近代的企業を研究対象としてきた。経営学ではグローバル化はどのようにとらえられてきたのだろうか。

まず、経営のグローバル化とは、企業経営のさまざまな側面での世界標準が設定されていき、どの社会における経営も同じスタイルで行われるようになることを指している。しかし、現実の経営は、必ずしも同一になっているようには見えない。制度として標準が設定されても、それに拘束される領域と、そうではない領域がある。理論的に企業経営が同一の枠組みで行われるとする議論は、一九七〇年代に経営の収斂説として論じられている。代表的なのは、萬成&マーシュの議論であり、彼らは企業経営は合理性を追求していくと最終的には同一の形態に収斂していくとした［萬成&マーシュ　一九七九］。

この収斂説は、マックス・ウェーバーの官僚制の議論を背景としている。近代の組織は合理的組織設計が行われるために通文化的であり、どのような文化であっても合理性を追求する限りにおいては、組織は同一の形態である官僚制を取らざるを得ないと考えられた。その意味では、ウェーバーの官僚制の理論は現在のグローバル化の議論と共通する現象を論じているといえる。合理的設計を行うと、すべての社会で効率的形態は同一になると考えているが、確かに、技術的効率を最大化しようとすると、工場のデザインに大きな差は生じないだろう。しかし、現実の企業運営にはかなりの差異があることも事実である。

ウェーバーの官僚制の理論は、合理的設計の結果として組織形態が収斂するとしているが、ウェーバー自身は合理性に三つの水準を設けている。第一は、目的＝手段関係が成立しているという合理性で、論理的に整合的であることを要求する。論理整合的に目的＝手段関係が成立することが合理的であるとする。第二の合理性は、複数の手段があった場合にそれを整序する合理性であり、目的に照らしてより効率的に目的を達成できる手段を選択する目的合理性である。第三の水準の合理性は、複数の目的を整序する価値合理性であるとされる。

具体例を考えるならば、空腹に対してどのように行動するかという場合に、田植えをするという解も一応は合理的である。目的である食物の入手に対して論理整合性を持っていることは間違いない。しかし、目的合理性という基準に照らすと四カ月後に食物を得られるのであれば、現在の空腹を満たすという目的＝手段関係の効率は著しく低い。つまり、論理合理的であっても、目的合理的ではないということになる。また、空腹を満たすことが目的であるのかに関して、空腹を生理的レベルの問題としてとらえるか、あるいは、美食に高い価値をおくかによって目的合理性は評価される。同様に空腹を満足させることができるとしても、量と質のいずれに重点を置くか、あるいはコストを重視するか、価値によって評価されなければ具体的な行為を決定することはできない。価値のレベルまで考えなければ行為選択は困難である。

ウェーバーは価値合理性まで論じているが、複数の価値が存在する場合に、それを整序するような合理性の枠組みは論じられていない。この種の議論を続けていくと無限後退に陥る可能性があるために、それを避けてこの段階にとどめたという可能性もある。しかし、ウェーバーの中では複数価値の整序といった水準までの状況は現実には生じないと考えていたかもしれない。ウェーバーが生きていた頃に理論対象とした近代では、複数の価値が並立する状態はさほど多発することはなく、また深刻でもないため、整序可能であると意識されていたといってよい。つまり経済合理性が優先する状況であった。

官僚制の理論では、目的合理性のレベルで合理性が設定されている。つまり、目的を達成するための効率を問題とする。目的として生産効率を考えると、かなりの程度まで組織形態は収斂すると考えられる。さらに、ここでの合理性は経済合理性で代替可能であるといってよく、経済効率の最適化のための組織設計が問題とされる限りにおいては収斂を期待しても不思議ではない。しかし、実際の企業は、目的が単一であるとは限らず、価値合理性のレベルでの判断を要請されており、あるいは、それを越えて、複数価値のどれを優先するかという判断まで迫られることも日常的に直面する。

価値合理性まで視野に入れるならば、価値意識の差異が、複数の文化で合理的設計を行っても異なる合理性を導出することができ、結果としては異質な合理的デザインが論理的にも可能となる。異なる価値を体現するための合理的設計として、複数の組織原理が可能であり、それに向けた組織設計は当然異なる組織形態を生み出すため、社会によって異なる官僚制が成立する可能性は存在する。

しかし、ウェーバーが西欧近代がなぜ世界に先駆けた近代化を成し遂げたかという問題を提出していることを考えると、複数の価値合理性に由来する複数の合理的設計の結果として複数の官僚制を認めていたとは考え難い。文化間の差異の存在は認めても、それは価値の差異によって生じる価値合理性の差異ではなく、合理的設計を受容する際の差異であると考えられている。官僚制は一つに定まるが、それを受容するか否かについての価値体系の差異が生じていると考えるわけである。プロテスタンティズムの倫理が勤勉と節倹という価値を重視し、それが資本主義的精神を生んだというウェーバーの説明は、資本主義の不均等な成立が価値の違いによって生じるというものであり、資本主義あるいは近代の産業社会そのものが大きく異なるとは考えていない。

ウェーバーの近代の成立と官僚制の理論は密接に関連しており、官僚制の成立が近代産業社会を構成していくための必須の要件と考えられていたため、それを受容可能にする価値意識を持つことが近代化の決め手となるかのように考えられた。経営学においても、例えば、ネガンディーが母国インドの経済成長の決め手は、西欧の経営様式を受容することを可能とする経営者の価値意識の変容にあると述べていることは、その典型と考えてよい[Negandhi 1973]。

さらに、日本における非西欧国でのもっとも早い近代化をもたらしたのは、なんらかのプロテスタンティズムの代替物が存在したとして、その代替物を探求する議論が盛んに行われた。例えば、石門心学や陽明学などさまざまな議論がなされたが、現在から見ると、東アジア全体に工業化が進行し、プロテスタンティズムの代替物など問題にならなくなっている。周辺に先駆けて近代化が進行する場合には、特異な条件が必要かもしれないが、モデルが示されると、その方向へのドライブがかかり、東アジア全体に近代化が促進されてきている。取り立ててプロテスタンティズムの影響が無くとも、近代化は可能である。

さらに、このような近代化の過程において企業経営の様式がそれぞれの文化における特性を反映しているのか、あるいは官僚制的特質を共通して持っているかという点は、それほど明確になっていない。企業経営という制度そのものが近代化の過程において導入された場合には、企業制度そのものの導入が同時になされるために、その社会における固有の組織様式が未発達であるというケースが少なくない。

生産を担当する組織がそれほどの規模を持っていない社会に企業制度が導入された場合には、組織管理のノウハウが十分に発達しない場合が多く、その反映として企業制度の導入と同時に管理の様式を一式導入し、先進国の管理様式をそのまま受容するために、結果的に収斂がみられると考えることができる。

現在の段階では、収斂が自動的に起こると考えることは難しく、グローバル化は別の機序での現象であるように思われる。

五　経営の類型

グローバル化は産業化の進行によって先進国の経営の様式が世界中に広まっていったプロセスと考えることもできる。このとき、企業経営をワンセットで修正なしに受容することが多く、それが次第に手直しされていくと考えられる。受容の瞬間については、収斂していると考えてよいが、それがそのまま持続する保証はない。植民地を経験すると、宗主国の管理ノウハウが移転し、そのモデルに従った企業が形成される。植民地経験なしに独自の管理ノウハウを発達させたケースは非常にまれである。日本はその例外的なケースで、植民地経験が乏しいだけではなく、企業制度導入の初期において、外国企業での組織経験を持っている人間はほとんど存在しなかった。制度の表層的な導入だけで、独自に企業制度を機能させていったといえる。

このようなワンセットの受容を抵抗なく進めるためのノウハウを考えるのが国際経営という領域である。先進国の経営の様式をいかに途上国に移出するか、あるいは極端な言い方をすれば、いかに押しつけるかというノウハウが問題とされる。これに対して、それぞれの文化に固有の組織原理があり、それを比較するという視点が成立する。これは比較経営として設定される理論領域である。

文化固有の組織原理は存在しないか、あるいは近代的産業組織においては機能せず、合理的な組織設計のみが有効であるとする立場が収斂説で、これは自動的にグローバル化が進行すると考えることになる。しかし、現在のところ、先進国の組織設計思想も、決して一枚岩ではなく、いくつかのタイプに分かれるといってよい。

先進国での経営のタイプとしては、イギリス＝アメリカのタイプ、ドイツ＝北欧のタイプ、日本のタイプの三種が抽出される。また、ドイツ＝北欧型以外のヨーロッパでは、フランスや南欧は独自のスタイルを確立しているように思えるし、社会主義から移行したロシアや中国はそれぞれに独自の要素を残存している。しかし、成功したと評価され、他国に影響を与えている経営のスタイルとしては上記の三タイプを考えてよい。

また、この時の経営のスタイルは、製造現場を中心とする違いを抽出したもので、組織原理といっても、労働者の監督についての問題が中心とされる。これは、大量生産の開始によって、生産の原理が変化し、その原理をどのように労働者に適用するかという問題への対処として経営学が発達してきたことを反映している。大量生産は、徹底した規格化と標準化の推進によって互換部品生産を行うという生産の様式であり、工程を単純化して、機械化と分業が進められる。このために、個々の作業は短く分断された範囲の工程に分割され、その結果として単調労働が進行する。労働者はこの単調労働の中で、フレデリック・テイラーの科学的管理法が代表するような、職長の指示に従って、標準化された手順で作業を進めることが要請され、自分の判断で作業手順や作業スピードを決定することは許されない。フォードの移動組み立てラインの導入に見られるように、作業速度は工場全体のシステムの中で決定されてしまう。

単調労働に由来する労働の荒廃にどのように対処するかが、一九六〇年代ごろの企業経営にとっての課題とされた。この時の対処法として、イギリスのタビストック研究所の開発した社会＝技術システム論に理論的根拠をおく、職場での労働者参加の方向を進めるというものがドイツ＝北欧型であり、集団を形成するという方向での解決を考えた。これに対して、あくまで個人を単位として、労働の質を変えていくという方向をめざしたのがアメリカで、ＱＷＬ（quality of working life＝労働生活の質）という議論がなされた。日本での解決は、ＱＣサークルに代表される労働者の現場での判断の重視であり、労使が協調し、職場集団が自明であるという日本の特質から出てきた解決策であった。

これらの三タイプは相互に影響しあうだけではなく、周辺の社会にも影響して、経営の様式の最先端とみなされてきた。どのタイプが適合的であるのかという点では、それぞれに参照して受容したというよりも、最初に受容したのがどのタイプであるかに影響されている側面が強い。また、生産以外の側面についてはあまり問題とされていない。生産に関しても、大量生産という形態から、多品種少量生産に移行するに従って単調労働ではなくなっており、その結果、この三タイプの差異は小さくなっているといってよい。

六　経営におけるプラクシスとプラティーク

生産の技術的側面では、それほど大きな違いをもたらすことはなく、その意味では合理的設計がなされる余地は少なくない。つまり、機械の特性に由来する労働のパターンは通文化的で、どこに据え付けようと、その機械で行わなければならない労働は共通する。しかし、その労働を支えるシステムや生産・販売といったメインの流れ以外の機能については、それぞれの文化で異なる組織化が行われる余地がある。さらに、労働慣行については、それぞれの社会に固有のものがあり、その部分では共通ではないにもかかわらず、先進国の慣行がそのまま受容されることがある。

例えば、九時から五時まで働くという時間帯は、おそらくはヨーロッパから始まるものであり、一斉始業一斉終業も労働慣行である。九時という始業時間や五時という終業時間が世界共通に必然的な要請ではないことは明らかである。しかし、現在ではほとんど世界標準となっている。労働の時間がどのように定められるかは、それぞれの職場によって異なってよい。しかし、時間だけではなく、一斉に開始し、一斉に終了するという慣行も、世界標準になる必然があるのだろうか。

シワニ・ナンディは自分の就業体験から、インドにおけるスズキとインド政府の合弁企業であるマルチ社で、スズキの技術者がまず教えなければならなかったのは、九時に一斉に出社し、五時に一斉に退社するという行動様式であったとする（一九九二年のパーソナル・コミュニケーション）。現地従業員は、ラインの最初が九時に始まることは理解できるが、ラインの最終部分まで九時に出てくる必然は理解できなかった。スズキの社員は、これを途上国の時間意識の欠落であると結論づけたが、インドはイギリスの植民地であり、時計の普及は日本に比較しても劣らないといってよい。問題は、現地従業員の大半は、それまで農民であり、一斉に行動をシンクロナイズするという経験をほとんど持たないことによるものであった。

前近代においては一斉に行動を起こすということは非日常的である。一定の時空間を聖なるものとするのが祭りであり、非日常の最たるものである。また、大規模な狩りや戦争といった場面でシンクロナイゼーションが引き起こされる。いずれにせよ、非日常的な状況でしかシンクロナイゼーションはなされない。それが毎日引き起こされるということは想像を絶する状態といってよい。

それではなぜ一斉始業一斉終業が取り入れられたか。それは、工場でのエネルギーシステムに由来するものと考えられる。一九世紀初頭のヨーロッパでは工場のエネルギーは多く水車であった。タービン水車が開発されたことによって、工場のエネルギーに水車が利用されるようになり、水車の回転動力で工作機械を動かすというシステムが確立していった。それが、次第に蒸気機関が水車に取り替えられる。水車に比べるとより大きな力を出せることと、水車は設置が大がかりになるためである。蒸気機関が導入されると、工場の天井に太いシャフトが通され、その回転するシャフトから皮やゴムのベルトによって個別の機械に動力が取り込まれる。

この時点では、一斉始業一切終業は必然であった。一台の機械だけが残業することは不可能であり、全部の機械が一つの動力システムで連結されていた。蒸気機関による工場の創業は、一九世紀の中頃から一般化していた。それが、二〇世紀にはいると電力に変化することになる。個別の機械の一台ずつにモーターが設置され、一台ごとに動力が取り付けられることになる。この状態であれば、一台だけの操業が可能であり、一斉始業一斉終業は必然ではなくなる。蒸気機関が工場動力の主流であるのはわずかに五十年あまりということになる。

その五〇年の間に、一斉始業一斉終業は世界標準となったわけであるが、わずかに五〇年で世界標準となり、さらに、それが標準になった経緯が忘れられてしまったと考えられる。このことは無理があるように思えるかもしれない。当初は明確な理由があり、意図的な行為であったものが無意識の自明な行為に変化していったからである。構造人類学の用語でいえば、意識的断絶的な行為としてのプラクシスが、無意識的連続的な行為としてのプラティークに変化したと考えられる。プラティークとなると、その行為が自明のものとなり、行為の意味を問い直すことがなされなくなる。行為の意味を聞かれても、当然とされるためにそれが意識されなくなる。わずか五〇年余の実践で、たちまち変化したと考えるのだが、それは以下の理由によると思える。

速やかなプラティークへの移行は、おそらく、一斉始業一斉終業が一種のゼロタイプの制度として機能しているためであると考えられる。ゼロタイプの制度とは、それ自体としては何の機能も持たないが、なんらかの標識として機能するように制度化されているものを指している。例えば、飛行機でフライト・アテンダントが機内食を給仕するときにエプロンをつけるが、機能的にはエプロンはほとんど意味がない。気流が悪くて、飲み物をこぼしてしまった時を想定しているかというと、そもそも気流が悪いときには機内食を保留するので、実質的に意味はない。エプロンは機内食をだしているという状態を表示するためにつけていると考えてよい。このエプロンのように標識としての機能だけを果たす制度がゼロタイプの制度である。

一斉始業一斉終業も、いわば、近代の工場の中で協働の状態に入っているということを表示するためのゼロタイプの制度を構成するといってよい。つまり、協働と非協働という区分を表示するために制度化されたという側面が強く、機能的な必然は持っていない。すなわち、一斉始業一斉終業は遅刻を作り出すための制度であるといってよい。遅刻は、協働の状態に入っていないことを示しており、一斉始業への不参加と考えられる。このようにゼロタイプの制度としての性格を備えていることが、短期間の一斉始業一斉終業の導入であったとしても世界標準になっていったと考えてよい。実際、工場でもフレックスタイムが導入されて、シンクロナイゼーションの必要は極めて低下している。それにもかかわらず、世界標準として現在でも大半の企業が採用している。

このようなレベルでの世界標準が成立しているとしても、それが合理的な理由を持つものであるのか、それとも単なる慣行が導入されたものであるのかという区分は近代の合理的制度設計の中ではほとんど問題にされない。しかし、合理的理由がないのに、それを押しつけられる側としては、極めて不愉快であるといってよい。文化摩擦と呼ばれる現象はしばしば、このような制度が形成された文化の残滓であることが多い。近代の制度がすべて合理的に設計されていると考えることはできず、前近代から持続している部分を残している。それを意識せずに途上国への移転を行い、受容拒否にあうというパターンがある。

この領域まで経営の制度が収斂すると考えることは困難で、無批判に制度のすべてが受容されるわけではない。さらに、このように考えるならば、合理的設計による官僚制的制度設計の背景には無意識化されている集団行動についてのプラティークが存在していることを確認すべきだろう。このプラティークは、合理的制度設計と思われている官僚制についても、それが成立したヨーロッパのプラティークを無意識のうちに包含しており、他方で、それを受容する社会にも無意識の集団行動についてのプラティークが存在している。両者が適合するか否かで受容の容易さが異なると考えられる。

対人関係や集団行動についてのプラティークが官僚制に代表される合理的設計の組織でどのように発揮されるか

については、官僚制が機能するか否かに関わっており、これまで官僚制の逆機能と呼ばれた状況は、このプラティークのレベルでの適合性が関わっている可能性が高い。制度的には合理的設計でありながら、その運用において当初予定した効率がでず、非効率に陥るというのは、制度設計の段階で予定した成員の組織行動を引き出すことに失敗したためであり、その理由は意識的行為としてのプラクシスではなく、無意識のプラティーク・レベルでの行為を引き出すことができなかったためであるといってよい。

日本の組織についても、制度的にはヨーロッパから移入した制度でありながら、その運用のレベルで独自の特性を示している。他方で、植民地支配などでの宗主国の企業に勤務した現地従業員が、その企業に採用されることがエリートとしての認定を受けることになり、その結果、自らの固有のプラティークを抑圧・留保して、宗主国のプラティークを受容することは十分にあり得ると思われる。そのような従業員が企業を創業すると、宗主国のプラティークが移転することが予想される。さらに、近代化がこれに付随すると、近代的制度のプラティークと意識され、受容されることになる。日本の場合には、外国企業に勤務した経験を持つ創業者はほとんどいないために、日本独自のプラティークがそのまま残存したといってよい。

ウェーバーの官僚制の理論は、合理的設計に基づく組織が合理的行動を取る個人の組織行動を引き出すことで高効率を達成しようとする制度設計を論じるが、通文化的に合理的な行動がすべての行動ではなく、無意識的連続的行動が組織行動の中に含まれるために、没文化的な理論で現象を説明することはできない。

七　グローバル化の諸側面

経営のグローバル化は経営の収斂説とは異なる論点である。経営の収斂説は、合理的設計が通文化的に機能するという前提の下に自動的に収斂していくと考えるが、経営のグローバル化は積極的に収斂させていこうとする動きであるといってよい。

このようなグローバル化が問題とされるようになったのは、当初は、製品のプラットホームに関するものであった。製品の規格が統一され、生産される製品が同一の標準に従うようになる。これは、これまでの世界商品の成立とはかなり異なっている。

前近代の世界商品は、通文化的にその商品が流通することが要件となっていた。例えば、最初期の世界商品の一つは絹であった。その後の世界商品、香料にしても砂糖にしても、その素材としての価値が商品としてもてはやされ、特別の規格を必要とするわけではなかった。さらには商品評価の体系も、それぞれの文化の体系によって異なっていてもよかった。例えば、世界商品としての茶の用い方はさまざまであり、それに応じてそれぞれに好みが発達する。ある文化で高い評価を受ける製品が必ずしも他の地域でも同様の評価を受けていたわけではない。そのことは商品の代替関係を見ても理解できる。茶とコーヒーが代替関係にある地域と全く代替性を持っていない地域が存在する。

この時期の世界商品は、流通しているということが世界性の内実であり、どのように使用されるかは、それぞれの社会にゆだねられている。通文化的に利用されていることは、その商品の需要が幅広いことを意味しており、どのような利用がなされるかは文化的特性に依存する。例えば、茶が世界商品になっているとしても、その嗜好はさまざまで無発酵茶を好む日本に対して、半発酵茶である烏龍茶の利用の多い中国、さらに発酵茶への嗜好が強いイギリスといったバリエーションがあるばかりではなく、どのようなシチュエーションで飲むかといった点での差異も大きく異なり、固有の食文化を形成している。

素材ではなく、最終製品である醤油にしても、その利用法は食文化と深く結びついており、どのような料理に用いるかについては大きな幅がある。アメリカにおける醤油の受容も、バーベキューソースとしての受容が大半であり、それ以外の料理に用いられることは少ない。特定の料理のための調味料としての扱いということになると文化として定着したとは言い難い（第六章参照）。

寿司のような料理そのものも、それぞれの社会でのバリエーションが多く存在し、世界化すると共に、それぞれの社会の食文化と連動した変化が生じている（第五章参照）。多様性を残したままで世界化が進行することがこれまでの世界商品では普通であった。ところが、その状況が、いくつかの製品については妥当しなくなっている。

それは、工業製品の中に規格が統一されなければならないものが多く含まれるようになったことによる。これまでは、例えば、電気製品などについても電圧が一〇〇ボルトであるか二〇〇ボルトであるかは国によって異なっていたし、コンセントのプラグの形状も異なっている。このような差異は統一されずにそのままになっているが、他方で、通信に関わる規格はどうしても統一しなければ相互に接続することができない。さらに、多くのエレクトロニクス製品が互換性を要求されるようになったときに、統一規格があることが望ましい。かつてのワードプロセッサーのように互換性を持たず、それぞれのファイルをコンバートしなければ複数の機械で読めないといった状態は現在ではほとんど信じられないことであるだろう。

また、公的に決められた規格ではない領域でも事実上の標準という議論がなされた。これは、複数の製品規格が競合するときに、そのうちの一つが強力になり、事実上その規格が標準になってしまうことを指している。これがもっとも明確に現れたのは、ＶＴＲが最初であった。ベータとＶＨＳという二つの規格が提唱され、発売された。技術的には品質や録画時間などに大きな差はなかった。ところが、実際にはベータは消えてしまい、家庭用にはＶＨＳのみが残った。ベータが技術的に遜色がないことは、現在でも業務用、つまり、放送局ではベータ方式が使われていることにもうかがわれる。

このような差が生じたのは、映像ソフトでＶＨＳがベータを圧倒したためである。ビデオソフトの大半がＶＨＳとなると、ＶＨＳ規格しか売れなくなる。事実上、家庭用ビデオの規格はＶＨＳになってしまった。これは競争が品質や価格以外の要素で決定されるという事例として考えることができる。これまでにない規格取得競争の様相であった。

家庭用VTR以降、さまざまな製品で規格をとることが重要であることが意識されるようになった。さらに、規格をとるために、複数企業が提携することが行われるようになると、規格競争はさらに激化した。また、これとは別に、国際標準を規則で決定することが多くの製品領域で必要とされるようになってきた。デジタル化が多くの製品で進むと、その規格を統一しなければ互換性がなく、また、通信を伴うデジタル化がますます増加し、エレクトロニクス製品は通信機能を持つことが当然となっているために、規格のすりあわせが必要となっている。さらに、製品開発を行う企業が開発負担をできるだけ軽減するために共同開発を行うことが普通になってきたために、規格化はますます進行する。複合的な製品が増大してくるために、単独の企業での開発では時間とコストがかかり、かつ、開発競争に遅れて製品の発売が他社に遅れると、それまでの研究開発投資がほとんど回収不能となってしまう。共同開発によってリスクを軽減することが大型商品の場合にはほとんど不可避であるという認識が広まり、大企業間のコラボレーションによる規格競争が始まった。

このような商品規格が競争上の重大な要因であり、世界標準への統一が事実上の標準であるか、あるいは規定された標準であるかを問わず、標準をめざす動きが当然とされるようになってきた。企業間の製品開発競争の激化が標準を巡る競争を生み出した。この状況では、製品は基本的に同じ原理・同じ設計思想で動作することが要求される。それまでの世界商品とは異なり、同一規格での世界標準に基づく商品となってくる。

八　ユニコードという標準化

さらに、このような標準がさまざまな領域で要請されるようになる。しかも、それが技術的な要請と関係なく、世界標準であることが要請される傾向が出現する。好適な事例はユニコードである。ユニコードとは、コンピュータの文字コードで二バイトの記号系によって世界のさまざまな文字のすべてを表現しようとするものである。言語の音韻体系にもよるが、表音文字は文字数がそれほど多くないのに対して、表意文字である漢字は膨大な文字数となる。これをコンピュータが表現するには、一バイト（二六ビット）のバイナリーコードで表現可能なアルファベットから、二バイト（二五六ビット）で表現しなければならない漢字を拡張することで全ての文字をコード化しようとする。二バイトに拡張することによって、相当数の文字表現ができるようになるが、それを共通化して、単一のコード体系ですべての言語の文字を表現できるようにすることを目的とするのがユニコードである。ユニコードによって、単一のコード表ですべての文字が表現できるとされ、アメリカのコンピュータ業界が主導して強力に推し進められてきた。

ユニコードを用いると、一つのコード表ですべての言語のメールに対応可能となる。現在では、発信国で用いられている言語に対応するようにメールソフトはプログラムされている。このために、アメリカから発信された日本語のメールが、日本語であることをコンピュータに教えてやる必要がある。しかし、通常は、このようなケースでない限り、日常的にはコード表を統一することによるメリットはそれほど一般のユーザーは感じない。

ユニコードは異体字を許さない。強制的に単一の自体に統一する。書き文字の段階ではさまざまな書体のずれが生じ、それが異体字として固定化される。また、漢字の中には日本と中国、台湾、韓国でそれぞれ字体が異なるケースが少なくない。中国は漢字の字体を大きく変化させ、簡字体を採用しており、本来の字体を採用している台湾と大きく異なる文字状況にある。これらをそのままユニコードに移すことが可能であるかについては、相当に問題があり、特定の言語に即した文字コードの方が柔軟性があり、問題が生じにくいことは明らかである。

現在の段階では、ユニコードを搭載したコンピュータですべての言語に対応することは不可能であることが明らかになっている。例えば、複数の言語・文字を用いなければならない場合（例えば、語学の教科書など）に、他の言語の文字を借りてきて、その文字を数字として用いているモルディブの言語では、一つの文字が複数の言語体系に所属することになる。この場合には、一つの文字に対して、複数のコードが割り当てられなければ効率的な処理は困難であり、しかも、それがどの言語で用いられているかについての情報がなければ処理困難になる。

また、日本・中国・台湾・韓国で字体の揺れがある場合には、同一のコードに複数の字体が割り当てられることになる。効率的であるという理由でのユニコードの採用は、日本を含む漢字圏の反発にもかかわらず採用されたが、これは、表音文字言語における正書法（字形を正しく書くこと）はほとんど問題にならず、正綴法《せいてつほう》（単語を正しく綴ること）のみが問題にされていた言語伝統の強要である。正綴法に対しては、英語ではかなりセンシティブであり、イギリスとアメリカの綴りが異なるケースには対応する。ところが、正書法が正綴法と同様に文化的な経緯を反映しており、それぞれに正しいことが生じるという問題構造を持っていることにまったく注意を払うことなく、ユニコードを強要するという方向に進んだ。ユニコードの推進は、アルファベット文化圏での必然はほとんどなく、結果的には、コンピュータメーカーが標準装備することによって、どの文化圏に対しても販売できるという利便を与えるに過ぎないといってよい。これは、パソコンの普及期に、東アジアなど漢字文明圏に対して、漢字コードを搭載していないために、シェアをとれなかったことに対する巻き返しであるともいわれている。

ユニコードは、いわば「リテラシーの暴力」であり、文化による揺らぎを許さない。強制的に特定の様式に表現を押し込め、それを用いることを要請する。言葉に「正しい」とする基準を無理矢理に設定する。本来、リテラシーは基準を設定する。さもなければ、コミュニケーションが困難になるためであるが、それを強要する。つまり、国語の試験問題が成立し、しかも、それに正解を設定できること自体がリテラシーの暴力であるといってよい。自由に表現していくうちに、徐々に言語が変化していくプロセスを許さないことになる。多少なりとも、コミュニケーション効率のためにはガイドラインは必要であるが、下位社会ごとに言語の使用が変化すると、それが暴力的になってくる。例えば、アメリカにおけるＳＡＴ（大学進学統一試験）における言語能力の人種間の平均点は黒人が白人よりも統計的に有意に低いことが知られているが、現在では黒人英語と白人英語に差異が生じているのに、白人英語が標準に設定されていることがその原因であると考えられている。

ユニコードもリテラシーの暴力として機能する可能性が高い。文字形を固定化し、変化を許さないという標準を作り出すと、世界標準としての固定化が始まる。しかも、正書法や正綴法のような標準の形態は、いわば合意によるものであり、それを変則として用いること自体が文化的行為であるが、それが許されなくなる。その意味では、ユニコードによる標準形成のグローバル化はこれまでのものとは異質であるといえる。

ものの標準、情報の標準に加えて、制度的な世界標準が作り込まれようとしている。特に、金融制度が世界的に共通するように再設計されてきている。資本の世界では、世界市場が形成されているばかりではなく、それが単一の市場として統一されているという特徴がある。株式などの有価証券は世界市場で統一的な基準によって評価されることが求められ、そのための情報開示が要請されている。企業の評価基準が世界的に統一されていることが要求されると、会計基準の統一が要請されている。このようなグローバル化は統一的な基準での評価という名目ではあるが、企業活動を一定の枠組みの中に抑え込む効果があることは否定できない。

九　世界認識の標準化

それぞれの社会において、企業の評価基準が異なることが当然とされていた状態から、すべての金融市場において、同一の基準で同一の評価がなされるべきであるとされるように変化してきた。いわば、マネーゲームの環境が整えられ、それへの参加が広くチャンスを構成するようになり、結果としては世界全体に同一のゲームが要請されるようになってきた。金融ビッグバンや会計ビッグバンによる世界の制度的統一が図られるという状況になる。

この状況で、企業経営についての共通理解が生じる。同一のゲームが世界のどこでも行われ、本来の生産に関する枠組みよりも、マネーゲームの世界が展開される。ある意味では世界認識の構造そのものが変化し、企業経営についての理解が収斂していく。ネットでの投資が可能となったことで、国境が意味をなくし、統一的な基準での情報開示が求められるようになった。それぞれの社会における企業の様式の差異などは同一の基準で押さえ込まれてしまい、それぞれの社会にどのような役割を果たしているかという判断ではなく、マネーゲームの側面のみで評価される点に問題がある。

このような企業観や世界認識は、MBA（経営管理修士）教育を受けた人間によって強化されているという側面も注意すべきである。MBA教育は明確に世界標準ができあがっており、それによる世界認識や企業観がクルセードされているといってよい。この標準は、企業内での行為をすべてプラクティスとして理解するものであり、現実にはプラティークを含んでいるにもかかわらず、それは無意識の中に押し込める。長期にわたる生活を背景としたプラティークではなく、近代以降のある時期における特定社会における必然を、恒久的通文化的な必然であるとした標準化がグローバル化として提唱されているケースが少なくない。

例えば、アメリカの企業倫理が、アメリカの国際企業を中心として世界標準として提唱されている。表面的には賄賂を禁止するといったごく常識的なものであるように見える。しかし、それを現実に適用しようとするとさまざまな問題が生じる。例えば、NHKの取材によると、マレーシアに進出した日本企業に対して、現地で絶大な影響力を持っているサルタン（イスラム教の指導者）が製品（例えば、大型テレビ）を要求するという。見返りなしの要求であり、断るとさまざまな側面で創業に支障が出ることが予想されるために要求に応じるのだが、これはある種の賄賂であるといってよい。

しかし、大量にサルタンに渡されたテレビは、もちろん、その一部はサルタンが個人的に使用するものもあるが、少なくとも一部は地元の学校に渡される。地域社会に還元されるわけである。それでは企業が直接に学校に寄贈してはいけないのかというと、これはサルタンを経由することなく、企業が寄付することは、サルタンのメンツをつぶすことになり、激しい抵抗が起きる。つまり、単なる賄賂として個人的に費消するのであれば、犯罪であり、コンプライアンスへの違反ということになるが、個人的な費消ではなく、富の再分配としての側面を持っていて、しかもそれが特定の流れに即してなされなければ、社会秩序への違反になるという場合に、杓子定規に規定を守れるのだろうか。

要するに、倫理や価値についての標準化、グローバル化は困難であるというよりも、なされてはならないと考えるべきだろう。それぞれの社会に固有な倫理意識、価値意識が存在し、その下に行為がなされる。このときに、特定社会に基盤をおいた標準を設定することは、「リテラシーの暴力」を構成するといってよい。他方で、このような暴力的な統一が求められるのは、現在の情報流通において、証券取引が電子化され、国境に関係なく、世界のどこからも株式等が購入可能となっているために、取引に関する基準の統一が必要とされているという事情がある。そのために、投資家保護という名目で投資基準の斉一化が進められる。それと同時に、企業行動の標準化が進められる。危険な形でのグローバル化が恣行する可能性が増大している。

本書で扱うグローバル化は多様であるが、経済学での制度や市場の世界性を前提としたものではなく、それぞれの社会での生活の様式に即したレベルでの世界性の萌芽や固有性の拡張の問題であるといってよい。どこまでが健全でどこからが不健全なグローバル化であるかについての論考は、本書の枠を越えるが、それを意識しつつ論じていきたい［以上、日置］。

一〇　本書の構成

以上の問題提起を整理すると次のようになる。

①経営のグローバル化は、先進国の管理様式をそのまま採用する場合を除けば、必ずしも明確ではない。ウェーバーが考えたようなプロテスタンティズム―勤勉と節倹―の代替物がないと近代化できない、というわけではな

い。

②グローバル化の画一性と多様性に対応して、それぞれ国際経営と比較経営という研究領域が存在する。前者の理論的背景には収斂説があり、後者は類型論に傾斜する。会社文化のグローバル化に関しては、イギリス＝アメリカのタイプ、ドイツ＝北欧のタイプ、そして日本のタイプという三類型が基本的枠組となる。あるいは労使関係をとってみると、アングロ・サクソン型、大陸ヨーロッパ型、日本型がある。

③経営におけるプラクシス（意識的で断続的な行為）とプラティーク（無意識的で連続的な行為）の区別は、グローバル化や世界標準化をはかるときの有効な指標となる。合理性を追求するプラクシスの面だけでなく、文化の伝統に埋め込まれたプラティークに注目することが、企業活動の成否の鍵をにぎるといっても過言ではない。

④グローバル化や世界標準化は時に暴力的であり、むしろ倫理や価値の多様性が尊重されなければならない。

以上の四点に要約した問題提起をうけて各論文が執筆されたわけではないが、それに照らしながら、各章を簡単に紹介しておくことにしよう。

第一部は流通産業のグローバル化をめぐっての議論である。第一章と第二章はヤオハンを取り上げ、それぞれ王は香港、松永はイギリスにおいて、その特異な国際経営戦略が栄光と挫折を味わった経緯を論じている。それは同時に、生長の家の理念とプラクシスに具現される日本的アイデンティティのグローバル化の問題点をあぶりだしており、アパデュライのいうイデオスケープがかなり決定的な影響をあたえている。第三章は中国のカルフールに焦点を当てた晨論文である。カルフールは経済的な影響のみならず、「買物」という日常的行動に多大な変化をもたらした。社会主義時代の商売には欠けていた「サービス精神」を導入した点で革命的とさえ言える。消費者のニーズによって商品構成をかんがえるようになったことも革新的である。これはプロテスタンティズムぬきの近代化の実例である。

第二部は文化マーケティングをめぐって議論が展開する。まず第四章の住原論文はスコッチウイスキーの蒸留所に付設されたビジターセンターがグローバル化のなかでそれぞれどのような主張を展開しているかを追究している。とりわけ製品―ブレンドウイスキーとシングルモルトウイスキー―の販売戦略として地域イメージを強調している点が注目に値する。グローバルとローカルのブレンドが絶妙な味を醸し出していると言うべきか。第五章の中牧論文は産業革命の揺籃の地であるミッドランドの陶器産業とビール産業の企業ミュージアムとビジターセンターをとりあげ、グローバル化のはざまで揺れ動く対応を検討している。そこではミュージアムとビジターセンターの性格のちがいが企業のグローバル戦略にとっていかなる意味をもつのかが問われ、近代工業化の先進地域ならではの葛藤が分析される。第六章の出口論文と第七章の島本論文は日本的食品―寿司と醤油―のめざましいグローバル化についての報告である。味覚というすぐれて文化的な嗜好がグローバル化する際の逆説的な事例として紹介される。たとえば、アメリカ発の世界標準化―マクドナルドやコカコーラのグローバル化（前川　二〇〇四）―に対峙するかのように、寿司や醤油はそのアメリカに文化的多様性を持ち込んでいる。

最後の第三部は現地化をめぐる議論が中心となる。第八章の高木論文ではラジオ体操、制服、運動会、慰安旅行など、国内では下火になった慣行が海外子会社に移転され維持されている実態を報告している。これは労働者の身体をめぐる近代化の問題であるが、プラクシスのプラティーク化という側面をもつ。第九章の出水論文はヤマハ発動機のヨーロッパにおける展開、とりわけフランスにおける経営史・技術史を追いかけたものであるが、中国やアメリカとの比較も加味して、イギリス＝アメリカ型でもドイツ＝北欧型でもないラテンの国における日本型経営の特徴の抽出につとめている。第一〇章の鷲見論文は、組織文化の考察におけるコンセンサス・アプローチとコンフリクト・アプローチの二種を区別する。前者は規則や制度、後者は人間関係に注目する点に相違があるとし、在米日系企業の場合にも表向きの制度と実際の人間関係には複雑な実態があることを主に後者の観点から分析したうえで、両者の統合をはかる視点を提示している。そこでは日本的経営スタイルとアメリカ人労働者の期待とが次第に乖離し、結局は工場閉鎖においこまれた事例が紹介される。それは、収斂説にもとづく国際経営の困難さを示しているとも言えよう。

以上、本書の諸論文は、地域的には中国、東南アジア、ヨーロッパ、アメリカをカバーし、海外における日系企業を中心に、さらにいくつかの非日系企業をくわえ、そのグローバル化の諸相を文化や経営の視角から分析したものである。論文集の体裁をとっているので、関心のおもむくまま、どこからでも摘まみ食いをしていただいて結構である［以上、中牧］。

注

（1）社縁という概念は一九六〇年代の初頭、つまり高度経済成長のただなかに文化人類学者の米山俊直によって提示された。その経緯については米山俊直（二〇〇三：一八〜二二）を参照のこと。
（2）前川啓治（二〇〇四）の第1章「グローカル化するマクドナルド」は本研究会での報告をもとに執筆されている。
（3）アンダーソン（一九八七）は国家（国民）とはイメージとして心に描かれた想像の政治共同体であるとみなし、出版メディアがナショナリズム形成に果たした役割を重視し出版資本主義とよんでいる。他方、アパデュライは電子メディアによって増幅されるグローバル化に焦点を当てている。

参考文献

アルジュン・アパデュライ（門田健一訳）『さまよえる近代―グローバル化の文化研究』平凡社、二〇〇四年。

ベネディクト・アンダーソン（白石隆・白石さや訳）『想像の共同体―ナショナリズムの起源と流行』リブロポート、一九八七年。

小林陽太郎「社会と企業―あらためてその関係を問う」第一五回企業白書『「市場の進化」と社会的責任経営―企業の信頼構築と持続的な価値創造に向けて』経済同友会、二〇〇三年。

萬成博、R・マーシュ『近代化と日本の工場─組織の社会学的分析』東京大学出版会、一九七九年。

中牧弘允編『経営文化の日英比較─宗教と博物館を中心に』平成一三年度─平成一五年度科学研究費補助金研究成果報告書、国立民族学博物館、二〇〇四年。

Negandhi, A. R. *Management and Economic Development* Hijhoff, 1973.

NHK特別取材班『知られざるアジアの帝王』潮出版社、一九九〇年。

前川啓治『グローカリゼーションの人類学─国際文化・開発・移民』新曜社、二〇〇四年。

米山俊直「社縁との縁─序論へのコメント」中牧弘允、ミッチェル・セジウィック編『日本の組織─社縁文化とフォーマル活動』東方出版、二〇〇三年。

第Ⅰ部　流通産業をめぐって

第一章　非保守的企業文化とグローバル化

――ヤオハンの事例から

王向華

はじめに

過去三〇年間に、日本の国際企業の海外子会社に、ライスペーパー・シーリング（rice paper ceiling）という現象がまだ根強く存在していたことは事実である。この状況は現在にまで継続している。コップは、ライスペーパー・シーリングを、「日本企業で働く非日本人社員のもっとも大きな昇進障害」［Kopp 1999 : 108］としている。海外子会社におけるライスペーパー・シーリング現象の存在は、日本企業が管理のローカリゼーションにおいてまだ成功を収めていないことを語っている。この事実は、従来の多くの研究によっても指摘されてきた［Westney 1999］。また、逆説的に、ほとんどの日本企業が海外の子会社における経営ローカリゼーションを彼らの目指す最終目的として掲げて来たということも同時に指摘されている。コップは次のように述べている。

日本企業には、現地で雇用する社員を管理ポストに就かせない、という明文化されたルールはない。逆に、ＪＭＮＣｓ（日本多国籍企業）は、会社経営の最終目標であるローカリゼーションが、社員、そして外部者両方に託されたものであると公言している。しかし一方、彼らは、多くのアメリカ企業がガラス・シーリングを取り除くことに失敗したように、この目標を実現させたことはほとんどなかった［Kopp 1999 : 111］。

この逆説をどのように理解すべきか。本稿は、この問題意識から出発する。まず、ここで、日本企業がどうして管理のローカリゼーションに失敗したかの原因をめぐる二つの主な解釈をみてみたい。

ひとつの解釈は一九七〇年代の「ライフサイクル効果（life cycle effect）」である。この解釈によると、日本の多国籍企業が、海外事業の成熟とともに現地化をも成し遂げるであろうということを示唆している［Westney 1999 : 17］。もうひとつの解釈は、責任を企業本部の指導者層に帰している。これは「本国効果（home country effect）」と呼ばれる。それによると日本企業の独特な組織構造は海外の子会社のライスペーパー・シーリングを生じさせる根本的な原因である。この解釈は、日本企業本部の組織が変わらないかぎり、子会社におけるライスペーパー・シーリング現象は消えないだろうという結論に達している［Westney 1999 : 18］。

研究者たちが、過去の三〇年間において、海外企業にライスペーパー・シーリング現象がまだ消えないことを考えると、「本国効果」解釈は、学術の世界においては、「ライフサイクル効果」と比べるとより説得力があったようだ。したがって七〇年代から、研究者たちは日本企業の海外支店における現地化の失敗原因を説明する際に、重点をこの「本国効果」におく傾向にあった。

「本国効果」解釈の核心は、企業本部の経営実践と海外にある子会社の管理のローカリゼーションの失敗の間に因果関係を構築する点にある。たとえば、ホールデンは、最近の論文において、日本企業が海外子会社における管理のローカリゼーションに失敗した原因を、日本が「危機的な状況と政治的な緊張」に直面する戦前の時期に「経営の神様」と呼ばれた松下電器の創設者、松下幸之助の保守的な管理目標に求めている［Holden 2001 : 60］。ホールデンによると、松下幸之助個人の影響が松下電器の創設期から今日まであまりにも大きかったため、松下電工の海外事業の経営哲学も彼の経営方針から派生したものであるという。ホールデンは松下電器の海外における経営の哲学を、自国中心主義、さらに悪く言えば植民地主義というように形容している。この哲学は会社の海外経営において、日本人と非日本人社員の区別を強調し、「会社の言語」である日本語を話す日本人を正統な内集団とし、ほかの社員を外集団として区別する［Holden 2001 : 67］。

この区別が現地雇用の非日本人社員の挫折、日本人社員と現地社員の緊張関係とライスペーパー・シーリングの発生、日本人社員による海外子会社の経営権の独占など、日本の国際企業に関する多くの研究［Kopp 1999 ; Westney 1999］によって指摘された現象をもたらしたと、ホールデンは強調した。したがって、ホールデンは、会社の生きる伝統、つまり松下幸之助の保守的な経営理念が、松下電工の海外子会社のローカリゼーションを妨げたとし、次のように結論づけた。

保守的な集団文化がグローバリゼーションよりも重要な役割を果たしているというのは言い過ぎかもしれない。しかし、われわれは日本企業の経営理念およびそれが生み出すグローバリゼーションの理念が、メッセージをビジネスの環境に適応させる強力な基盤を生み出すことはできないという結論を引き出さざるを得ない。むしろ、それらの理念はビジネス環境をメッセージに合わせて解釈するためのデバイスであるかのように見える［Holden 2001 : 66–7］。

つまり、松下の経営理念こそ本質的に会社のローカリゼーションの進展を妨げたとホールデンは考えた。これは彼が論文の最初から文化の要素を否定する理由でもある。

この考え方をしている限り、筆者（ホールデン）は、経営の要素を強調する異文化経営という定義に導かれている。この定義は、制約的な要素としての文化を否定する［Holden 2001 : 54］。

ホールデンはさらに、「私が証明しようとするのは、人類学から派生される文化の概念、あるいはホフステードの解釈と分析に頼らず、異文化経営の視点から、主要な組織を理解することができることである」と宣言した［Holden 2001 : 68］。

「本国効果」の主たる問題点は、企業本部の経営実践と海外にある子会社の管理のローカリゼーションの失敗の間に想定される因果関係が、あくまでも仮定であって、論証されることはなかったということである。親会社の経営理念がいかに海外にある子会社の管理のローカリゼーションにマイナスの影響を与えているかが明確にされない限り、この因果関係は恣意的な仮定にすぎない。会社の経営実践がいかに現地社員によって受け入れられるかといったプロセスに注目しなければ、われわれは、親会社の経営理念がなぜ子会社の経営を失敗に導いたのかというメカニズムを理解することはできない。

本稿では、本社の経営実践の形式的な特徴が象徴的に媒介される社会過程について論じたい。つまり、親会社の経営実践とその子会社がうける影響の間に、クリティカルな不確定性が存在し、両者の間には一定の対応性はない。たとえ親会社の経営実践が同じであってもそれぞれ海外の子会社に及ぼす影響は異なるかもしれないし、また同じ効果が現れている子会社でも、それぞれの親会社の経営実践は異なっているかもしれないのである。

以上議論した社会過程の独特なダイナミズムは、クリティカルな不確定性の必須条件である。社会過程は、ある経営実践を媒介するプロセスによって複雑化し、多様な結果をもたらす。換言すると、親会社の経営実践が子会社にどのような結果をもたらすかと議論することはあまりにも性急である。なぜなら、具体的な効果は、経営実践の形式的な特徴そのものによってではなく、このような形式的特徴が社会過程の中で象徴的に取り上げられる過程によって変わってくるからだ。これは、親会社の経営実践の特徴とその子会社への影響とをそのまま連結してしまうホールデンをはじめとする学者たちの方法論に欠けている視点である。彼らは、ある会社の経営理念を保守的であると捉えるとき、海外支店の経営現地化の失敗の原因をその保守的な経営理念の影響と直結させてしまう。

以上から、もし表面的な事象を除いて、もっと深層的なレベルで海外の日本企業のローカリゼーションの失敗を理解しようとすれば、親会社の経営実践の特徴のみを分析することは方法論的に不適切である。したがって本稿は、文化的な視点を伴う社会過程の分析を提唱する。社会過程が文化的であるというのは、社会過程自体が意味をもつもので、その意味によって表象されるからである。ここでの文化は、文化を機能的なものとみなした19世紀の人類学者によって提唱された、歴史を無視した概念でもなければ、ホフステードがいう社会価値の総体という固定的な概念でもない。文化は、サーリンズの言う「それが定義し、区別する独自の現象：シンボリックな記号で組織される人間の経験と行動」［Sahlins 2000：158］である。つまり、文化は、一連の行動と経験を、意味のある記号システムに組織する人間に固有な能力であり、その記号システムは唯一の可能性ではない。ホールデンの非文化的な視点では、松下幸之助の神格がどこからうまれたのかを説明できない。ホワイトの言葉を言い換えれば、サルは、松下幸之助とそのほかの社員を区別することができない。なぜなら生物学上の違いがないからだ［Sahlins 1999：400］。また、なぜ松下電工の社員が松下の経営理念とそこから生み出されたグローバルな経営哲学の下で彼らの海外支店をも運営しなくてはならなかったのかということも説明できない。なぜなら、それは唯一可能な方法ではないからだ。さらに、非文化的な視点では、なぜ海外の子会社で日本語がほかの言語より「自然」であり、日本語を話す日本人駐社員が内集団だとみなされるのか、説明できない。また、それは、なぜ日本人と現地社員との分化が、結局日本人社員の支配的な地位を築き上げ、その地位を存続させられるのか、現地社員がなぜ集団で対抗しないのかについても、解明できない。これらのすべては文化的なものなので、文化的な分析を必要とするのだ。このように、文化は、会社経営の研究において軽視されるべきではない。ホールデンの主張とは反対に、非文化的観点からは、洞察力のある解釈と分析を行うことは決してできないのである。

本稿の第二部において、筆者はヤオハンの香港子会社のケース・スタディを紹介したい。ヤオハンは松下電工より早く、一九七一年からすでに広く海外業務を展開していた。その責任者の和田一夫は松下幸之助とおなじく会社の中心的な人物である。和田一夫は、新宗教の忠実な信者であった。彼の海外経営にみられるローカリゼーションの努力は、神様の前では誰もが平等であるというその宗教の理念に由来する。和田一夫は、ヤオハンの海外経営が現地の状況に順応しなければならないといつも公言していた。事実、ヤオハンはほかの日本小売業者と違い、現地の人々をその主な顧客だと考え、現地の状況に適した製品販売と経営政策を取り入れた。ホールデンの主張に従うならば、ヤオハンは管理のローカリゼーションにおいて成功を収めていたはずだった。しかし、結果はそうではなかった。したがって、ヤオハンの事例は、ホールデンの学説だけでなく、さらに「本国効果」の解釈の有効性を再検討するのに興味深い事例となる。

一　ヤオハンの経営哲学

ヤオハンは一九三〇年一二月に和田良平によって東海地方に創設された食料雑貨店から発展した。この片田舎の雑貨屋が六〇年後に国際的に知られるコングロマリットに成長したのである。この六〇年あまりの期間は、主に五つの特徴によって特色づけられた。

まず、和田家の会社に対する絶対的な所有と支配である。そのような絶対的な支配により、和田家の長男である和田一夫は、会社全体をコントロールする力を与えられたのである。和田家の支配には二つの側面、すなわち、管理者・運営者としての支配と精神的な支配があった。和田家はヤオハンの社員に対し、特定の見方や行動を取らせようと努め、そのため、自らが信仰する宗教団体「生長の家」の教えを社員たちに押し付けていた。

二つ目の特徴は、会社の経営哲学は、生長の家という日本の新宗教の教義から深い影響をうけたことである。生長の家は、一九三〇年に谷口雅春によって創始された。生長の家の教典である四〇巻にも及ぶ『生命の実相』に記されている主要な教義の一つは、「人間は神の子であり、無限の能力をもつ」ということである［Taniguchi 1962 : xiii］。この基本的な教義からいくつかのポイントを引き出すことができる。第一に、あらゆる人間は神のように無限の能力をもっているのだから、どんな逆境においても自信を失ってはいけないということ。第二に、あらゆる人間は神の子であるのだから、互いに親切で心優しくあらなければならないということ［Taniguchi 1962 : 48–49］。第三に、あらゆる人間は世の中の万物に対し感謝する気持ちをもち、それを深め内面化しなければならないということ。谷口によれば、人間は机や椅子にまで感謝しなければならない。つまり、生命が依存するあらゆる物や人に対する敬愛の念を忘れてはならないということである［Taniguchi 1962 : 49］。第四に、生長の家の教義である「与えよ、さらば与えられん」が強調するように、そうした感謝や思いやりの気持ちは必ず報われるということ。そして、最後に、そうした感謝の気持ちは、人間の身体の健康と関係づけられることで、強く促される。人間は神の子であるから、「生まれたときには罪も病もない」［Taniguchi 1962 : xii］。しかし、ほとんどの人間は自分が神の子であるということを認識せず、世事万物に感謝をしないから、病気になるのだ。換言すれば、病気を治すためには、人間は常に感謝の気持ちを忘れずに、そして、自分が神の子であるという認識をもたなければならない。

五〇年代半ばから、和田一家は生長の家の教義を会社の経営理念に編入することを試み始めた。谷口が宣教した人間は誰でも神から聖的な生命を付与されたという教義は、ヤオハンの経営哲学の第一の原則となった。人々を満足させるような物質的な条件がまだ整っていなかった時代において、こうした精神的な励ましはヤオハン創業の最初の五〇年間においてとくに有効であった。和田の一族は、あらゆる人間は神のように無限の能力をもっているという信念こそが、スタッフが経済と体力の困難に直面する際、それらを克服する有力なパワーであると信じていた。

「与えよ、さらば与えられん」は、顧客に対し感謝の念をもたなければならず、そして、この感謝の念の実践が奉仕に他ならないと解釈された。奉仕とは最大限に顧客に尽くすことであり、彼らに最高の商品を低価格で提供することによって喜びをもたらすものである。もっと顧客に「感謝と奉仕」をしようというのは、ヤオハンの経営哲学の第二の原則となる。

最後の原則は、ヤオハンの社員がこうした感謝の気持ちを全世界の人々に向けなければならないということである。和田一夫は「神様の前では全人類が平等であるので、われわれはあらゆる人種の人々を平等に愛さなければならない」［Wada 1992 : 122］と言っていた。これは、ヤオハンが全世界の人々にいいサービスをし、もっとも安い値段で顧客にもっともいい商品を提供することを意味する。これは一九六四年に明文化されたヤオハンの社訓にも反映された。

国際流通グループ・ヤオハンは、「生命の實相」哲学の正しい把握と、たゆまざる実践を通して、全世界人類に貢献するための経営理念を確立し、世界のモデル企業となるべき大理想を実現せんことを期す［Wada 1992：152］。

この社訓は最初日本語で作成され、その後他のいくつかの言語にも訳された。ヤオハン香港の社員たちも、毎朝の朝礼において、また、会社の重要な行事の際にも、それを暗誦させられていた。同時に、和田一夫は生長の家の教義をヤオハンの経営哲学として紹介し広めるための社員教育プログラムの設置を正式に発表した。こうした社員教育プログラムは、九〇年代においても行われており、それも、単に日本においてだけでなく海外のグループ傘下会社においても広く行われていたのである。こうして、全てのヤオハン社員は生長の家の信者であることを求められてきた。

歴史エージェント体としての和田一夫

和田一族は、ヤオハンの経営権と所有権の双方を独占したにとどまらず、生長の家の教典を通して、社員の精神にまで影響を与えていた。一夫の行動は、会社と宗教とが交じり合ってできた二重構造（そこでは拡大家族の男性家長が最も大きな権力をもつ）によって下支えされていた。ここでひとつ強調しなければならないのは、和田一夫の権力は、和田一族の会社の経営と所有への支配構造に基づくだけではない。生長の家により、彼はもはや全社員を統率する精神的な指導者となったのであった。まず、和田一夫は、全ての従業員をメンバーとする会社の代表であった。第二に、和田一夫は、彼の個人的な行動を、ヤオハンの集団的な行動に転換する社会的な影響力があった。結果として、和田一夫は、まさに会社全体の生命を代表し、それにヤオハンの運命をいかようにも変え得るだけの大きな歴史的影響力をもっていたのである。一夫はいう、「もし私が変われば、世界も変わるだろう」と［Wada

1992 : 23]。

二　ヤオハンの世界市場への拡張

七〇年代初頭を境に、一夫のヤオハンは、他の地方スーパーとは異なる生き残りの戦略を模索するようになっていた。それ以前の一〇年間に、一夫は静岡県内にヤオハンのチェーン店を続々とオープンさせたが、ちょうど同じ時期、ダイエーや西友といったスーパーが全国で知られるようになった。例えば、一九六〇年代の初めごろ、ほてい屋と西川屋は愛知県内における市場シェアのトップを争う大きな地方スーパーであったが、一九六六年ごろには、ダイエーが同県内の市場シェアの最上位を占めるようになり、これら二社はその大きなあおりをくらうことになった。こうして、一九七一年、ほてい屋と西川屋はダイエー対策として合併し、ユニーという名の新会社を立ち上げた。その結果、新生ユニーはダイエーに取って代わり愛知県内で最上位を占めることになった。

一方、静岡において同じような全国スーパーからの脅威に晒されていたヤオハンは、そのように他社との合併を模索することもなく、その代わり海外進出という別の道を模索するようになっていた。そのころの一夫は、いつもヤオハンとしてのアイデンティティを保持すべきであると強調していた。無論、初期の段階で、取締役をはじめとした多くの社員はそうした海外戦略に反対した。彼らは、限られた資本を未知の海外市場に回すよりも国内市場を確保することに専念した方がより得策であると主張した。それに対し、一夫は、ソニーの「すき間理論」を用いて部下たちを説得した。結局のところ、一夫は、社長にして和田一族の家長という地位をフルに生かして一般社員たちからの反対を押し切り、七〇年代初頭における最初の海外投資にこぎ着けた。

ここで興味深いことは、ヤオハンの国内小売業界における周縁的位置付けが当社を海外に向かわせたわけであるが、一夫の最終目標は、ソニーのそれと同様に、海外で得た評価とともに再び日本へ凱旋することに他ならず、そうした評価は国内の全国スーパーはおろか老舗のデパートとも競争することを可能にするものであると彼は考えた。つまり、日本は一夫の準拠点であり続けたのだ（少なくとも海外進出の初期の段階においては）。それゆえ、この段階においては、「脱日本化（de-Japanization）」は、究極的にはヤオハンの更なる日本化のための一手段であったといえる。

ここで重要なポイントは、なぜ一夫がヤオハンのブラジル進出にそれほどまでに大きな意義を認め、そしてヤオハンに国際的な小売業者としての箔を付けようとしたのか、ということである。先述のように、ヤオハンの周縁性は、経済的なものだけでなく、社会的なものでもあった。日本国内の小売業界において主流を占めるために、ヤオハンは、そのビジネスを拡大するだけでなく、その評判を高めることにも成功しなければならなかった。七〇年代後半以降の日本の政治やビジネスのレトリックにおいては、「国際化」というキャッチフレーズが「近代化」に取って代わるという動きが見られた［Goodman 1993 : 221］。そうした中で、ヤオハンは一九七九年にその海外展開のかいあって経団連から特別企業賞を贈呈された。また、一夫は八〇年代において何度か日本チェーン店協会副会長の要職に選出された。結局のところ、ブラジル進出は撤退を余儀なくされたにもかかわらず、それでも一夫は更なる海外への展開を模索し続け、一九七四年にはシンガポール、更に一九七九年にはコスタリカにそれぞれ出店を行った。そうして、香港進出のチャンスを得た彼は社員たち（弟たちも含め）の反対を押し切り、総額八二億五〇〇〇万円にものぼる大投資を敢行した。一九八四年一二月九日、ヤオハンは、政治的な先行きがまだ不透明な香港で、沙田のニュータウンプラザの完成を祝う花火大会をあげた。

和田一夫は、ヤオハンの海外運営がヤオハン社訓の精神に従わなければならないといった彼の特異な主張にいつまでも執着していた。彼は、ヤオハンが世界の人々にもっといいサービスを提供しなければならず、この目標が、会社の海外進出においてのみ実現できると社員に説き進めた。このイデオロギー的な操作を通じて、ヤオハンの海外進出という単純なビジネスの運営は、このように、会社の海外進出の理念を社員に納得させる価値観の正当化の試みでもあった。
一九九〇年のヤオハングループ本部を香港に移したのは、ヤオハンの海外進出への和田一夫の考えの変化を物語っている。彼にとって、ヤオハンの世界市場への拡張はもはや再び日本へ凱旋するためではなく、反対に、非日本的な要素が、ヤオハンが本当の意味での世界企業になるために欠かせない条件となったのである。

国際的な会社を築きあげるために、私たちはヤオハンの本部を海外に移すことを真剣に考慮した。日本に本部をおく限り、常に社員たちがヤオハンの中心が日本であると考える危険があり、これは、国際企業の本当の意味に反することである［Wada 1992 : 15］。

ヤオハンの社訓は再び活用された。しかし今度は海外拡張の理念を正当化する試みとしてではない。香港と大陸にいる中国住民へのプロパガンダとして使用されたのである。和田一夫は、ヤオハンの香港進出の目的が中国の人々を裕福にすることだと強調した。さらに彼は、必要であれば、彼が自分の全部の財産で日本人が第二次大戦で犯した罪を償いたいと話した。

天安門事件の後、多くの会社は中国から撤退し、投資額は大きく下降した。多額の投資で開いたホテルが閉鎖され、その多くは再開することができなかった。新たな政治動乱を恐れ、旅行者の数も激減した。中国の人々がこの政治動乱の被害者であるのに、世界の人々は彼らに経済的な制裁を課している。したがって、天安門事件に苦しめられた人々は、さらに世界の制裁からの苦痛を経験した。

表1　1995年におけるヤオハンの海外店舗数

国名	店舗数	第一店の開店年
シンガポール	4	1974
コスタリカ	2	1979
香港	9	1984
アメリカ	9	1985
ブルネイ	2	1987
マレーシア	5	1987
中国	19	1991
タイ	3	1991
マカオ	1	1992
カナダ	1	1993
イギリス	1	1993
台湾	1	1994
計	57	

このような状況下で、ヤオハンはその本部を香港に移した。……僕はこの国のために力を尽くしたい。第二次大戦で敗北した日本に向けられた中国の慈悲と、八〇パーセントをしめるヤオハンに貢献する中国人スタッフ、ヤオハンの中国人顧客、彼らに報いることを念頭に、僕は中国人の利益のために働くという希望を持ちながら、ここで香港ヤオハンのリーダとなった。……香港のために働くことは、中国のために働くことであり、中国のために働くことは、中国を裕福な国にすることである［Wada 1992 : 120-1］。

ヤオハン本部を香港に移した後、九〇年代から、和田一夫は、彼の海外市場への拡張のテンポを早めた。一九九五年までにヤオハンは、一二カ国に五七軒の店舗を開いた。

三　ヤオハンの現地化戦略

最後に、ヤオハンの社訓は、海外、特に香港における現地人顧客に重点を置くというビジネス戦略を強化するために使用された。日本を含める外国企業のサラリーマンや、日本人観光客、現地の上流階級の需要を考え、香港の繁華街に店舗を設け、ヨーロッパのブランド品を売るそごう、大丸、三越などといったほかの日系百貨店と違い、ヤオハンは、居住人口の密集するニュータウンに店舗を設け、現地の中下層の人々むけの日常用品を販売した。店舗の数量も、ヤオハンはほかの日本百貨店よりもずっと多かった。ヤオハンは、一九八四年に沙田店のオープンを皮切りに、その後一一年間で香港に九つ、マカオにひとつの店舗をオープンさせた。

ヤオハンの香港におけるビジネス戦略は、日本でのビジネス戦略モデルの再生産にすぎない。一九八四年に沙田店舗の開業前の記者会見で、和田一夫はこういった。

「沙田店舗」は銅鑼湾にあるような観光客向けの高級品を扱う百貨店と違い、大衆向けである。重点は、お金を大切にする平均的な収入層におく。われわれは特権階級ではなく、大衆にサービスを提供するのである［Wong

1999 : 59]。

このようなリベラルな経営哲学のもとで、ヤオハンの海外支店は日本人スタッフによって左右されないと思われるだろう。和田一夫は何回も公開的に宣言した。

われわれの会社は、民族の障壁をこえる組織を目指さなければならない。この目的のために、特別な才能をもつ「ボーダーレス」な人材を育てることが必要となる。長い目で見れば、このような「ボーダーレス」なスタッフは、ヤオハンの経営の未来図を描く基盤となる存在である [Wada 1992 : 136]。

この議論のなかで、和田一夫は、ヤオハンのスタッフ訓練プログラムは、現地のスタッフへ一方的に押し付けられるべきではないと強調した。

……日本人社員は、近代日本の価値観を現地の人々に押し付けないよう、用心しなければならない。反対に、われわれは、現地の人々の知恵と潜在能力をいかに引き出すかという方法と手段を考えなければならない。私は、このような苦しいプロセスを経験して初めて、ヤオハンはほかの日本企業の現地人社員と異なるタイプの社員を育てることに成功できると考える [Wada 1992 : 133]。

しかし、和田一夫の理想像とは違い、ヤオハンの経営層は「ボーダーレス」な人々を重んじることはなく、日本人社員に支配権を握らせた。一九九二年の香港ヤオハンの組織構造を例にあげよう。香港ヤオハンは、機能的な単位として、部、課、係という三つのヒエラルキーがあった。部は、管理部、食品商品部、非食品商品部、店舗運営部の四つに分かれていた。各部はさらにいくつかの課に分かれていた。たとえば非食品商品部は、衣料品課、雑貨課、高級品課の三つの課に、食品商品部は、生鮮食品課、食料雑貨品課、食品サービス課の三つの課に、管理部は、人事総務課と会計総務課の二つの課に、それぞれ分かれていた。店舗運営部は、各課で構成

表2 ヤオハン香港の店舗開店年度

年	店舗
1984	沙田
1987	屯門
1988	紅磡
1991	荃湾
1992	元朗
1992	藍田
1992	マカオ
1993	尖沙咀
1994	将軍O
1995	馬鞍山

されるというより、店舗により構成されていた。それは、本部と店舗を連結する役割を果たし、この部の部長は、各店舗の店長たちと週一回店長会議を開き、全店舗を管理していた。各店長は、部長に経営実績を報告するという義務があった。これらの課はさらに細かい係に分かれていた。たとえば人事総務課は、人事係、社員教育係、総務係に分かれていた。

一九九二年の時点で、ほとんどの重要な管理職は日本人社員によって占められていた。まず取締役会のメンバー、社長一人、四人の取締役は全員日本人であった。第二に、取締役は同時に部の部長も担当した。第三に、非食品部の高級品課以外、各課の課長も日本人によって担当された。店舗の店長の四分の三は日本人であった。以上のことから現地社員が上級の管理層に昇進することは難しいと言えるだろう。

ここで問題となるのは、なぜ香港ヤオハンのような、明らかに非保守な経営哲学を有し、それが管理層によって承認された企業において、ローカリゼーションはまだ実行されないかということである。この問題を念頭に入れながら次を見てみよう。

四　二元的な人事制度

二元的な人事制度は、海外のほとんどの日系企業において見られることである［Kidahashi 1987 ; March 1992 ; Sumihara 1992 ; Trevor and White 1983］。例えば、マーチは、海外における日系企業社員が、日本人社員と現地人社員という二つのカテゴリーに分けられ、前者が後者よりも上位であると認識されていることを報告している［March 1992 : 88］。この二元的な人事制度は、仕事の安定度、待遇、昇進機会にも反映される［March 1992 : 122］。ホワイトとトレバーも、ロンドン市内にある邦銀二行と日系貿易会社一社が二元的な人事制度をとっていることを認め、この人事制度の下で、日本人社員が現地人社員よりも様々な面で優遇されていることを報告した。更に、彼らは、こうした二元的な人事制度が、ロンドンの日系企業全体で一般的に見られるものであると断言した［Trevor and White 1983 : 97］。

それと同じような二元的な人事制度は、香港ヤオハンにも見られる。一九九二年の時点で、二八人の日本人社員と一八〇〇人の香港人社員は、異なる序列、給料、昇進システムの中に配置されていた。前者は、より多くの経済的な利益、高い社会的地位、人事管理におけるより多くの自由権を享受した。研究者は、このような日本企業に見られる二元の人事システムを、企業が現地に適応する過程、つまりローカリゼーションの過程で生じる付属物とみなしている。本稿は、それとは反対に、この二元的な人事制度が、二つの分離した利益集団――日本人社員と現地人社員の間の構造的な不平等を象徴していると考えたい。このような構造的な不平等とその象徴的な記号としてのエスニシティには、香港ヤオハンのローカリゼーションの失敗の根源があった。

二元的な人事制度の文化的意味：日本人社員と現地社員の間の「エスニシティ意識」の産出

カマロフ夫妻が指摘しているように、エスニシティは人間に本質的なものではなく、むしろ特定の歴史的産物である。

エスニシティが「自己意識」を獲得するのは、構造的に非対等なグループ同士が単一の政治経済機構の中に組み込まれ、支配者側のグループにより被支配者側のグループの社会・経済的境界の確定が行われて、不公平な分業の中で後者が依存的な立場に置かれるような場合である。このような集団形成の過程においては、支配者側と非支配者側の双方が互いに対照的な存在として形作られ、物質的・政治的・社会的権力の不平等な分布を説明し正当化するために、集団の成員権というものが利用される。しかしながら、構造的な不平等の自然化が行われ、それが当該集団の所与の性質から生み出される当然の結果であるとされるまでは、不平等の正当化は完璧なものとはならない。そうしてはじめて、当該集団の社会文化的相違が根源的なものとみなされ、われわれがエスニック・アイデンティティと呼ぶところのものとなるのだ。簡潔にいえば、エスニシティとは構造的不平等が文化的に表象されたものなのである。[Comaroff and Comaroff 1992：55–56]

これと同じように、ヤオハン香港の日本人社員と現地人社員も、その二元的人事制度をエスニシティによって正当化していた。ただし、両者のエスニック意識は異なっていた。支配者たる日本人社員にとっては、彼らのエスニック意識は防衛的なイデオロギーの形を取り、彼らのヤオハン香港の支配を正当化していた。このイデオロギーは、何の科学的根拠もない文化的偏見、あるいは現地人社員の人間性の否定により、現地人社員がヤオハン香港を支配する権利を拒絶するものであった。例えば、ヤオハン香港のある日本人女性社員によれば、彼女が香港に派遣されて一年ほど経ったころ、勤務先の店舗の店長に「現地人社員は機械だから、機械のように使ってよい」といわれたという。また、彼女が二年目の異動でヤオハン香港本部の社員教育係になったときには、社長から「現地人社員は犬だから、犬のように訓練すればよい」といわれたこともあったという。

他方、被支配者の現地人社員の側も、日本人社員の人間性を否定し、彼らに対して侮蔑的な見方で応酬していた。彼らは日本人社員のことを「蘿蔔頭《ローバッタウ》」（ダイコン人間）と呼んでいた。一〇年ほど前、香港新界の調査のために新界のある村に長く滞在した筆者の友人の日本人人類学者は、赤い服を着ると村民に「紅蘿蔔《ホンローバッ》」（ニンジン）、緑の服を着れば「青蘿蔔《チャンローバッ》」（華南特有の緑色のダイコン）と呼ばれた経験をもつという。また、ヤオハン香港の現地人社員は、日本人社員のことを「㗎仔《ガーチャイ》」（ジャップ）と呼んだり、「白痴仔《パークローチャイ》」（バカ）、あるいは「死扑街《セイポッカーイ》」（地獄へ行け）と呼んだりして馬鹿にした。このように日本人社員と現地人社員のエスニックな自己意識は、「お互いに集合的自己主張と集合的他者の否定を伴っていた。こうしたことは人間に共通の本性と考えられがちだが、その本質はほとんどの場合において不平等の関係に内包される緊張を反映したものなのである」[Comaroff and Comaroff 1992：53]。

会社における不平等はまた、推定される文化背景によっても正当化されていた。日本人社員たちは現地人社員のことを悪く捉える傾向にあり、さらには怖れてもいた。また、彼らは現地人社員、さらには香港人全てが責任感に欠け、怠け者で能力もなく、信用もできず、文句ばかり言い、部下に何も教えず、すぐに会社を辞めるというふうに考えがちであった。こうする中で、日本人社員は香港人全てのエスニック・イメージを作り上げていった。さらに重要なのは、これらのエスニック・イメージは日本人社員が彼ら自身のエスニック・アイデンティティの本質を構築する基盤となったということだ。香港人とは逆に、日本人は責任感があり、勤勉、有能で信用でき、新入社員によく教え、会社に忠実であるから本質的に香港人にまさっている。つまり、日本人社員の現地人社員に対する優位性は、バースが「基本的な価値指向」と呼ぶものの一つとなった［Barth 1969］。それはバースが能力を判断する、道徳と卓越性の基準であり、自身を判断するアイデンティティに関する基準である、と定義したものである。基本的な価値指向としての日本人社員の優位性は、ヤオハン香港の日本人社員の「日本人性」を定義するだけでなく、エスニック・グループとしての香港人社員とみずからを区別するエスニック・マーカーでもあった。

それゆえ、ヤオハン香港の社長は、日本人社員と現地人社員の違いをことさらに強調し、現地人社員の能力は低く、その上、信頼性に欠け、だから、会社の管理権を渡すことができないということを再三口にしたのである。日本人社員の役割とは、会社の重要事項を決定して、この決定を現地人社員が確実に実行し得るように管理することである。だから、現地人社員は、ただ日本人社員の命令に従って仕事をしていれば良いとされ、当然ながら、日本人社員が現地人社員に決定権を委ねることなどあり得ないとされた。ある日本人社員はこう説明する。

現地人社員は、いつも自分の能力を誇張していいやがる。彼らが売り上げ一〇〇パーセントアップを達成できるというとき、三〇パーセントくらいと見た方がいいだろう。それに対し、我々日本人は、いつも自分の能力を控えめにいう。我々が売り上げ五〇パーセントアップを達成できるというとき、実は一〇〇パーセントアップを達成できる能力をもっているんだ。だから、我々は、現地人社員を信用できない。やはり日本人社員が会社の支配権を独占するべきなんだ。

このように現地人は信用できないので、日本人社員たちは、自分たちだけでヤオハン香港を支配すべきであると信じていた。ある店舗の日本人社員は、当店のある高価な商品の盗難に気付いたとき、直接の責任者である現地人副店長にではなく、休暇中の日本人店長に知らせた。このことについて筆者が当人に尋ねたところ、彼は、日本人店長が本当の上司であるからだと答えた。現地人社員にも共通する人間性を疑い、推定上の文化的背景から日本人社員のほうが優位であると主張することにより、特権を持つ日本人社員は、現地人社員が同じような権利を持つことを否定し、日本人社員による会社の支配を正当化していたということがわかる。

このように、ヤオハン香港の社員は、エスニシティによって二分されていた。上位集団は少数の日本人社員によって構成され、会社の重要ポストはこれら日本人社員によって独占されていた。それに対し、多数派の現地人社員は下位のポストに甘んじていた。

五　日本人と現地人社員の間のエスニシティの境界線の維持

ここでエスニシティは、日本人社員の優越性を保護するためのイデオロギーを正当化する手段にすぎない。しかし、いったん定着すると、エスニック・アイデンティティは、会社の日常生活に普遍的な社会的拘束力を持つようになる。次に見るように、生長の家が主催する活動を含め、送別会、歓迎会、忘年会や新年会のような会社の一連の活動は、全てエスニシティに従って組織された。

神想観

ヤオハン香港の日本人社員たちは、月初めの出社の際に「神想観」という儀式への参加を義務付けられ、その際には、生長の家の教典を持参しなければならなかった。そうした月例の儀式以外にも、例えば、新店舗の開店時等には、特別な礼拝儀式が設けられ、そこではたいてい一夫が進行を取り仕切った。いうまでもなく、そうした場合には、全ての日本人社員が出席しなければならず、新店舗の成功を祈願した。

ときには、個々の店舗において厄払いのための儀式が行われたりもした。例えば、一九九三年初頭、屯門店の現地女性社員が帰宅途中に強姦され殺害されるという痛ましい事件が起こった。それからしばらく経った三月五日に、ヤオハン香港の経営陣は、この事件の厄払いのために、その月の月例儀式を本部ではなく屯門店で行うことを決定した。また、新年には、ヤオハン・インターナショナルの本部で新年の儀式が執り行われ、やはり全ての日本人社員がそれに参加するよう求められた。

ところで、こうした礼拝儀式は、日本人社員だけに開かれたものであり、現地人社員たちは招集されなかった。また、生長の家の香港支部は、毎年、東京から教団の指導者を招聘して講演会を設けた。そうした場合、たいてい香港支部の支部長からの依頼により、ヤオハン香港社は、その日本人社員ならびに妻たちに出席するよう促した。しかし、そのような場合であっても、あらゆる日本人社員の参加が見られたわけではなかった。特に和田一夫が参加しないということが事前に確認された場合には、参加者は少なかった。ちなみに、ヤオハン香港の人事総務課長は、そうした場合において十分な参加者数の確保に苦心しなければならなかった。もしそれに失敗すれば、彼が社長から叱責を受けることになった。それゆえ、彼は、部下たちに対し出席するように圧力をかけるのであった。とはいえ、そのように参加者が足りない時においても、現地人社員の参加が求められるようなことはなかった。更にいえば、現地人社員が生長の家に入信することを求められるようなこともなかった。それに対し、日本人社員は生長の家の信仰を求められていた。毎年七月から八月にかけての時期に、ヤオハン香港社は、全ての日本人社員に対し社内回覧を回し、彼らの信仰状況を確認した。また、同じ回覧の中で、未だ妻子が入信していない者は、早く彼女らを入信させることを促された。このように信仰に関しても、会社から求められるものは日本人社員と現地人社員の間で大きく異なっていた。和田家は社員に対しその労働力だけでなく「心」の奉仕をも求めたわけであるが、だとすれば、現地人社員の「心」は必要とされなかったといえよう。

歓迎会と送別会

ヤオハン香港の人事総務課は、香港に到着したばかりの日本人社員や、香港での任期を終えて帰国する社員のために、歓迎会や送別会を開催した。会場はたいていヤオハングループ傘下のレストランであった。こうした会合においては、決まって団結を喚起させるようなメッセージが発せられた。歓迎会の場合、まず社長が開会のスピーチを読み上げる。このスピーチの内容は、新しく日本から来た社員に対して、日本人社員こそ真の経営責任をもつのであって、現地人社員は日本人社員を手伝うのみで、経営の責任がないということを強調するものであった。送別会の場合なら、社長はこれから帰国しようとする日本人社員の苦労をねぎらい、帰国後の仕事も成功するように祈った。そして社長のスピーチの後、皆で乾杯となった。ベン・アリが主張しているように、このような乾杯は、社員間の団結を表現する儀礼に他ならない［Ben-Ari 1993］。興味深いことに、パーティーに先立ち、人事総務課の担当者は各人の席順を細かく決めておき、社長と帰国する社員や新入社員とを同席させるようにし、また、役員たちが各テーブルに一人ずつ座るようにアレンジしていた。こうしたアレンジは、日本人社員間の家族的雰囲気をいっそう高めさせるためのものであった。だが、シニア社員・ジュニア社員を問わず、現地人社員はこういう会合に参加することができなかった。

忘年会と新年会

忘年会や新年会もまた日本人社員間の家族的雰囲気を高めさせるための機会であった。社長は「父」としてこれらの会を準備した。例えば、一九九一年の末、ヤオハン香港の社長は九龍半島の中心地区である尖沙咀の韓国料理店で忘年会を開いた。日本人社員全員が出席し、会は社員一人ひとりのスピーチから始まった。皆のスピーチが終わると、韓国の酒がたくさん出され、若い社員たちはくつろいだ雰囲気になった。彼らは飲むにつれて会社内の上下関係を一時的に乗り越え、まるで同期の社員と接するかのような態度で上司と話すことができた。例えば、ある若い社員は、直接の上司の前に行って乾杯をした後、上司への不平を本人の前でいいはじめた。彼は、文句をいいながら、この上司を殴りたくなったといいだした。結局、他の社員が止めに入って事なきを得た。この若い社員の行為は、社会規範に反するものであったが、日本人社員がこの社会ルールの違反行為を通じて、日常生活での面子と社会的仮面を脱ぎ捨て、自分の「本音」を明らかにしたわけである。これこそ、レブラが「社会的全裸状態（social nudity）」と呼んだものである［Ben-Ari 1993 : 10］。ベン・アリは、この「社会的全裸状態」によって、日本人社員の間に一体感及び団結意識が呼び起こされると主張している［Ben-Ari 1993 : 11–12］。会の最後には、勘定をしなければならない社長を除いて、全ての日本人社員が泥酔していた。

明くる年の新年会は更に家族的雰囲気に溢れていた。その年の新年会は、社長宅で行われた。ヤオハン香港の食品アーケードに勤務している日本人社員は寿司をテイクアウトし、女性社員たちは食事の用意をした。上役の社員はゲームの準備をし、社長は食べ物の出費を負担した。また、社長は社員一人ひとりに新年の抱負を発表させたり、それぞれの抱負が達成されるよう励ましたりしたのである。ある女性社員は、次のように語った。「ヤオハンは一つの家族で、私たち（日本人社員）は兄弟姉妹なのです。みんなが一つの家族だという雰囲気は、送別会、忘年会、新年会などの集まりで特に強く感じられるのです」。これらの活動は、個々の社会グループとしての日本人社員間の結束を作り上げ、強化したのである。

これらの活動は、会社の日常における「集合的自己主張と集合的他者の否定」（Comaroff and Comaroff 1992 : 56）という意識とともに、日本人社員と現地社員が二つの異なるエスニックグループであるという差別構造を維持させた。バースが述べるように、多民族環境において、ある一つのエスニックグループの継続性は、インサイダーとアウトサイダーの永続的な二分化構造があるかどうかに関わる［Barth 1969 : 14］。つまり、日本人社員と現地人社員の間のエスニシティの境界線は、このように会社の活動という両者にとって重要な場においての交流を阻むことによってさらに維持されていくのである。これは、「接しているエスニックグループの間の境界線を維持させているのは、アイデンティティ確認の基準やシグナルだけでなく、文化の差異を存続させるエスニックグループの間のソーシャル・インタラクション（social interaction）の規制の存在をも暗示する」というバースの主張に照応する［Barth 1969 : 16］。

六　管理資源の独占

日本人社員が現地人社員より優秀で、両者を異なるエスニック・グループとして区別する基本的な価値指向の下で、こうした日本人だけが参加する活動は、日本人社員と現地人社員の間における不均衡な分化（asymmetrical dichotomization）を暗示し、確認している。ある日本人女性社員は次のように私に語った。

私は会社の活動に参加させてもらえますが、中国人上司の方はこういう活動には参加できません。だから、ヤオハン香港では、社内の肩書きより日本人であることの方が大事だと悟るようになりました。

しかし、こうした不均衡な分化が存続するためには、支配グループと被支配グループでは社会資源への異なるアクセスが必要となる。バースは次のように述べている。

エスニック・グループが階層化するシステムのなかで相互に関係する際、資源への異なるアクセスを維持するプロセスの存在を必要とする。図式化すると、たとえばエスニック・グループが成立する前提は、Aというエスニック・グループの各行為者は1、2と3の役割を担うことができるということである。これらの役割を担うことが、必要な資源が矛盾したパターンで分配されない場合、行為者はこれに同意すると、この前提は自己実行的である。もし、Aというエスニック・グループの行為者であるかどうかと関係なしに、これらの資源を獲得あるいは喪失する場合、この前提は不成立となる。その行為者は、期待される役割を担うことはできなくなる。ほとんどの階層化のシステムは、このような場合、この人がもはやAというエスニック・グループの一行為者ではないという解決によって維持される。エスニック・アイデンティティの場合、反対に、解決は、Aというエスニック・グループの行為者が1あるいは2の役割を担うことはすでにできないと認識することである。このように、階層化した多民族グループのシステムの存続は、カテゴリーによって異なる資源の分配を発生・維持させる要素の存在を意味している。これらの要素は、近代の多民族国家システムにみられる国家権力、行為者の努力をさまざまな方向に向けさせる差別的な評価、あるいは、政治、経済的組織、個人の能力における差異を生じさせる文化的差異などを含んでいる［Barth 1969 : 28］。

つまり、支配的グループはエスニック・アイデンティティに要求される優勢的な役割を成し遂げるために、被支配的グループとくらべ資源を獲得する機会をより多く持たなくてはならないのである。

同じ状況は、香港ヤオハンにも見られる。日本人社員をより優位にさせるために、会社は彼らに現地社員より多くの管理資源を与えた。管理資源の不平等な所有は二つのメカニズムによって生み出された。まず、日本人だけが参加する会議である。例えば、一九九一年一一月の日本人だけの会議において、ヤオハン香港社長は、当社の上半期の業績が芳しくなかった旨のスピーチを行った。そこで、彼は、当社の新店舗の業績不良、経費の増大、香港の小売業界の不振といった理由をあげ、また、その一方で、二、三割の売り上げの伸びを示した同業他社もあったということを付け加えることで、ヤオハン香港の競争力低下ということを暗に示した。そして、彼は、最後に、人間が無限な可能性をもつと信じて、下半期における日本人社員二八人のいっそうの奮起を期待すると述べた。この会議においては、一九九二年の人事異動に関する発表もあったが、その際、社長は、この異動に関する情報を現地人社員には黙っておくようにと命令した。

そこで、この社長は二種類の情報を提供したといえよう。第一は、「日本人向け限定情報」（筆者の造語）である。ヤオハン香港の経営不振という情報がその例で、それは、日本人社員だけに知らされた。第二は、「日本人向け優先情報」である。新人事の情報がその例で、それは、日本人社員には一九九一年の一一月の時点で知らされていたにもかかわらず、現地人社員に対しては一九九二年の四月の時点になるまで知らされなかった。このような情報アクセスに関わる不均衡のために、現地人社員は、情報源を日本人上司に依存する他なかった。そうして、後者の前者に対する権威は、ますます強化されることになった。つまり、重要な企業情報へのアクセスが差別的であるために、日本人社員は要求されるエスニシティの役割を果たし得たのである。ある日本人女性社員は、次のように語った。

私は一九九一年に営業担当として本部に転勤することになりました。表面上、私は中国人上司の下で働いているのですが、私は彼女が出席できない日本人だけの会議に参加できます。それに私は会社の人事異動についても彼女より早く知らされます。彼女はそのような重要な企業情報に関しては私を頼るしかありません。だから自然に、私は彼女より優位であるのだと感じています。

管理資源へのコントロールを分別化する第二のメカニズムは、前に見たような日本人社員による管理職の独占である。さらに重要なのは、日本人社員は影響力のある実権を持つことである。現地人社員もこの状況をよく理解している。筆者の調査によると、四一人の現地人社員（サンプル中の七七・四パーセント）は「日本人の課長のほうが同じランクの現地人社員の課長より権力をもっている」と感じていた。しかも、四〇人の現地人社員（同七五・五パーセント）が、「日本人社員は会社の規則に従わなくてもよい」を事実だと感じる一方で、三二人（同、六〇・四パーセント）は「日本人のいったことがルールだ」を当たっているとみなしていた。現地社員にとって、日本人は疑いなく会社で優位で、権力を持っているということになる。

管理職の独占は、日本人社員の優位を確認・存続させるために貢献する。これはまた日本人社員のエスニック・アイデンティティを規定する。つまり、日本人であることは、会社の管理層に入ることを意味する。このような日本人社員と現地人社員、管理の権力を持つ人々ともたない人々の間の不均衡な二分化が明確になると、ローカリゼーションの必要性を承知したにも関わらず、日本人社員が権力を現地人に譲渡することは難しい。もしそうすれば、日本人社員と現地人の間のエスニシティの境界線は崩壊してしまい、日本人社員は「日本人である」ことを喪失してしまう。これが、ヤオハンの経営陣がローカリゼーションを実行する決心をしたにもかかわらず、失敗した原因である。

先の調査に指摘したように、現地人は日本人社員の優位と日本人社員の管理職の独占をはっきりと認識した。しかし、彼らは、集団的レベルにおいて直接的に日本人社員との間の構造的不平等の改善に努めたり、エスニックな指標が恣意的なものであることを暴露しようと努めたりすることがなかった。逆に、彼らは日本人社員との間に良好な関係を築き、日本人社員と同じように働き得るということを望んだ。これらの戦略が成功するにしろ失敗するにしろ、結果として、日本人社員と現地人社員のエスニシティの境界線は維持されるのであった。

七　日本人社員との関係づくり

現地人社員たちは、自らの昇進のためには日本人社員に頼るしかないということ、そして、会社の支配権が社内の肩書きに関係なく、日本人社員によって独占されていることを知っていた。また、彼らは、自分の仕事がうまく行くかどうかは、日本人社員の協力を得られるか否かにかかっているとみなしていた。それゆえ、日本人社員と良い関係をつくり、その関係を維持することが現地人社員にとっては最も重要な昇進の手段であった。というのは、現地人社員たちが、日本人との関係の良し悪しによって昇進や権限の有無が決まるということを個人的に経験していたからである。

日本人社員との関係を築く第一歩は、日本人とコミュニケーションができることである。大部分の日本人社員は、英語も広東語も話せなかった。同時に、英語で意志疎通できる現地人社員も少なかった。そういう状況下で、日本人社員との関係をつくるための日本語力は、現地人社員にとって大きな財産であった。筆者の調査によれば、四六人の日本語ができない現地人シニア社員の中で、二九人はこれから日本語を学ぶ計画をもっていた。その理由を尋ねると、二六人もの回答者が日本人社員との意志疎通を図りたいからだと答えた。

ただし、昇進を望む現地人社員たちは、日本語が話せるだけでは十分ではなかった。彼らは、日本人社員たちに何らかのサービスを提供しなければならなかった。それは、日本人社員たちがさまざまな面で現地人社員に依存していたからである。第一に、日本人社員たちは、ヤオハン香港を効率よく管理するために、現地人社員の協力を必要としていた。例えば、日本人社員の近くで働くセクション主任たちは、日本人マネージャーが提示する一日の目標を各カウンターに伝えること、販売員たちのさまざまな問題の解決、更には、新入りのメンバーの訓練といったことを求められていた。こうした現地人社員の協力によって、日本人社員たちは、良い成果をあげ、上司の評価を得ることができた。第二に、日本人社員たちは香港政庁、裁判所、地元企業等などとの交渉を現地人社員に大きく依存していた。第三に、仕事以外の事柄についても、日本人社員たちは現地人社員に依存しなければならなかった。例えば、ある現地人のシニア・マネージャーは日本語が堪能であり、ヤオハン香港入社以前に五年間ほど観光ガイドをやっていた経歴をもっていた。彼によれば、日本人社員は自宅のガラスの入れ替えの注文から、国際電話の申請に至るまで、いろいろな雑用を彼に頼んできたという。彼が住んでいるという理由で、美孚新邨に住む日本人社員もいた。更に、彼は香港のナイトクラブ事情に詳しく、日本人社員をしばしばクラブへ案内していた。

現地人社員は、このシニア・マネージャーのように様々なサービスを提供することで、日本人社員から自分の仕事を高く評価してもらい、その見返りを受けることができた。無論、最大の見返りは、早期昇進に他ならなかった。先のシニア・マネージャーの経歴を例にとれば、彼は一九八七年にアシスタント・エグゼクティブ・オフィサーとしてヤオハンに入社し、五年後には現在のシニア・マネージャーに昇格し、五人の最上級現地人社員の一人に数えられるまでになった。こうした彼の経歴は、ヤオハン香港の「出世神話」と現地人社員の間で称されていた。

八　自己表現

出世のためのもう一つの方法は、「自己表現」である。日本人社員たちは広東語がわからないので、印象で現地人社員を観察・評価するしかないということを現地人社員たちは知っていた。ある〝優秀な〟現地人社員は、「一番大事なのは、現地人社員からどう思われるかではなく、日本人社員にどう見られるかである」と断言した。結局、現地人社員はこうした戦略を用いて適切な仕事ぶりと態度を日本人社員に見せなければならなかったのである。戦略が成功するかどうかは、日本人社員にとっての適切な仕事ぶりと態度とは何かを把握できるかどうかによっていた。先に述べたように、日本人社員は、ヤオハン香港の支配権の独占を正当化するため、日本人と現地人の違いを強調していた。したがって、現地人社員のとる戦略は、日本人のように働いて自身の現地人性を少なくとも表面的に消し去ることに他ならなかった。換言すれば、適切な仕事ぶりと態度とは、日本人のようなやり方と態度を意味するのであった。先の「出世神話」のシニア・マネージャーは、次のように社内での「自己表現」のコツを列挙している。

まず、現地人社員は自分の肩書きにそぐわない仕事でも行うべきであるということ。例えば、セクション主任の地位にある者でも、特に日本人がいる前では売場を掃除したほうがよい。第二に、現地人社員は絶対に自分で物事を決定してはいけないということ。第三に、現地人社員は日本人社員に逆らわずに、いわれた通りにしなければならないということ。それから、第四に、仕事の後のつきあいにもできるだけ参加すべきであるということ。最後に、できれば日本語を話せた方がよいということ。また、別の〝優秀な〟現地人シニア社員によれば、現地人社員は日本人社員がオフィスを後にするまで帰宅しないほうがいいとのことである。

このようなことは、上述した日本人のエスニック・イメージとまさに重なるものである。そうした積極的現地人社員が社内でうまく昇進できたのは、何よりも彼らが敢えて日本人社員のモデルに歩み寄ったからであり、経験的レベルでいえば、彼らが日本人社員〝のように〟なったからである。

このように、現地人社員は、日本人社員とパトロン＝クライアント関係を作ったり、あるいはさまざまな戦略を使い、十分日本人社員「のように」なったと示したりすることにより個人レベルでの向上をはかった。しかし、これら一連の努力がエスニシティ、つまり日本人的であるということを現地人社員の昇進を決定する重要な要素にしてしまったのである。しかし、ここで注意する必要があるのは、日本人との関係構築は、昇進を目指す手段だけではないことである。十分日本人的になったということは、ほかの現地人社員との距離をつくることになるため、それ自体が目的になってしまったのだ。この優秀な現地社員と普通の現地人社員、日本人社員と一般の現地社員といった対応関係は、成功した現地人社員は日本人との関係がより深いという事実によって、普通の現地人社員と区別されていることを示している。こうした関係／誇示を示すすべてのサイン――一緒に食事をする、日本人社員のプライベートなことをよく知る、日本語を身につける、病気などの理由で欠勤しない――は、彼らの利益と行動の作用する点となった。これらのすべては、会社の日常生活におけるエスニシティの関連性を強化し、日本人と現地人社員の間のエスニシティの境界線を存続させることになった。

九　日本人社員と現地人社員の関係における非対称性の永続

以上のような現地人社員の努力は、それが成功であれ、失敗であれ、二つの構造的な結果をもたらした。まず第一に、それは、皮肉にも、逆に日本人と現地人社員の間に不均衡な分化を固定化したということである。というのは、日本人とのよい関係づくりにしろ、日本人上司の前で自分が有能であるとの自己表現にしろ、これらの戦略は、結果的に、日本人が優位であるという認識を再確認することになったのである。とくに戦略が成功した場合はさらに顕著である。一方、失敗した場合でも、結果は同じである。というのは、現地人は、失敗の原因を彼らが日本人とのコミュニケーションの取り方、または彼らをどう喜ばせるかを知らないからだと考えるためである。したがって、日本人というエスニシティがこうした不平等な構造を産出するキーワードであるかのように社会活動が行われるかぎり、日本人と現地人間の不均衡な二分化は、現地人が己の利益のために日本人社員と関係をつくり、自己表現をする戦略の結果であったことは明らかである。換言すると、現地社員の反応は、日本人と現地人社員の間の不均衡な分化の固定化を助長したということになる。現地人社員は、無意識に、香港ヤオハンのローカリゼーションの失敗を助長したのである。

第二に、現地人社員は、自分たちのゲームをしようとは考えていない。つまり、彼らは日本人の優位を「自然」だと暗黙に認めると同時に、それを打ち壊す試みを「不自然」だと考える。したがって、彼らは会社を辞めるか、そうでなければ自分の意見を率直に言わず、日本人に従順になるほかはなかったのである。野心的な現地人社員は、いくら有能であっても、昇進に限界があると次第に認識するようになった。さらに彼らは、より高い職位に就いても、日本人社員ほどの実権と報酬がもらえないと知るようになった。つまり、日本企業に見られるライスペーパー・シーリングはある程度、現地人社員が自らに課したものであると言える。

そのようなライスペーパー・シーリングを承知したうえで、多くの管理職にある現地人社員は、会社が提供する仕事の安定性を確保しつつ、自分で事業を営んでいた。ある現地人社員は次のように打ち明けた。

われわれは日本人と同じ権力、物質的な報酬、社会的地位を有することはできない。それなのになぜわれわれは会社に忠誠心を持たなければならないのだろうか？なぜわれわれは自分が日本人と同じように働く必要があるのか？　香港ヤオハンはめったに現地人社員を解雇しないから、われわれは会社の資源と時間を利用して自分で会社をやっている。私も自分の会社を持っているし、多くの同僚たちもそうだ。

ほかの大卒の野心のある現地人社員は、ヤオハンを次のステップへの踏み台と見ていた。彼らは勤勉に仕事をし、会社でより高い職位を得た後、ほかの会社の、よりよい給料の職に転職する。一方、一部の社員は、従順で、リスクを冒さないことを選択する。これらのことが、構造的な不平等を消去する、あるいはエスニシティによる差別が不適切であると証明する試みを阻害する原因となったのである。

結論

本稿は、香港ヤオハンにおける現地人と日本人社員の間の構造化した不平等がエスニシティにより有意味化され、正当化される社会過程を見てきた。エスニシティは、この構造化した不平等を正当化するイデオロギー的な手段としてみるべきである。それは、会社の現存する恣意的な権力の実態を隠し、権力分配のほかの可能性を抑え込んでしまった。香港ヤオハンの権力分配は唯一可能な会社の政治形態ではない。民族に関わらず、有能な社員に経営権を割り当てることもまた、可能であったはずである。それにもかかわらず、エスニシティは、いかにも現存の権力分配構造を、唯一可能な選択であるかのようにさせてしまった。

エスニシティは、いったん文化的カテゴリーとして定着すると普遍的な社会規則となり、会社の日常生活において、日本人と現地人社員を拘束するだけの力があった。会社が主催する重要な活動は、このようなエスニックなラインで組織された。これらの活動は、日本人同士の連帯感だけでなく、日本人と現地人社員の間の境界線を強化した。また、両者の間の不均衡な分化を示し、確認した。こうした不均衡はまた、日本人が管理職を占め、現地人が平社員であるがための管理資源への異なるアクセスにより維持された。さらに重要なのは、日本人による絶対的な支配権力が、日本人社員のエスニック・アイデンティティの本質的な特徴となったということだ。このように経験的なレベルで日本人社員が彼らの優位を本質的なものと考えるため、結果として、彼らが現地人に権力を譲渡することは難しくなる。これは、ヤオハンが、表向きにはローカリゼーションを彼らの経営の目標と掲げていたにもかかわらず、それを達成できなかった原因である。

エスニシティは、また、現地人が彼らの上昇志向のため使用する戦略の一般的な社会法則である。これらの戦略は、日本人と良好な関係を結ぶこと、日本人の前でうまく自己アピールすることなどがある。しかし、これらの戦略は、日本人であることが、いかにも日本人と現地人の間の構造的な不平等を生み出すキーワードであるかのように行われたため、皮肉にもエスニシティの重要性を強化し、日本人の優位性を再生産することとなったのである。つまり、現地人社員もまた、ヤオハン香港支社における現地化の失敗を助長したことになるのだ。

本稿が提示する事項はいくつかある。まず、海外の日本企業のローカリゼーションの成否を左右する決定的なポイントは、本社の経営実践の形式的な特徴にあるのではなく、そのような形式的特徴が象徴的に媒介される社会過程である。親会社の経営実践の効果が不確定的であり、また、その効果が特定の管理実践の特徴により決定されることもない。むしろ、経営実践の効果は経営実践とその効果の間に介在する社会過程のダイナミズムに関わる。つまり、経営実践の効果は社会的に規定され、したがって文化的に制約されるのである。

第二に、いわゆる「原始的な」論説（Primordial thesis）に対し、エスニック・アイデンティティの出現は「ある特定の集団における（歴史的に特定された）実際の状況に対する反応」として取り扱われるべきである（Comaroff and Stern 1995 : 5）。この集合的な「日本人性（Japaneseness）」というエスニック意識は、「本来内在する、集合的な存在の意識、すなわちアイデンティティ」（Comaroff and Stern 1995 : 5）と言うよりは、むしろ、ヤオハン香港における、日本人駐在員と現地人の不公平な区別に対する、日本人駐在員たちの反応だったのだ。責任感がある、勤勉である、競争力がある、信用できる、部下の面倒見が良い、会社への忠誠心が強い等の日本人駐在員のエスニック・アイデンティティの実体は、現地人社員のカウンター・イメージであった。それらは、別の社会的コンテクストの中では異なった様相を呈するかもしれない。こうしたことから、集団主義のような抽象的・静態的・通俗的概念を用いて〃日本人性〃を定義することはできない。そのような「日本人性」の可変的性質を解すれば、集団主義のような社会的コンテクストを無視した静態的でステレオタイプ的な概念は疑問視されることになるだろう。本論は、日本人の「ユニークさ」(例えば、コンセンサスやハーモニーの重視)をことさらに強調する従来の日本的経営研究に対する一つの批判となり得るだろう［Wong 1999 : 3–5］。

最後に提示するのは、マネージメントを理解する上での人類学の関連性である。すでに述べたように、日本の親会社の経営実践は文化的現象である。経営実践の存在論的本質は認識論的な意味を含んでいる。経営実践は文化的分析に従うべきである。エスニシティの人類学的知識が、日本の海外企業の現地化失敗の理由を理解するためにいかに有用であるかということをこの論文で見てきたように、文化を最も重要な概念だとする分野としての人類学は、経営実践を理解することに貢献し得るものである。

参考文献

Barth, F. 'Introduction', in F. Barth (ed.) *Ethnic Groups and Boundaries : The Social Organization of Culture Difference,* London : George Allen & Unwin, 1969

Ben–Ari, E. 'Sake and "Spare Time" : Management and Imbibement in Japanese Business Firms', *Occasional Papers,* No.18,Department of Japanese Studies, National University of Singapore, Singapore,1993

Comaroff, J. L. and Comaroff, J. 'Of Totemism and Ethnicity', in J. L. Comaroff and J. Comaroff (eds.) *Ethnography and the Historical Imagination,* Oxford : Westview Press, 1992

Comaroff, J. L. and Stern, P. C. 'New Perspectives on Nationalism and War', in J. L. Comaroff and P. C. Stern (eds.) *Perspectives on Nationalism and War,* Luxembourg : Gordon and Breach Publishers, 1995

Goodman, R. *Japan's 'International Youth' : The Emergence of a New Class of Schoolchildren,* Oxford : Clarendon Press, 1992

Holden, N. 'Why Globalizing with a Conservative Corporate Culture inhibits Localization of Management', *International Journal of Cross Cultural Management* 1(1), 2001

Kidahashi, M. 'Dual Organization : A Study of a Japanese-owned Firm in the United States', Unpublished Dissertation, Columbia University, 1987

Kopp, R. 'The Rice-paper Ceiling in Japanese Companies : Why it Exists and Persists', in S. L. Beechler and A. Bird (eds.) *Japanese Multinationals Abroad : Individual and Organizational Learning,* Oxford : Oxford University Press, 1999

March, R. M. *Working for a Japanese Company : Insights into the Multicultural Workplace*, Tokyo : Kondansha International,1992

Moeran, B. *Language, and Popular Culture in Japan,* Manchester and New York : Manchester University Press,1989

Sahlins, M. '"Sentimental Pessimism" and Ethnographic Experience ; or, Why Culture is not a Disappearing "Object"', in L. Daston(ed.)*Biographies of Scientific Objects,* Chicago and London : The University of Chicago Press, 2000

------(1999)'Two or Three Things that I Know about Culture', *Journal of Royal Anthropological Institute* (N.S.)5 : 399-421.

Sumihara, N. 'A Case Study of Structuration in a Bicultural Work Organization : A Study in a Japanese-owned and Managed Corporation in U. S. A.', Unpublished Dissertation, Department of Anthropology, New York University,1992

Taniguchi, M. *Truth of Life,* Vol.7,California : Seichō-no-Ie Inc., 1962

Thomsen, H. *The New Religion of Japan,* Tokyo : Charles E. Tuttle Company,1963

Trevor, M. & White, M. *Under Japanese Management : The Experience of British Workers,* London : Heinemann,1983

Wada, *K. Yaohan's Global Strategy : the 21st Century is the Era of Asia,* Hong Kong : Capital Communication Corporation Ltd, 1992

Westney, D. E. 'Changing Perspectives on the Organization of Japanese Multinational Companies,' in S. L. Beechler and A. Bird (eds.) *Japanese Multinationals Abroad : Individual and Organizational Learning,* Oxford : Oxford University Press, 1999

Wong, H. W. *Japanese Bosses, Chinese Workers : Power and Control in a Hong Kong Megastore Store,* Surrey : Curzon, 1999

（黄子育、鈴木真由見訳）

第二章　企業のグローバル化とナショナル・アイデンティティー

――ヤオハンのイギリス進出

松永ルエラ

はじめに

一九九三年日本のチェーンストアー・ヤオハンは、ヤオハンプラザ（Yaohan Plaza）という名でロンドン郊外に鳴り物入りで開店した。ヤオハンは一九七〇年代から海外展開を始め、一九八〇年代後半までに特に中国で店舗数を伸ばし、一九八九年には香港に「国際流通グループ・ヤオハン総本部」を設立するまでになった。当時、会長の和田一夫のウェブサイトによると、「『ヤオハンの社名は日本より海外の方が通りがよい』と言われたほどであった(1)」。

ヤオハンのマークは地球をデザインしたもので、グローバル企業を目指していることを象徴していた。同時にヤオハンは、日本の企業としてのアイデンティティーも非常に重要視していた。ヤオハンUKの広告は「All Japan under one roof」（日本がまるごと一つ屋根の下に）であり、買い物客にまるで日本のショッピング・センターで買い物をしているかのような印象を与えるように工夫されていた。

一九九七年ヤオハン・ジャパンが倒産し、その後海外店も売却されていった。倒産の原因の一つは、海外店（特にロンドン店）の累積損失だと指摘されている［Financial Times 1997/9/27］。

本稿では、ヤオハンUKの四年間の軌跡を基に、企業のアイデンティティーとグローバル化という二つのテーマについて考察したい。第一にヤオハンの海外進出について述べ、第二にヤオハンUKのケースを検討し、最後にヤオハンの海外展開から見たグローバル化の意味を論じる。

一　ヤオハンの海外進出

イギリスに進出した頃、ヤオハンは日本国内ではローカル・スーパーマーケットに過ぎなかった。しかし、一九九一年までに海外店舗は八カ国・二四店舗を数え、海外においてはデパート並みの好評を博するようになっていた。ヤオハンがなぜ海外展開路線をとったかを理解するために、まず、ヤオハンの歴史とその創業者の和田家について述べる。

ヤオハンの前身は、一九三〇年に和田良平・カツ夫妻が熱海市内で開店した「八百半商店」という八百屋である。一九六二年、長男の和田一夫はその八百屋を受け継いで商号を「八百半デパート」と改称し、静岡県下でローカル・スーパーマーケット・チェーン事業を始めた。和田はチェーン展開の更なる拡大を図ろうとしたが、当時日本国内の流通業界では激しい競争が繰り広げられていた。そこで彼は国内で既に定着しているスーパーと競争するよりも、むしろ海外進出したほうがよいと考えた。

この和田一夫の考え方はソニーの海外戦略を見習ったものである。ソニーが戦後創立された頃、日本国内では電気製品の会社が激しくシェアを争っていたが、海外に進出した会社はまだなかった。そういった状況下でソニーは海外にいち早く進出し、海外で有名になることで、逆に日本国内での評判を高めることに成功した。和田はソニーと同様に海外進出することで、ヤオハンを「流通業界のソニー」にしようと決心したのである〔加藤　一九九七：二二〕。そして「人、ものの面で国境の垣根を外す」〔篠原・小澤　一九九一：三八〕グローバルな会社になることを目指した。一九七一年にはブラジルに進出し（石油ショック後のハイパー・インフレにより一九七六年撤退）、一九七三年シンガポールに、一九七六年にはアメリカにも店舗を開いた。さらに一九八四年香港ヤオハン第一号店を開店し、一九八九年、その香港に「国際流通グループ・ヤオハン総本部」を設立し、翌年には和田自身も家族とともに香港に移った。外から見る限り、ヤオハンはまさにグローバル企業になっていた。

香港のケースでは、王向華［Wong 1999］が指摘しているように、ヤオハンは他の日本の大型小売業と違って現地の消費者を対象としていた。つまり香港の中心地から離れて、郊外に「ワン・ストップ・ショッピング」[2]の店舗を開いたのである。開店当時、スーパーの便利さに加えてデパートのような高級感で人気を呼び、現地での評判は高かった。

しかし、王によると、社内では日本人従業員と現地採用の従業員との間にいろいろな面で差別があった。現地採用の従業員はたとえマネージャー[3]に昇進したとしても、全体的にみれば日本人従業員より地位が低いという不満を持っていた。つまり社内においては、あくまで日本人が「中心」であり、現地採用の従業員は「周辺」に過ぎなかったのである。

また、先述のように、ヤオハンの海外進出の第一の理由が日本国内で生き残るためであったことを見ても、もともと「日本」が中心にあったと考えられる。つまり、ヤオハン香港のケースを見ると、ヤオハンのグローバル化は「日本」を核（中心）としたグローバル化と言ってよいであろう。

ヤオハンについて論じる上で忘れてはいけないのは、「生長の家」という新宗教との関係である。生長の家は一九三〇年、「ニュー・ソート」[4]という宗教運動に影響を受けた谷口雅春によって始められた。生長の家の中心思想は「実相の世界と現象の世界」である。生長の家のウェブサイトの説明によると、「実相の世界」ではすべての人間は神の子で、「無限の生命、無限の知恵、……その他すべての善徳に満ち満ちた久遠不滅の存在であり」、それ故に実相を信じて「観ずる」（理想を強く心の中に抱く）と、すべての悩みや問題は消えてしまうという。「現象の世界」とはこの現実の世界で、心の中に存在するものであり、「心に従って自由自在に、貧でも、……不健康でも、不幸でも、幸福でもあらわすことができるということです」と書かれている。[5] たとえば、職場で常に感謝の気持ちを持って奉仕するという生長の家の教えを実践すれば、企業は必ず繁栄するとしている。生長の家は第二次世界大戦中、特に中小企業の生産性・効率を高める活動を行い、国策に積極的に協力していた。戦後は、営業・経営に関する講習・講演会などを企画または運営する「栄える会」を設立し、活動を続けている。

和田カツは、一九四〇年代に生長の家の信者になり、その後、次第に和田家全員が生長の家の信者になった。特に、後にヤオハンの会長になった長男の和田一夫は、大学時代に母親から生長の家への入信を強く勧められ、熱心な信者になった。その後、一九五〇年代後半から、生長の家はヤオハンの社員教育にも影響を与え始めたのである。

一九五六年、ヤオハンの社員五人が、「労働時間が長過ぎ」、「給料が安く」、「私生活に干渉する」などと訴え、ストライキに突入した［和田 一九八八：一八五、土屋 一九九一：一二四］。ストライキは他の社員の賛同を得られず、大きな問題とはならなかった。しかし、和田家はその頃から社員にやる気を与えるため、ヤオハンの精神教育に生長の家の理念を導入することを考え始めたのである。和田カツ［一九八八：一八五］は、「それは『心』を教えるのですから八百半の精神の教育ということになるのでした。……真の商人道の認識と自覚であり『与えよ、さらば与えられん、喜びを与えたものにはまた喜びが返ってくる』という生長の家の真理の下で、感謝と奉仕を生き方の信条に毎日毎日を真摯に勤しむことであります」と言っている。つまり、ヤオハンは生長の家の教えを「感謝や奉仕の心を客に対する具体的な行動で表現しようという」社員教育の中に生かしたのである。

しかし、このような社員教育は社員にやる気を与えた一方で、間接的には長時間低賃金で働くというシステムを支えたのではないかと考えられる。つまりヤオハンのやり方は、「搾取」あるいは「社員を操るために宗教的理想を利用した」などという非難・批判を受けかねない面もあった。

実際、当時のヤオハンの社員である土屋高徳によると、[6]一九六四年、ヤオハンに入社した生長の家の信者であるTさんが「八百半は生長の家を商売に利用している」という手紙を生長の家の創始者である谷口雅春へ送っている［土屋　一九九一：一四〇］。Tさんにとっては「生長の家の教えを取り入れているとはいえ、中途半端に見え、それがかえって商売で儲けるための手段と映ったのであろう。宗教を不純な目的に利用していると見えたのである」［土屋　一九九一：一四二］。しかし和田はその手紙に関して谷口雅春に注意されながらも、会社の社員教育プログラムから生長の家の影響を減少させようとは考えなかった。むしろヤオハンと生長の家との関係を明確にし、正式なものとする道を選んだ。つまり「誤解」を避けるために、ヤオハンの全社員を生長の家の会員にしたのである。

翌一九六五年の春、ヤオハンは生長の家の教育センターにおいて、新入社員の六日間研修コースを行った。土屋によると、和田一夫は祈りの中でヤオハン・デパートの理念が閃いたという［土屋　一九九一：一五二］。その理念とは「我等八百半デパートは、生命の実相哲学の正しい把握とたゆまざる実践を通して、全世界人類に貢献する為の経営理念を確立し、世界のモデル企業となる大理想を実現せんことを期す」であり、後にヤオハンプラザの事務所の受付にも、その英訳が展示されていた。[7]

生長の家はその後のヤオハンの海外拡大に対しても、より具体的な影響を与え続けた。初めての海外店がブラジルに開店したのは、生長の家の副理事長徳久克己の誘いによるものであった。徳久によると、「ブラジルは高度成長の真っ只中にある。日本人は八十万人近く住んでいるし……彼らから日本の百貨店やスーパーに出店してほしいとの強い要請がある」［加藤　一九九七：二二］。また王向華［Wong 1996］によると、和田はブラジル在住の生長の家の会員（その多くは日系人であった）がヤオハンの企業文化にうまくとけ込む社員となるのではないかと期待していた。さらに、現地の会員を採用することにより、従業員のうち三分の二以上がブラジルの国籍を持つ者でなければならないという法律の条件を満たすことができるという計算もあった。従って、採用においては生長の家の関係者が優先され、願書提出者の資格として生長の家のセミナーの参加経験があることが条件付けられていた。

初期のヤオハン・ブラジルは徐々に拡大し、現地ではよく知られるようになっていたが、先述したように、一九七三年の石油ショックから生じたハイパー・インフレの結果、ヤオハンは一九七六年にブラジルから撤退を余儀なくされた。ヤオハンの他の海外支店では生長の家の影響は比較的弱く、現地採用の従業員が強制的に生長の家の会員にされるようなことはなかった。しかしながら、生長の家の教えに基づいた指導資料はヤオハン・グループ全体の人事教育で使用され続け、特にシンガポールでは従業員の抗議や反抗の原因となった。シンガポールのイスラム教の従業員が、生長の家の教えに基づいた資料の使用はイスラム教徒として受け入れられないと主張した。その結果、ヤオハンは人事教育の資料の一部を書き直すことになったのである。

香港店における、現地採用の中国人従業員と生長の家との関係については異なる解釈がある。メイ・ウォン［一九九四］は、ヤオハンの社員教育プログラムは概して現地採用の中国人従業員に歓迎され、彼らは「ヤオハンの一員」と感じていたと述べている［May Wong 1994 : 41］。(8) 一方の王向華［Wong 1996, 1999］は、中国人従業員が生長の家の活動からほとんど除外されていたことを指摘し、それはつまり日本人社員と現地社員の間に差別があり、現地社員は地位が低く、会社の象徴的な中心をなす活動に参加できなかったということだったと批判している。王向華はまた、日本人社員が生長の家の教えを実際にどの程度受け入れていたのか疑問だとしている。多くの日本人社員は和田が出席しなければ活動に参加しなかった。この点を見ても日本人社員が生長の家の活動を辞めなかった理由は、会社のトップの和田に対して、社員としては拒否しにくかったからであろうと分析している。

王向華は、ヤオハンの海外店舗における生長の家の役割が矛盾をきたしていたことを指摘している。日本人社員の多くが生長の家に対して無関心であった一方で生長の家の教えを基にした社員教育プログラムや活動に参加していた理由は、参加すること＝会社組織の中心的な社員層という象徴的な意味があったからだ、と説明する。そしてこのような矛盾点を内包した仕組みはヤオハンＵＫにも存在していた。

二　ヤオハンＵＫ

イギリスにおける日本のリテール企業

イギリスにある日本のリテール企業は、三つのタイプに分けられる。第一のタイプは、日本人旅行者を対象とした、ロンドンの中心地にある日本のデパートである。現在、三越しか残っていないが、一九八〇〜一九九〇年代には、伊勢丹、ＳＯＧＯ、高島屋もロンドンに支店があった。これらデパートのロンドン支店は、いずれも日本にある百貨店より小規模で、イギリスの名産品と土産物の販売に重点を置いていた。

第二のタイプは、主に現地の消費者を対象としている企業である。例えば一九九一年、無印良品は海外において初めてムジ（Muji）という店舗をロンドンに開き、現在イギリス国内に一六店舗を数えるまでになっている。ムジＵＫでは、日本の無印良品と同様に、文具、日用品、洋服、家具などを販売しているが、例えば、現在日本で一九九五円の電卓が一九・九五ポンド（約三七九〇円）というように、値段は日本より高くなっている。しかし、ムジのシンプルなデザインはイギリスの若者に人気があり、売り上げも好調のようである。同じように、二〇〇一年にイギリスで四店舗を開いた衣料販売企業ユニクロも、イギリスでの評判は良いようである。

第三のタイプは在英日本人を対象としているリテール企業である。一九八〇年から一九九〇年代前半にかけて、イギリスにおける日本企業とその駐在員は急激に増加した。日本大使館によると、一九八二年には在英日本人は一万三四〇〇人で、そのうち九四五五人（七〇パーセント）が企業の駐在員とその家族であった。一九九三年には在英日本人数は五万六三三五人までに増え、そのうち三万二五二八人（五八パーセント）が企業の駐在員とその家族であった。

一九七八年にはロンドン北西部に日本人学校ができたが、その後一九八八年に西ロンドンの方へ移った。日本企業の駐在員は、子供の教育の機会を求めて北西ロンドン及び西ロンドンに集まるようになり、そこで日本人社会が

表1　在英日本人（1980－1993）

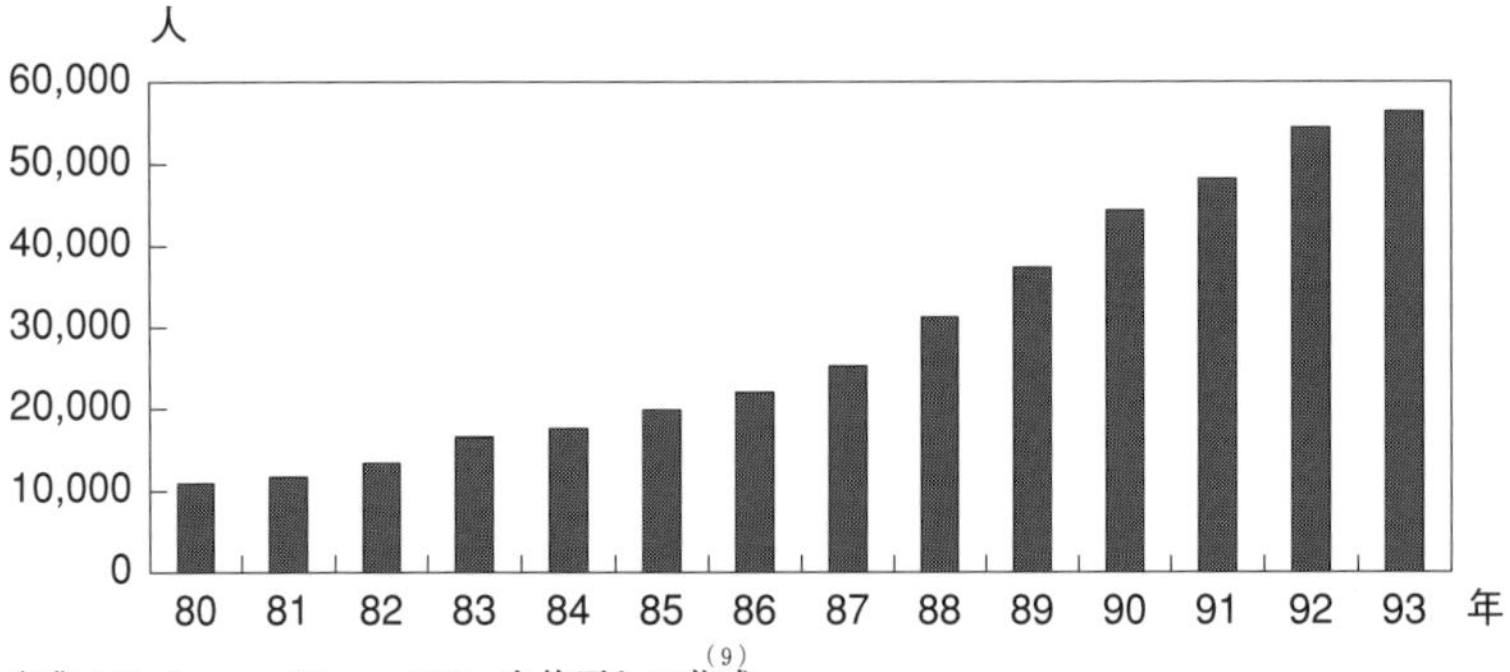

出典：Embassy of Japan, UK　を修正して作成[9]。

形成されていった。そして、その地域在住の日本人を顧客ターゲットとする数々の日本食料品店、和食レストランが開業した。しかし、これらの店はたいてい小規模であった。つまり、イギリスにおいてヤオハンプラザは、日本食料品と日用雑貨を販売する初めての大型店として開店したわけである。

ヤオハンプラザの軌跡

Yaohan Plaza ロンドンは大規模なショッピング・センターで、売り場面積は一万一三四平方メートル、欧州最大の日本の大型店として、将来の欧州でのヤオハン店舗展開の拠点になる予定であった。香港店と同様に郊外に建設されたが、その地域は日本人が多く住む北西ロンドンから少し離れており、毎日の買い物には不便であった。

和田一夫は、「売り上げの割合は日本人が五〇パーセント、中国人、韓国人など英国在住のアジア系の人々が二五パーセント、残りが英国人になると予想している」と述べている［日経流通新聞　一九九三・九・七］。しかし、先述したように、ヤオハンプラザの広告は“All Japan under one roof”（日本がまるごと一つ屋根の下に）であり、日本人客に重点を置いているという印象を与えていた。ショッピング・センターの中心をなすスーパーマーケットの売り場面積の約八〇パーセントを日本食料品および日本製日用雑貨が占め、残りのスペースには日本の本屋、日本人向けの美容院、「ハローキティ」の店舗、セガのゲーム・センターといった日本のテナント及び、日本人に人気のあるウェッジウッドなど英国ブランド用品を販売していた店も入っていた。さらに、うどん、たこやきなどが手軽に食べられる「フード・コート」まであり、日本人客がまるで日本で買い物をしているような雰囲気を演出していた。

また開店当時、従業員一五〇人のうち日本からの出向は九人だけだったが［日経流通新聞　一九九三・六・二二］、在英の日本人学生がスーパーマーケットのアルバイトとして複数採用された。したがって、ショッピング・センター全体に日本人の販売員がかなりおり、それも日本の雰囲気を醸し出す一因となっていた。

最初の頃、ヤオハンは現地の人にも駐在日本人にも歓迎され、売り上げは好調であった。イギリスの新聞にはヤオハンプラザの開店に関していくつもの記事が載り、開店翌日の来客者数は六万人に上った。和田一夫によると、九月から一〇月にかけて、一日の来客者は一万人前後であった。（その内四五パーセントぐらいが日本人、五五パーセントはイギリス人）［Daily Yomiuri 1993/10/13］。その後、現地の客の割合は徐々に下がっていったが、ロンドンの駐在日本人社会ではヤオハンは人気を呼び、特に週末には、多くの日本人が家族で来店していた。客がヤオハンで消費する金額はかなり高額になるので、その頃ロンドンの日本人の間で「ヤオハン貧乏」という言葉がよく使われたほどであった。

しかしながら、その後次第に来客者数が減少し、ヤオハンＵＫは苦境に陥った。原因の一つは、現地の客にヤオハンの商品は値段が高く、なじめないものばかりだという印象を強く与えたことにあった。(10) また、顧客として最優先に考えていた日本人駐在員がバブル崩壊後、特に一九九三年以降、減少したことも原因として考えられている（次頁の表2参照）。

さらに他の問題も指摘されている。入居テナント数が少なくなったこと。また、先述したように、地理的に日本人が多く住む地域から少し離れており、日本人の主婦にとっては毎日の買い物には不便であったため平日の来客数が少なかったこと。さらに円高の影響で日本から輸入された商品の値段が高くなったこと。そして、当初とは違っ

表2　在英日本人（1989−1997）

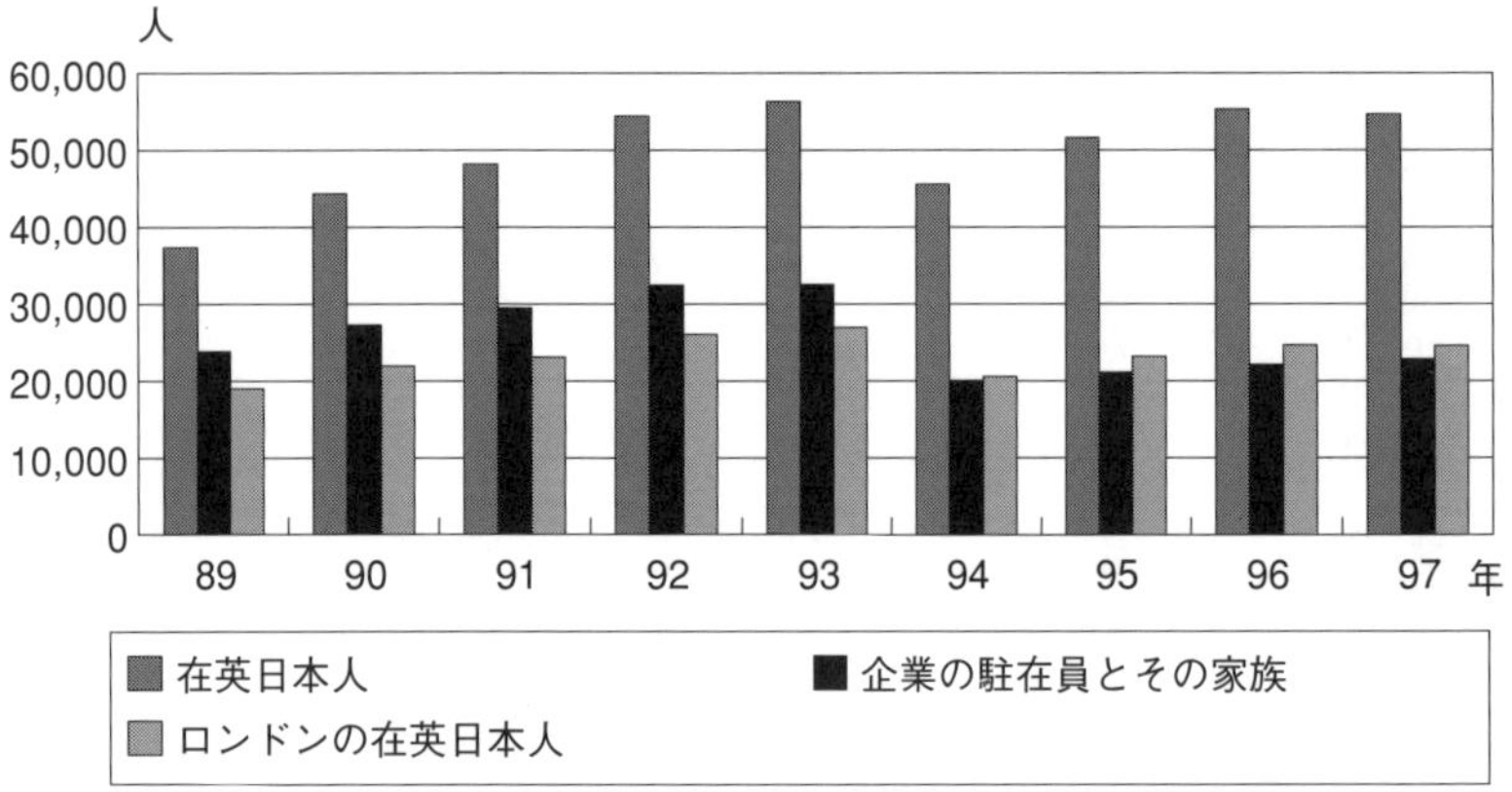

出典：Embassy of Japan, UK を修正して作成。

て、現地スーパーマーケットが日本食材を割安に販売し始めたため、ヤオハンは値段が高いと日本人顧客からも言われるようになったことが逆風となった。結果、ヤオハンＵＫは開店してから三年連続赤字になり、一九九六年三月末には累積損失は三七億四千万円となった〔日本経済新聞朝刊　一九九六・五・一八〕。

私がヤオハンＵＫに関しての研究を始めたのは一九九五年、つまりヤオハンの苦境が厳しさを増していた時であった。その頃、日本人、イギリス人、及び中国系の複数のマネージャーにインタビューを行い、ヤオハンの特徴、従業員の人間関係、顧客に対しての戦略などを詳しく聞いた。

イギリス人の従業員から見て、ヤオハンはイギリスの企業といくつも違う点があったという。まず開店してからしばらくは、毎日朝礼があった。従業員全員が集まり、体操をして社歌を歌い、その後全員でこぶしを突き上げながら、会社のスローガンを大声で叫ぶのである。その後連絡事項の説明があり、最後に挨拶がある。全部で一時間ぐらいかかっていたそうである。この様な朝礼はイギリスの会社には全くなく、更にイギリスにおける日本企業の中でも、珍しいものであった。

また生長の家の教えに従った精神教育を大切にするのも、ヤオハンの特徴であった。例えば、特別な朝礼の際、従業員は互いに手をつなぎ、相手の目を見ながら「You are a wonderful person, I am a wonderful person, let's do our best today（あなたはすばらしい人間、私はすばらしい人間、今日もがんばりましょう）」と言うよう指示された。イギリス人従業員に配られていた人事教育のパンフレットでは、ヤオハンの理想は次のように説明されていた。


人間とは何でしょうか?

あなたは神の子です。

あなたが明るく楽しい態度やマナーでお客様に接すると、お客様は幸福になります。

私たちがお客様を幸福にすることができれば、私たちの店は繁栄するでしょう。

私たちの店が繁栄したら、あなたも繁栄するでしょう。

大切なのはあなたが神の子であることを悟ることです。そうすればあなたに幸福が訪れるでしょう。

「私は神の子です」「私は何でもできます」「私は幸福です」と、毎日唱えましょう。


［ヤオハンUK人事教育資料　一九九五］(11)

ただし、先述のように、ヤオハンは日本において一九六四年生長の家との関係を明確にしたが、シンガポールにおいて問題が起きた後海外においては生長の家との関係についての言及を避けた。したがって、ヤオハンUKにおいても、マネージャーは一般従業員に対して、会社と「生長の家」との関係について何も説明しなかった。

当初、現地採用の従業員は朝礼に関して、「日本の会社だからかなあ。面白い」と思っていたようである。しかし、一時間の朝礼を有給にすれば会社にコストがかかるし、無給で仕事の一時間も前に毎日従業員全員を集合させることは、次第に問題となっていった。そのため、朝礼は毎日から週一回、そして月一回となり、出席者も減少していた。そして少なくなった出席者は、体操や精神教育などを恥ずかしく思うようになり、さらに、「朝礼は洗脳」だと反対する声も出るようになった。その結果、一九九五年までに、朝礼はほとんど行われなくなっていた。

朝礼以外でも、一般の新入社員の教育の際に精神教育が行われていたが、やはり生長の家との関係には触れられることはなく、さまざまな教えについては宗教ではなく哲学だという説明が行われていた。しかし、現地採用マネージャー二人によれば、ヤオハン香港の訓練センターでマネージャー向けの社員教育を受けた際に生長の家の原則が説明され、お祈り、「神想観」と呼ばれる瞑想法などをさせられたという。マネージャーの一人（Aさん）はイスラム及びゾロアスター系で、生長の家のお祈りなどに対して抵抗を感じていたが、もう一人（Bさん）は熱心な信者になった。

ヤオハンは共同体意識を育てるために生長の家の精神教育を利用していたと思われるが、実際にはその試みは失敗に終わった。一般の従業員はその精神教育に反対していたし、マネージャーのBさんは香港でマネージャー用の教育訓練を受けて生長の家のメンバーになってからも、日々の仕事の中で自分の意見を生かすことができず、日本人のマネージャーと比較して差別を感じていたという。Bさんによると、日本人のマネージャーから無視をされたり、「外人」と呼ばれたり、マネージャーの会議に参加させてもらえなかったなどの差別的な待遇を受けていたという。一九九六年三月に解雇されたBさんは、その後ヤオハンを相手取り、人種差別と不当解雇に対する賠償を求めて労働裁判所に訴訟を起こした。

ヤオハンUKにおける生長の家の役割を考えるとき、日本人社員が正式な会員であったにもかかわらず、生長の家の活動にあまり熱心ではなかったことは注目に値する。当時、生長の家はヤオハンプラザで在英ブラジル人が英語による集会を開き、ロンドン北部において日本語による集会は開いていた。しかし、はるばる日本から生長の家の講演者がやってくる場合だけは、参加しないとヤオハン本部に報告される恐れがあったため別だったが、普段、日本人社員が参加することはなかった。それどころか、私が調査の際に聞いたところによると、ヤオハンUKの日本人社員の多くは「神想観」の正しいやり方も知らないということがヤオハン本部で問題になっていた。和田家と縁戚関係にある、ヤオハンUKの田島社長は生長の家の信者であったが、日本人社員に対して、生長の家の儀式への参加は義務としたが、信者になることは強制しなかった。それゆえ、社則に沿った「正式会員」と個人との間には一線が引かれる結果となったと述べている。

ヤオハンUKの日本人社員にとっては生長の家に関連した社内行事（毎朝の「神想観」というお祈り、および本部が主催する儀式）に参加するのは義務であったが、他方、現地採用のイギリス人従業員には参加の義務はなかった。つまり、社内行事への参加は信仰の証というより、会社の正式なメンバーであるという身分の証であったのである。現地採用の従業員の場合でも、たとえば、管理職になると生長の家の強い影響下にある教育プログラムを受講させられたが、一般の従業員には基本的な思想ですら指導されなかった。しかしながら、Bさんの例が示すように、非日本人社員が生長の家の会員になったところで、日本人社員の内輪のグループに入ることはできなかったのである。

また、生長の家の活動とは直接的な関係はなかったが、人事管理の複雑な仕組みは現場の一般従業員同士の関係にも影響を与えていた。先述したように、現地採用の従業員の中には在英日本人のアルバイトが数人いた。日本人のアルバイトは他のアルバイトより時給が良く、同じ日本人ということで日本人マネージャーとも親しい関係にあった。当時、ロンドンでは日本語が話せる人材が少なかったため、日本人や日本語が話せる人材のために専用の職業斡旋所があった。このような背景から、日本語ができると特殊技能者として、時給が高かったので、日本語ができない従業員にとっての不満の原因になっていた。このようにして、日本人であるというエスニシティー／アイデンティティーが人事管理の中で重要な要因をなすという印象を強めることとなった。

ヤオハンUKの日本人マネージャーたちがどういう顧客層をターゲットとしていたかを考察すると、彼らが日本のショッピング・センターとしてのアイデンティティーを現地に伝達し、それを維持することがいかに重要だと考えていたかが理解できる。先述したように、開店以降、一九九五年まで顧客の数は予想より少なく、損失が大きかった。そこでシンガポールから転勤してきた中国系マネージャーは、在英中国系の顧客を集めるために中華食材を増やすことを提案した。ロンドン在住の中国系の人たちの人口は在英日本人の二倍以上で、ヤオハンの周辺に多く住んでいたからである。またヤオハンは一九八四年に香港第一号店を開店しており、香港からの移民が多いロンドンの中国系社会ではヤオハンの知名度は高かったこともあった。

中国系顧客を集めるという提案に対して、当初、日本人マネージャーたちは反対した。ヤオハンの中に日本の雰囲気がなくなると、日本人顧客にとっての魅力が失われる、というのが彼らの主張であった。しかし、一九九六年になると、ロンドン店の累積損失が元で、ヤオハン・ジャパンの税引き後利益が前期に比べて四三パーセント減という大幅な赤字となってしまった。ヤオハンUKはこれを黒字に転換するために、和食の食材売り場を全体面積の八〇パーセントから三〇パーセントまで狭めて「アジア系顧客を取り込む商品政策に変更」と発表した［日経流通新聞　一九九六・五・二二］。

しかし、〝時すでに遅し〟であった。一九九七年ヤオハンは倒産し、先述したように、その原因の一つはロンドン店の累積損失だと指摘された［Financial Times 1997/9/27］。五千万ポンド以上の建設費をかけた。ヤオハンプラザは、同年にマレーシアの大手小売グループに一五〇〇万ポンドで売却され、「オリエンタル・シティ」と名称が変更された。現在日本のテナントはまだ残っているが、スーパーマーケットでは様々なアジア食品などを販売している。顧客はロンドン在住のアジア系の人々となり、会社の広告は、「All Japan under one roof」（日本がまるごと一つ屋根の下に）から「All under one roof」（全品、または皆が、まるごと一つ屋根の下に）に変更された。

結論

結果的に失敗に終わったこのロンドン郊外における日本の大型店舗の進出は、企業のグローバル化へのプロセス、特に日本企業のグローバル化について我々に何を語ってくれるのだろうか。

まずヤオハンUKの事例から、海外進出した日本企業の特徴として一般化できる点は何か、またヤオハン独自であろうと思われる点は何かということに関して考えたい。一般化できると思われる一つの点は、海外の日本企業研究者たちがたびたび指摘しているように、「中心—周辺」関係の重要性である。[12] つまり、日本の本社が「中心」で、海外の支店は「周辺」と見なされるというパターンである。

ヤオハンの事例では、ロンドン店は明らかにヤオハン・グループの「周辺」として存在していた。ヤオハンUKの日本人マネージャーたちが「中心」と「周辺」をつなぎ、またゲート・キーパーとして機能していた。例えば、日本のショッピング・センターとしてのアイデンティティーを現地に伝達し、それを維持していくなどという方針については日本人マネージャーと本社（中心）によって決定され、現地採用の従業員は決定プロセスの蚊帳の外に置かれていた。また、日本人マネージャーたちの側から言うと、「周辺」では、「中心」からの監視や管理が多少弱かったので、たいていの場合は「中心」からの指示に従ってはいたものの、「周辺」独自の判断ができる余地も残されていた。例えば、生長の家の活動に参加しないことは可能であった。

ヤオハンにおける「中心—周辺」がほかの例と異なるのは、「中心」のコントロールが、地理的には日本からではなく香港にいる和田一夫より発信されていたことである。しかしながら、本部を海外に移したとしても、ヤオハンは依然として明らかに日本の企業としてのアイデンティティーを維持していた。ここにアパデュライが「脱領土化」（deterritorialization）とよぶものの具体例を見ることができる。

「中心—周辺」関係から生じる問題として指摘されるのは、日本人と現地採用スタッフの間の軋轢である。これも海外進出した日本企業の研究者に指摘される特徴である。ヤオハンの事例では、こうした軋轢は会社の方針決定プロセスにおいて顕著であった（現地採用の管理職スタッフは店舗経営に関する全体的な方針決定にほとんど関与できないと感じていた）。さらに現地採用の日本人アルバイトが給与面で優遇され、その上、日本人マネージャーと親しいということが日本人でない現地採用スタッフの反発を招いていた。

一方、特にヤオハンが他と異なる面もあった。ヤオハンの企業文化の第一の特徴は、生長の家との深い関わりであり、生長の家の教えを人事教育プログラムや様々な企業行事に取り入れたことである。この点に関しては、ヤオハンは他の日本企業と違って、特別な宗教活動との関連が明らかにされた非常に数少ない事例である。日本企業は海外においては、宗教的だと解釈されかねない社内活動や行事を控える傾向にある。一九九〇年代中頃、私はイギリスに進出した日本の企業（製造業）に対しインフォーマルな電話インタビュー調査を行った。例えば新しい工場を建設する前の地鎮祭といった行事について、現地採用のスタッフの感情を損なわないように、明らかに宗教的なところは省いてイギリスのやり方に合わせることがあるということだった。

そしてその上、重要なのは、食品ビジネスを中心とする小売業者であるということである。したがって、ヤオハンの企業戦略の内容、企業経営上の問題は、製造業や金融業などの他業種の企業には当てはまらないものでも多い。先述したことから明らかなように、ヤオハンの企業戦略の特徴は、現地の他の小売業者との違いを際立たせるために、日本のショッピング・センターであることを強調することであった。これは、販売していた商品から始まり、雇用した従業員、提供したサービス、そして最も重要とされた顧客層（主に現地在住の日本人）にまでに現われていた。つまり、ヤオハンは海外進出した多くの日本の大企業が現地の人々を顧客ターゲットとしたのと違って、日本人を顧客ターゲットとしていた。確かに、イギリスにある他の日本食材小売業者も、顧客ターゲットを主に日本人にするという戦略をとってきたが、ヤオハンと違って、それらはいずれも小規模である。この点に関してのヤオハンの大きな問題は、店舗の規模と開店のタイミングであった。先述のとおり、ヤオハンの開店はロンドンに住む在外日本人の人口が減少した時期と重なっており、主要な顧客ターゲットを日本人だけにしておくと、顧客の絶対数が店舗規模に対して不十分になるのは明白であった。

ここで意外なのは、ヤオハンがなぜこういった状況の変化に迅速、かつ効果的に対応ができなかったかということである。例えば、ヤオハン・グループは特に中国との間に強いつながりがあり、英国在住の中国人の間で評判が高かったにも関わらず、初期の段階でもっと中国系の顧客を取り込む努力をするなどの方策をとらなかった。この変化に対する対応の遅れは、ヤオハンの経営陣における「中心としての日本」「周辺としての海外」という理念の強さに関連しているのではないかと思われる。この点に関しては後でもっと詳しく述べる。

以上ヤオハンUKの事例から、海外進出した日本企業の特徴として一般化できる点及びヤオハン独自であろうと思われる点を指摘した。最後に、アッパデュライ［Appadurai 1996］と別府［Befu 1996, 2001］の理論をもとに、ヤオハンのケースを使用してグローバル化の意味について論じたい。

アッパデュライ［Appadurai 1996］が提唱したスケープのモデルにヤオハンUKのケースを当てはめてみると、ヤオハンは多くの異なる「スケープ」の交差点に位置していることがわかる。本稿においては特にエスノスケープ（民族の地景、つまり、人的拡散）とイデオスケープ（観念の地景、つまり、観念の伝播）の観点から見ていきたい。エスノスケープの観点から見るとヤオハンにおいては日本人と中国人という二種類のエスノスケープが幾分、違った色合いで登場する。ヤオハンは日本人のエスノスケープに貢献できる企業としての位置を求めていたが、実際は先述したように最終的にはその戦略は失敗に終わった。

イデオスケープの観点から見ると、現地採用の従業員はヤオハンが伝達しようとした思想や実践を日本的経営管理のやり方、つまり日本と関連したイデオスケープとしてうけとっていた。しかし実際にはヤオハンの思想や実践は生長の家の教えを取り入れたものだったので、複雑であった。生長の家の教えは一九世紀の北米の「ニュー・ソート」運動の流れをくんでいる。ニュー・ソート運動は、クラーク［Clarke 1994］が指摘したように、後に合衆国や西ヨーロッパに広まったポジティブ・シンキングやニュー・エージ運動にも影響をあたえている。つまり、生長の家は、日本に留まらないより広いイデオスケープの一部として考えられるのである。

外部に対しては、ロンドンの店舗の入り口に作られた小さな日本庭園からハロー・キティ商品、日本のマンガ、毎日店頭に並ぶ日本ブランドの食料雑貨類、さらにはメイン・ホールで子供のための折り紙教室などを開催するといった文化的活動へのスポンサーシップを通し、海外において想像される「日本らしさ」の再生産を試みた。また、先述したように、この〝本物の日本のショッピング・センター〟らしい雰囲気を維持するために、現地に住む日本人の採用と日本人の顧客拡大が奨励されていた。

アッパデュライのアプローチはヤオハンのケースに適用できる可能性がありそうだが、別府［Befu 1996, 2001］が述べたように、このモデルでは「中心」と「周辺」の重要性を考慮に入れていないことが大きな弱点である。すでに論じたように、海外進出した他の日本企業のケースと同じくヤオハンのケースでも、「中心―周辺」関係は社内の人間関係を理解する上で非常に重要である。

実際ヤオハンのケースは、別府［2001］が提唱した「中心―周辺」関係の分析とグローバル化の四重のフレームワークが結びついたアプローチに、よく当てはまっているようである。四重のフレームワークとは、人的拡散（中国人と日本人のディアスポラ）、組織の移植（ヤオハンがその企業文化と教育プログラムをヤオハンUKのスタッフに強制しようとした試み）、文化伝播（日本文化の普及）と想像された日本（すでに述べたように、特にヤオハンのケースにおいて顕著であった）である。

日本の視点から見たグローバル化とは、しばしば海外に日本村を増殖させていこうとするようなものだという別府［1996］の指摘も、ヤオハンのケースにぴったり合う。ヤオハンはロンドンの店舗において、グローバルな顧客開拓の可能性が潜在的にあったにもかかわらず、〝本物の日本〟の雰囲気を保存、再生産することにこだわっていた。

ヤオハンのケースの皮肉な点は、海外に事業拡大している企業でありながら、競争相手との差別化を図る戦略として日本の企業のアイデンティティーをその根幹に持ってきたことである。ヤオハンUKは、グローバル企業であることと日本独特の企業であることの両方を目指していた。また同時にヤオハン特有の企業アイデンティティーを保持し、さらに発展させることも目指していた。ヤオハンが直面した苦境は、おそらくこのプロセスの困難さ、さらにローカルな状況の中で移りゆくグローバル・アイデンティティー、ナショナル・アイデンティティー、そして個々の企業としてのアイデンティティーのバランスを取っていく困難さを示しているのであろう。

〈謝辞〉

本稿の日本語版を執筆するにあたって協力していただいた東京成徳大学非常勤講師の越智加代子氏、武蔵野大学非常勤講師の笹川あゆみ氏、総合研究大学院大学の博士課程の八巻恵子氏の皆様に御礼申し上げます。

注

（1）株式会社ハウインターナショナル HP（http://www.haw.co.jp/publicity/2003_05_01_keiejiyuku.html）による（この会社は和田一夫が設立した）。

（2）「ワン・ストップ・ショッピング」とは、一カ所で食料品、日用雑貨など日常生活に必要なものを買うこと。

（3）マネージャーとは、スーパーマーケット等の流通業界でよく使われている職務担当者を指す言葉で、必ずしも管理職に付く社員とは限らないが、何らかの責任・監督の役割を持つ人を指す。

（4）「ニュー・ソート」は一九世紀の北米で始まった運動であり、その創始者P・P・クインビーは「病は全て悪い信念から生じるものであるから、心のゆがみを治せば肉体の不調も治る」と主張した（新宗教を考察するページHP、http://park8.wakwak.Com/~kasa/Religion/christianscience.html）。

（5）宗教法人生長の家 HP（http://www.sni.or.jp/honbu/html/fremhtm/newpage 3.htm）による。

（6）土屋高徳は、当時のヤオハンの社員及び生長の家の信者であり、彼の本や和田カツの書いた本の出版社は、生長の家の出版社である。

（7）原文では、"By studying and practicing the 'Truth of Life" philosophy, the Yaohan Group of companies strives to create a company which will render better service to people all over the world and in so doing, hopes to become a model for other companies".

（8）原文では、"incorporated in the corporate culture"［May Wong 1994 : 41］。

(9) この情報提供ご協力くださったオックスフォード・ブルックス大学のルース・マーティン氏に御礼申し上げます。

(10) 例えば The Independent,9/4/93,18/11/94 ; The Financial Times 29/9/97を参照のこと。

(11) 原文では、What is a Human Being?
You are the son(daughter)of the creator.
When you treat customers with a pleasant attitude and courtesy, they will be happy.
If we can keep customers happy, then the store will prosper.
When the store prospers, you will prosper too.
The point is to realize that you are the son of the creator, then happiness will come to you.
Say every day, 'I am the son of the creator.' 'I can do anything'. 'I am a happy person'.

(12) 例えば Hamada 1992 ; Sedgwick 2000を参照のこと。

参考文献

加藤鉱『ヤオハン　無邪気な失敗』日本経済新聞社、一九九七年。

篠原勲・小沢清『ヤオハン烈烈：国境のない企業世界制覇の野望』東洋経済新報社、一九九一年。

土屋高徳『ヤオハン和田一夫：祈る経営と人づくり』日本教分社、一九九一年。

日経流通新聞『流通現代史：日本型経済風土と企業家精神』日本経済新聞社、一九九三年。

日経流通新聞『流通経済の手引き』日本経済新聞社、一九九八年。

和田カツ『ヤオハン：祈りと愛の商人道』日本教分社、一九八八年。

Appadurai, A. *Modernity at Large : Cultural Dimensions of Globalization*, Minneapolis : University of Minnesota Press 1996

Befu, H.(別府春海) 'The global context of Japan outside Japan' in H. Befu and S. Guichard–Anguis(eds.) *Globalizing Japan : Ethnography of the Japanese presence in Asia, Europe, and America,* London : Routledge 2001,pp 3–22

Befu, H. and Stalker, N. 'Globalization of Japan : Cosmopolitanization or Spread of the Japanese Village?' in *Japan Engaging the World : A Century of International Encounter*, Teikyo Loretto Heights University 1996,pp 101–120

Clarke, P. B. 'Japanese "Old", "New" and "New, New" Religious Movements in Brazil' in P.B. Clarke and J. Somers(eds.) *Japanese New Religions in the West,* Folkestone : Japan Library 1994

Hamada, T. 'Under the Silk Banner : The Japanese Company and its Overseas Managers' in T.S. Lebra(ed.)*Japanese Social Organization, Honolulu :* University of Hawaii Press 1992

Matsunaga, L. 'Spiritual Companies, Corporate Religions : Japanese Companies and Japanese New Religious Movements at home and abroad' in P.B. Clarke(ed.)*Japanese New Religions in Global Perspective,* Richmond : Curzon Press 2000

Sedgwick, M. 'The Globalization of Japanese Managers' in J.S. Eades, T. Gill, and H. Befu(eds.) *Globalization and Social Change in Contemporary Japan,* Melbourne : Trans Pacific Press

Tokuhisa, K. *A Prosperidad esta na mente,* Sao Paolo : Seicho no Ie do Brasil, 1991

Wada, Kazuo(和田一夫)*Yaohan's Global Strategy : the 21st Century is the Era of Asia,* Hong Kong : Capital Communications Corporation Ltd.,1992

White, P. 'The Japanese in London : from transience to settlement?' in R. Goodman, C. Peach, A. Takenaka, and P. White (eds.)*Global Japan : the experience of Japan's new immigrant and overseas communities,* London : Routledge,2003,pp 79–97

Wong, H. W. *An Anthropological Study of a Japanese Supermarket in Hong Kong,* D.Phil thesis, University of Oxford,1996

Wong, H. W. *Japanese Bosses, Chinese Workers : Power and Control in a Hong Kong Megastore*, Richmond : Curzon Press,1999

Wong, M. 'Enhancing the Learning Capacity in a Japanese Organization in Hong Kong through Spiritual Education' in *The Learning Organization*, vol.1 no.3,pp 38–43

資料

Daily Yomiuri 1993/10/13を参照
Financial Times 1997/9/27 ; 1997/9/29を参照
The Independent 1993/4/9 ; 1994/11/18を参照
日本経済新聞朝刊1996/05/18を参照
日経流通新聞1993/06/22 ; 1993/09/07 ; 1996/05/21を参照

第三章　カルフールと中国小売業界の近代化

晨　光

はじめに

何年かぶりに中国に訪ねたことのある人なら、誰でもこの国の小売業の発展ぶりとサービス業の改善ぶりを感じるはずである。この現象を一言で表現するなら、中国社会は近代化しつつあると言えよう。ここでは「近代化」の定義を細かく議論するつもりはないが、筆者は、伝統的な業態から近代的な業態へ転換する過程がその業界の近代化だと考えている。中国の場合、この転換過程はどのようなものか。内因によるものか、それとも外因によるものか。社会学の近代化理論によれば、後発社会の近代化はほとんど外因によるものだというのが定説である。もちろん中国も例外ではない。しかし、この説を証明するための具体的な事例研究はまだ不足している。本稿は世界第二位の小売企業、フランスのカルフールの中国進出を実例として中国小売業の近代化について論じてみようと思う。

中国の近代化において外資企業の役割は実に大きい。一九八〇年代から中国の近代化は急激に前進したが、それはちょうど外資企業が中国へ大挙して押し寄せた時期と重なっている。ところで外資企業と言っても業種によってその役割は異なる。本稿で外資系の小売業を分析した理由は次の考え方に基づいている。

経営学には「小売業ドメスティック産業論」がある。すなわち「小売業は本来的にドメスティック（国内的）である。小売業は人々の暮らしに密着し、それぞれの国、地域の歴史的、社会的条件から直接大きな影響を受けて形成されている。それ故、小売企業は経営規模の大小にかかわらず、出店する際、国内であれ、国外であれ、地域市場を調査し、そこに住む消費者の欲求を把握して販売活動を展開することになる。」［矢作敏行編　二〇〇四：まえがき］すなわち、外資系小売企業は投資先国の市民の日常生活と密接に関連しているから、外資系製造業より投資先国の社会生活に大きな影響を与えている。

今までカルフールに関しては経営学、経済学的な研究が多く、社会学からその特徴を分析したものは皆無である。外資企業は投資先の社会に経済的な影響だけではなく、政治、社会、文化意識の影響も大きく与えているという考え方から、カルフールのような小売企業は買物という日常生活活動を通して中国の人々に近代的な考え方について目に見えないうちに感化作用を及ぼしていると考えられ、このことに最も重要な意義がある。

一　カルフールの実績

一九九五年末から中国の北京、上海などの大都市に「家楽福」という人気スポットが出現し始めた。「家楽福」では、買物ができるだけではなく、食事も楽しめる。またそこには喫茶店もあれば、クリーニング店、現像店、郵便局などの施設もある。店内には、無料給水機やATM機も設置されている。周辺の市民たちは、男女老若関係なくたちまち「家楽福」に魅了され、買物なら「家楽福」へ、友人と会うなら「家楽福」へ、夏になると涼を取るために「家楽福」に来る市民もいる。とにかく市民たちは暇があったら「家楽福」に引きこまれるように、ぶらぶら行くという風になってしまった。

実は、「家楽福」はフランス語 Carrefour の中国語訳である。北京、上海に現れた「家楽福」はすなわち売上高世界第二位のフランス小売企業カルフールのハイパー・マーケット（Hypermarket）である。本当は多くの中国人

表1　カルフールのハイパー・マーケット店舗数と売上の推移

	1999年	2000年	2001年	2002年	2003年	2004年	2005年
店舗数（HM）	22	27	27	35	41	56	70
売上（億元）	60	80	85	110	134	162	200

はフランス語どころか、「家楽福」とフランスとどういう関係があるかも分からなかった。しかし、あっという間にカルフールは斬新なサービス・スタイルと格安の商品価格で多くの市民を虜にした。

膨大な人口を持つ中国の消費市場の潜在力は大きい。今まで中国では居民地域に随所に無数の在来市場、露天商がある。それに対してカルフールは総合量販店（HM）方式で事業展開した。地域住民から見れば、ハイパー・マーケットは低費用、低粗利で店舗運営できる業務システムを実現し、さらに快適な買物環境を提供してくれる。「これから衣食住を扱う総合量販店はアジア流通革命の主役になる。…中国の主要都市の消費と流通は外資参入によって大きく姿を変えつつある」と予測されている［矢作　二〇〇四：六］。

カルフールは、独特なサービス業態と徹底的な低価格によって中国で巨大な成功を収めている。一九九五年一二月に北京で第一号店を開店して以来、一〇年の間中国全国二七の都市[1]で七〇の総合量販店ハイパー・マーケットをオープンした。現在中国でカルフールは、四万人以上の現地従業員を雇用しているし、二〇〇四年の売上高は一六二億元に達した。二〇〇五年はカルフールが中国に進出してからもっとも順調な一年であるから、今年度の売上は二百億元まで達すると予想される。この規模は中国総合量販店方式の売上第一位で、外資系小売企業の売上高ランキングも第一位である（表1を参照）。

また他の外資系小売企業と比べて、カルフールはいち早く黒字経営を実現した。二〇〇三年の六月中旬、美林集団は『中国で販売とサービスを提供する多国籍企業の営利状況調査報告』を発表した。それによると、激しい市場競争によって、中国市場での販売利益率は低下しているので、ほとんどの外資系小売企業は赤字経営状態にあった。中国系小売企業も苦戦していた。それにもかかわらず、カルフールだけは利益を生み出していた。(2) 当時、中国では、「カルフールは儲け、ウォルマートは損、中国系小売業者は窮地に陥っている」という小売業界の状況が語られていた。

カルフールはさらに中国全国に一一の仕入れセンターを設けて、毎年中国から数十億ドルの商品を購入し、世界中のカルフールの店へ納品している。二〇〇二年に一時険悪になった中国政府との関係を修復し、WTO加盟後の市場経済の波に乗って毎年一〇店舗のスピードで中国における事業拡大計画を軌道に乗せるようになった。

新しい動向として、二〇〇三年からカルフールはハイパー・マーケット以外の業態ハード・ディスカウントストア（加工食品、消耗雑貨の自社開発商品を主に扱う売場面積三〇〇〜八〇〇平方メートルの低価格訴求店）Diaを上海、北京で展開し、また北京でチャンピンという名のスーパーマーケットも展開している。これは、カルフールが中国でのマルチ・フォーマット（多業態）戦略を採用しはじめたことを意味する。さらに中国小売専門サイト（中国営銷伝播網）によると近年カルフールは中国の上場企業（辽成大、西安世紀金花、昆百大、广百股份、天津勧業）と連携して、各地で合弁企業を設立している。これらの企業はすべて地方政府から推薦されたもので、彼らはカルフールの支援を望み、カルフールはこれらの企業との連携によって地方政府からの支援を得る。これらの企業との関係を通してカルフールは中国各地で強い助っ人を得ることになる。

現在、カルフールの利益の六〇パーセントは海外の事業によるものであるが、イギリスの世界小売調査機関ＩＧＤ（Institution of Grocery Distribution）は、カルフールを世界食品小売業の市場においてグローバル度（GRI=Global Retail Index）ナンバーワンと認定し、二〇一〇年までに東アジアで「支配的」地位を築くだろうと予測している［アンドリュー・アレクサンダー&ロス・デービス、矢作　二〇〇四：二九二］。

二　中国の伝統的商業文化

中国でのカルフールの成功は、まず中国伝統商業文化に対する勝利といえよう。ここでは、カルフールが中国へ進出するまでの中国商業の伝統と状況を見てみよう。

長い歴史の中で、中国人は「商人」に対し軽蔑的な気持ちを持っていた。「商人」という言葉の始まりは、三〇〇〇年前、「商」という国が滅ぼされた後、その亡国の民は、東からものを持って西に売り、また西からものを持ってきて東で売り、その差額を儲けることから彼らは「商人」と呼ばれたという説がある。日本の封建時代には「士農工商」という身分制度があったが、中国にはこのような身分制度はなかったけれども、儒教の立場から商人たちに対して倫理道徳の面から否定し、最低の社会地位しか与えなかった。つい最近になっても小売のような仕事に携わるということは「召使」になるという意味であって、普通の中国人にとっては好ましくない。特に教育レベルの高い人は小売業に就職したがらない傾向がある。

中国伝統商業の特徴は次の四つである。1．遠距離販売、2．権力による独占、3．一部の金持ちへのサービス、4．職人精神の欠如。

まず、遠距離販売であるが、中国商人の伝統的販売方法は次の五つである。長距離販売（走販）、買いだめ（囤積）、店開き（開張）、貿易信用証（質剤）、地元の品と外地の品との物々交換（回易）。その中で最も重要なのは、長距離販売である。地域間の差、時間差を利用して暴利をあさる（転轂四方、逐時趨利）のは、商人たちである［王海鵬他編　一九九五：三一］。

次は権力による独占である。中国は長い間、家父長専制政治であった。したがって商人たちには政治コンプレックスがある。歴史上、多くの商人は政治の力を利用して独占などを行い、金儲けをした。政治権力を利用するために官僚に寄付をしたりして権力と関係を結んだ。そして彼らは金を儲けると、子孫に本を読ませ、科挙試験を通して官界に入れようとした。

第三番目は、金持ちへのサービス。北京のある老舗の話はその一例である。「大儲けをしようとするなら、輿に乗っている人々を対象にしなければならない。籠かき人夫たちにいくら気に入られたところで、たったの一元も儲けることができないのだから」内聯昇（北京の靴の老舗）のオーナーはこういって店員に訓示した［北京市政協文史資料研究委員会編　一九九〇：一九八－一九九］。これは中国伝統商業の典型的考え方である。

最後は職人精神の欠如である。これまでに述べた伝統的販売方法からこの特徴が生まれた。社会的地位が低い、遠距離販売は苦労やリスクが多い、政治権力の力が強いなどの理由から、商人たちは一定の資産を持つようになれば、科挙試験を受け、商人階層から脱しようとする。少なくとも自分の子供には科挙試験を受けさせる。彼らは決して一生商人として商売に専念するという考えを持っていなかった。

社会主義時代には、以上の特徴が一部否定されたが、中国の特色は変わっていない。1．計画経済の場合、国家はすべての商品を計画的に生産し、調達し、販売する。すなわち配給制である。国家商業の目的は暴利を漁ることではないが、地域差、時間差を利用して物資を調達することに変わりはなかった。したがって国有商店は商品調達・配当センターのようなものであった。2．階級論の考え方に基づいて金持ちでなく、貧困の人々を助けるという社会主義の方針が生まれた。いわゆる「人民だけに奉仕する」ことである。対象は変わったが、差別がなく誰でも受けられるサービス業という理念は依然生まれなかった。物質窮乏時代の中国の小売業はむしろますます個別主義的な関係者向きサービス業になってしまった。3．中国社会の特色である政治中心主義は変わらない。国家所有の小売企業だから、小売業界で優秀な人材が出れば政治界へ進出する。優秀な店員は少なくとも現場から離れて管理職になる。

特に文化大革命時代には「人民」だけが奉仕の対象となった。「人民」というのは貧しい百姓のことである。だから金持ちに奉仕する必要はない。しかし、貧しい人民は買物に来るとき、頭を下げて「奉仕」してほしいと頼まなければ、奉仕の対象外になる。結局、「売ってあげる」という「侍商法」だった。市場経済が実行される前に中国に行ったことのある人なら、誰でも店員の投げ遣りな態度やデパートの売り子のぞんざいなサービス方法を経験し、何を聞いても店員から「没有」（ありません）と言われた記憶があるだろう。その時代、店頭でよく店員と客が喧嘩していたのを目にした。買物とは苦労なことだった。

教育レベルの高い人は伝統意識から小売業に就職したがらないと先ほど述べたが、次の事実はその証明である。中国の主要商業都市は上海と天津である。上海の商業界では四六万人の従業員の中に大卒は一パーセント、大学院の学歴のある人なら〇・五パーセントしかいない。天津の商業界については一九九八年に調査が行われた。そのデータによると、大卒以上の学歴のある従業員は全体の二パーセント以下、他の業界と比べればその比率は明らかに低い。小売業界の従業員たちは商品知識がなく、きちんと職業訓練されていないので、結果は、商品の科学性が高くなったが、店員はそれをまったく理解できず、消費者に紹介することができない［沙　二〇〇一：二二二］。

当時の中国のサービス業はひどい状況であった。特に、返品や不良品の交換を要求する時、消費者はしばしば店員にからかわれ、口汚くののしられることがあった。「店員を見れば、侍商法が見える、差別が見える、社会不満を感じる」という状況だった［沙　二〇〇一：二二二］。ある調査によれば買物の際、不快な経験をした人は七〇パーセントに達する［沙　二〇〇一：二二八］。

要するに、社会主義計画経済時代において中国のサービス業は存在せず、サービス精神もない。店員と顧客の関係は敵同士のようで、国営商店での買物は苦痛であった。当時中国の小売業界の従業員は全国で三〇〇〇万人いたので「三〇〇〇万人の気分は一三億人の気分を決定する」［沙　二〇〇一：二一九］といわれる。

開放改革の初期、中国の商業は「計画経済の配給物質の配給機構」からすこしずつ変身しはじめたが、質より量の拡大であった。しかし「流通業の拡大は個人営業者の増大と伝統的マーケットの活発化によるところが大きく、必ずしも直ちに流通のシステム化、近代化につながらなかった」［胡、矢作　二〇〇四：二六－二七］。

一九八〇年代になると、開放改革が進み、香港、台湾などの華人小売資本が中国大陸に進出し始めた。その時、スーパーマーケット・ブームがあった。しかし、商品価格が高く普通の市民の消費レベルと合わず、失敗になった。その後の香港式のショッピング広場も高級路線であった。彼らが狙っているのはやはり一部のニューリッチの顧客であった。

三　カルフールの理念と方法

中国の小売業界で革命を起こしたのは、グローバル小売企業のカルフールである。

中国政府は国内企業を守るために、WTO加盟後も外資企業の小売領域の進出を原則的に禁止した。その後、慎重な開放、整理整頓、全面開放というプロセスを経て全業種を開放した［胡、矢作　二〇〇四：二一八］。しかし多くの地方政府は中央政府より市場開放に対して積極的な姿勢を示し、地元の小売企業と外資企業との合弁事業を奨励した［胡、矢作　二〇〇四：三〇］。

カルフールは最初中国へ進出したとき、中央政府の許可を経て全国進出したのではなく、地方政府を通して各地の異なるパートナーと合弁して独特な全国ネットワークを作り上げた。これは当時中国に全国規模の小売企業が存在していなかったという事情と関係していると思われる。これは後に中央政府から整頓号令をかけられた原因でもある。

カルフールは中国で最初から全国展開をめざした外資小売業者である。カルフールの特徴は何にもましてグローバル化とローカル化の結合である。ここからまずカルフールの理念を考えてみよう。

グローバル化は何と言っても人類の普遍価値の実現であろう。たとえば「人間の尊重」、「いいサービスを提供する」である。ローカル化は具体的な作法である。民族や文化によって方法が異なっても大原則は変わらない。人間尊重はどこでも重要なものである。いいサービスを提供するのはどこの国でも地域でも人々が望むことであるから、そのために民族や文化によって具体的な異なるローカルな作法で行う。

中国では、カルフールのコーポレート・スローガンは「快楽購物家楽福」（Happy shopping in Carrefour）で、中国人にとって今までになかった体験である。この「楽しい買物のカルフール」は、これまで決して楽しくなかった中国の伝統的買物文化と対照的である。要するに来店の顧客に対して楽しい買物のサービスを提供することである。カルフールは店舗のデザインから、商品構成やサービス方式までこの精神で貫かれている。

カルフールは同じく商品供給業者に対してもこの理念の賛同を要求する。具体的に言うと「品字理論」を唱えることである。三つの「口」からなる三角形において頂点にある「口」は顧客で、下の二つの「口」は商品供給業者とカルフールである。商品供給業者の協力によって小売企業は最終的に消費者にいいもの、安いものを提供することができる。商品供給業者とカルフールは協力関係にあり、消費者はサービスの対象で、「神様」である。ここでは「カルフール法則」を実行されている。すなわち商品供給業者と相互依存、互恵の協力関係を結び、最も低価格で仕入れ、最も安い値段で顧客に商品を提供することである。これによって大量販売を可能にし、さらに流通コストの低減、低価格の実現によって消費者に利益をもたらす(3)。

カルフールの理念を実現するために、外部の商品供給業者だけでなく、内部の従業員に対しても企業文化の教育、すなわち従業員の訓練が行われる。カルフールの各店舗には社員管理制度がきちんと整備されている。その内容は制服の着用、出勤カード、個人ファイル、残業手当、有給休暇などの制度である。現地従業員に対する定期研修にも力をいれている。特に幹部社員にカルフールの企業文化を浸透させる努力をしている。上海にCarrefour Institute という教育研修センターを設置し、スタッフの訓練に当っている。フランス本社に中国人社員を幹部候補の研修生として派遣することもある。社内では能力主義を実行し、会社情報公開システムも整備されている［胡、矢作 二〇〇四：六〇］。完備された研修制度は社員の業務能力、管理意識を高めた。日々の仕事の中で企業文化は社員の間に浸透している。

企業内部の近代的な管理方法によって、幹部社員の養成、一般社員の訓練、情報公開システムなどが整備された。その中で最も重要な目的は現地化の徹底である。カルフールの店舗は、最初はフランス人店長であったが、現在は多くの店舗の店長が中国人となった。カルフールの海外事業は九五パーセントのマネジャーは現地スタッフであると言われている[4]。

そしてカルフールのグローバル化とローカル化の結合を示す象徴は「家楽福」というネーミングであろう。「家楽福」というネーミングはカルフールの現地化の重要な内容といえる。

中国文化には「名教」(名前にこだわる宗教のような考え方)があると文豪の胡適は指摘した。宗教とまで言われるほど、中国人は名前にこだわる民族である。いい名前だから縁起がよく行動ができる。またいい名前だからそれに相応しい内実があると信じられている。中国人にとって「名不正則言不順」「有名無実」は重大な問題である。名前の重要性がここに見られる。「家楽福」という名前がどのように付けられたかはよく分からないが、まず台湾で使われたようである。台湾での成功から考えれば、台湾の統一食品という企業と組んでカルフールは中国へ進出したことから台湾人の知恵を借りて考案されたものと思われる。

「家楽福」は家、家族、楽しい、幸せを意味する。中国人は家族を大事にする民族であり、人生の目的は家族の幸福と快楽である。日常生活は家族との生活である。しかし日常生活のために衣食住に必要なものを購入しなければならない。買物は今の市場経済だけではなく歴史上も中国人の日常生活に組み込まれているものである。家族=日常生活という図式が出来上がる。カルフールで買物をすれば、家族の快楽と幸福が保証されるようなものだというニュアンスは「家楽福」というネーミングに暗示される。これはこの名前の妙所である。だからカルフールが「家楽福」になったとたん、中国人に受け入れられる第一歩が始まった。

企業にとって経営理念を実現させるためには、具体的な方法が重要である。カルフールの方法を二つの対象者の角度から見てみよう。一つの対象者は消費者、もう一つは商品供給者である。

小売企業としてのカルフールはまず消費者にいい商品を提供する目標を挙げている。この場合、まず考えなければならないのは、消費者のニーズである。消費者のニーズに応える商品構成はサービスの基礎である。

(1) 消費者のニーズによる商品構成を考える。

カルフールが中国に進出するまで、中国の小売業は市場調査などをしたことがない。カルフールはまじめで、落下傘部隊のように店舗責任者を市場調査に行かせてから出店の準備に取り掛かることを見て、中国人はびっくりした。その方法は非常に科学的なもので、出店地域社会の状況から周辺の住民の生活状況まで徹底的に分析するものである。その上、出店の決定を下す。カルフールは、中国パートナーの店舗を利用する場合もそうする。地元の状況から顧客層を設定し、商品構成を考える。

カルフールは商品構成を商品の現地化と結びつける。フランス系小売企業ではあるが、カルフールは中国製の商品を主力とし、さらに現地の人々が好む食品を置くことで、その土地との密着性をだしている。例えば、四川の店ならば辛い味噌、北京の店なら北京ダック、上海の店なら上海蟹がシーズンになると店頭に並ぶ。中国の店として中国人のために商品を売る。

(2) 誰でも利用できる、中外結合の楽しい買物環境を作る。

カルフールの店舗デザインには、次のような特徴がある。それは、現地化、民族化、国際化である。サービス業としての小売企業はまず消費者に対応して新しいものを提供しなければならない。店舗デザイン、買物環境、商品の構成、価格設定などの面でカルフールは斬新さを追求している。顧客を満足させるだけではなく、楽しく買物ができるようにサービスを提供する。

ハイパー・マーケットは売り場面積が広いので、ふつう簡単な内装しかしないが、カルフールは時期によっては中国風に店内を飾る。例えば、旧正月には赤色の提灯を店内のいたるところに吊っている。店員の制服も同じで、

カルフールの店舗デザインと従業員の制服（春節）

時期に応じて変える。クリスマスならサンタ風、旧正月なら中国服になる。

すべての商品は棚の上に置き、自由に手に取れるようにする。外国では当たり前のことだが、中国人にとっては革命的なやり方である。またフランス人のワイン販売員による販売も中国人のプライドに好感を与えている。

中国では長い間、市民たちは毎日市場で買物をしてきた。特に最寄品（毎日購入する生鮮食料品）を買うときには、自由市場で売り手との値引き交渉を楽しみながら買いものをする。カルフールはこのような自由市場の楽しい部分を残し、煩わしい値段交渉を省いた。カルフールの量り売りは中国人にとって受け入れやすい。自分で選び、いらない野菜の葉を捨ててから量る。好きな量だけを買い、要るものにだけお金を支払う。これで安心感、満足感が生まれる。その他、冷凍食品も果物をはじめ、食糧や乾燥果実も量り売りしている。

実演の食品コーナーでは、中国の屋台のイメージで作り立ての食べ物を売る。食品売り場にはいい匂いが漂っている。このように実演によって市場的感覚が演出され、野菜を選ぶ（不用な葉っぱを取る）ということはカルフールの好印象につながる。カルフールは科学的な運営方法によって在来市場よりも低価格イメージを消費者に定着させた。店内はいつも人でいっぱいで、レジの前にはいつも一〇人以上の客が並んでいる。

カルフールの方法はセルフサービス販売方式、量り売りは自由市場を連想させる。またできるだけ店員の人為的なミスを減少させ、消費者に自由を与えた。

店内では買物用のカートが使われる。そのカートに選んだ商品を入れて店内を回る。上下の階に移動する場合、オートウォーカを利用する。このような買物環境は中国人にとってはじめての経験である。知らないうちに購入する商品の量が増えるという効果がある。

さらにカルフールの店には客席何百席以上の大型フードコートがある。店内は総合的サービスを提供するから、「単なる低価格訴求型店舗ではなく、消費者は家族で楽しみのためにやってくる」消費者行動の変化、楽しさ（fun）という非価格要素、さらには生活提案機能が新しい商品によって開発される［矢作 二〇〇四：一二］。

店内に掲げられた公約

上海、北京の大都市の各店では、一時間か三〇分に一回送迎バスを出す。カルフールの駐車場はいつも満車である。ハイパー・マーケットは小売形態の未発達な市場では最高のトータル・ショッピング・プレイス（総合的な買物場所）を提供する。同時に潜在的な市民意識の教育、実践の場でもある。

（3）低価格の政策を徹底する。

カルフールの中国での店舗は、一店舗あたり売り場面積は一万平方メートル前後のものが多く、取扱い品目数は二～三万点位である。カルフールは中国の消費者に対して強く訴求しているのは低価格である。カルフールは販売する商品の九五パーセント以上を中国国内から調達し、大衆的商品の大量販売を「毎日低価格」（every day low price）で実現している。ほとんどの店舗では「お買物の一五日以内にもし同じ商品で、当店より安い値段のものが見付かれば、その価格差を払い戻すことを約束する」という看板をかけている［胡、矢作 二〇〇四：五九］（写真参照）。

カルフールの低価格戦略は、科学的なものである。最低価格を狙う品目は、数では五パーセント前後である。五パーセントといっても顧客にとっては目立つ場所で陳列すれば、安さの効果をアピールすることができる。ゴンドラ（棚）エンド陳列、平台陳列をするのは心理的、印象的な安さの演出にもとづいている。

カルフールはおそらく最初から発展途上国としての中国には消費市場の中軸となる中間所得層が十分形成されていないと予想して、低価格路線を徹底した。その結果、中国人の中ではカルフールの低価格イメージが定着している。ある調査によると北部の瀋陽でも南方の深圳でも中国人はウォルマートよりカルフールの商品が安いと答えている。

中国の諺によれば、「安かろう悪かろう」であるが、カルフールはなぜ低価格商品を提供すると同時に、顧客満足を保っているか。カルフールのイメージは安売りでない。カルフールの管理者は次のように説明する。価格が安いから消費者は来る。しかし、価格がすべてではない。消費者は聡明である。騙されない。彼らは満足すれば、また来るし、たくさん買う。安くていいものを提供するために、仕入先との関係は重要である。両者間の公平な関係である。双方に利益がある。[5] 要するに、店全体での非価格競争面に優れた点が顧客に認められているのである。

したがって、カルフールは経営理念を実現するために商品供給者と協力関係を重視している。カルフールは「国際共通の商業ルール」を中国にもたらした。前出したカルフール定律は、仕入先と運命共同体関係を結び、win-win関係を強調している。もっとも安い仕入れ価格で商品をいれ、消費者に提供する。薄利多売の実現を追求する。このために、カルフールは良質の商品供給者をいつも探している。カルフールは、商品供給業者との取引関係が確定すれば、契約に従って、商品代金を支払い、さらに商品の改良やコストの減少などを指導する。[6]

カルフールはメーカーとの直接取引を基本としている。西欧・米国の大手小売業が、メーカーと直接の取引を志向するのは、仕入れ原価を下げるためであって、中国のマスコミが宣伝するように彼らを敵と見ているわけではない。

カルフールはまず商品供給業者と長期的な固定関係を求める。そのために商品仕入れ価格についてコスト内容、つまり費用細目を明らかにすることを求める。さらに多数のリベートを要求する。この辺の事情は吉田繁治に詳しい。(7)

中国の小売企業であれば仕入れ担当は賄賂を受け取ることのできる絶好のポストである。カルフールは明確な条件を提示し、互いに内情を明らかにする方法でこれを克服した。中国人の商品供給業者は次のようにいう。「カルフールの条件は厳しい。しかし、カルフールはワールドカップのようなところである。出場することができれば、堂々と戦えるし、勝ち目もある。」

カルフールは商品供給業者に対して厳しい条件をつけるだけではなく、技術指導や商品管理のノウハウの伝授もする。これはすべて消費者に提供する商品の品質、価格を保証するためだと主張し、商品供給業者の意識変革を促す。具体的な例として、次のようなことがある。

カルフールは、「カルフール農場」と呼ばれている有機野菜栽培基地を各地に育成し、特別契約で有機栽培野菜の調達を行っている。集荷された野菜は伝統的な労働集約的手法による選別作業を経て、配送センター経由で毎日各店舗に納品される。農薬使用野菜が氾濫している中国において安全なルートで鮮度の高い野菜を供給するということは、消費者のみならず同業者からも高い評価を得ている［胡、矢作 二〇〇四：三五］。

もう一つの例を見てみよう。武漢の三烏商務拓展有限公司はカルフールに豚肉を納品している。カルフールから具体的な指導を受け、また派遣された専門家による従業員の職業訓練も受けた。その指導に従い、豚肉の在庫期間を短縮して商品の鮮度を高めた。この結果、消費者に認められ、年間七〇〇万元の売上から一三〇〇万元の売上になった。(8)

カルフールが中国の小売市場にもたらしたのは科学的な仕入れ方法だけではない。契約遵守の面でも模範を見せている。一旦カルフールと契約すると、商品の納品は定期的に行われ、商品供給業者の営業担当者と電話で連絡しあう。納品して六〇日後に代金を支払うこともきちんと守る。一部の中小規模の商品供給業者はカルフールの棚割料、新店開設協力金、促販促進費、配達センター利用料など、また六〇日後の商品代金の支払いに対して、不満であるが、これは中国市場が未熟な故の無秩序に対する防衛策と考えても仕方がない。

実は、カルフールは最初、以上の諸費用をとらなかったが、だんだん中国化してきて、各種の費用を取るようになったと言われている。しかしさまざまなトラブルが発生し、中国のマスコミから批判された後、カルフールは諸費用の問題を見直して、この問題の解決を図っている。(9) また商品代金の支払い期間を短縮するという動きもある。

現在カルフールは多くのメーカーと商品供給の契約を結ぶだけではなく、自家ブランド商品の生産に力を入れている。現在はすでに何百種類のカルフールPB商品が店頭に陳列されているが、今後、カルフールブランド商品の種類はさらに拡大していくと予想される。

いままで、中国国内の小売企業は仕入先に対して時にはひどいことをすると言われてきた。安い価格で商品を仕入れるだけで、商品代金を滞納し、仕入先に不利なことを強いる、双方の利益ではなく、自分の利益ばかり追求する、などである。もちろん仕入先に情報提供や指導などをする能力もなかった。それがカルフールの影響によって、中国の小売企業も変わってきている。

四　中国企業の模倣

カルフールの快進撃は中国国内の小売業に対して革命的なインパクトを与えた。各地でカルフールのハイパー・マーケットがオープンすると、多くの中国内同業者が視察に行く。そしてついに現地でカルフールの真似をする店も現れた。しかし、そういった店はカルフールのような集客力がなく、売り上げもなかなか上がらない。中国のマスコミは「どうしてカルフールなら何でも売れるの[10]」と嘆いて、カルフール成功の原因を知りたがっている。

中国の小売業者はカルフールを競争相手と見なして、主に二つの側面からまねをしている。一つはハードの部分で、それは店舗デザイン、設備などである。もう一つはソフトの部分で、販売、接客の方法である。

上海では、「好又多」という台湾系のハイパー・マーケットがある。この会社の店はすべてカルフールのまねをしている。オートウォーカはカルフールと同じ、カートも同じ、店舗デザインも同じである。現在、ほとんどの中国系の店もカルフールのようにすべての店員に制服を着させるようになった。また売場をオープン形式にして、顧客が商品を手に取って自由に選べるようなセルフ・サービスにした。もちろん商品構成、価格設定もカルフールの真似をする店も多い。

ハードの部分だけではなく、ソフト部分、すなわち販売方法、接客方法も模倣されている。現在、中国の多くの小売企業では、従業員の職業訓練はすでに制度化されている。書店では専門家たちによって書かれた管理、接客、営業販売の方法に関する指導書が売られている。売上を上げるため、中国の小売企業の管理者たちは必死にカルフールなどの外資系企業を研究している。

カルフールの進出によって経営技術の移転効果がすでに現れた。中国の地元企業は経営革新の模倣、新業態の移転、競争促進、人材育成の面において大きな進歩がある。特に、このような技術やノウハウの移転の中心的内容は人材の移動である。「外資系企業の教育、研修プログラムの導入により、小売経営の熟練者・専門家が育成されている。過去に外資系百貨店やスーパーマーケットでの職務経験を有する者が現在国内資本の小売企業に大切な人材として雇われ、勤務している例が数多く確認できる。」〔胡、矢作　二〇〇四：三五〕

上海の例として、当初カルフールと提携した聯華超市公司の中間管理職の大部分はカルフールから転職してきた人たちである。カルフールから技術移転をするために、中国の小売企業は、次のような方法を取っている。まずカルフールとパートナーシップを結んで、協力しながらその文化の影響を受け、そして最後に相手の文化クローンとして自分の企業を作り直す。ある意味では、前出した店舗デザイン、設備などのハードの部分と管理、接客方法のソフトの部分では成功したが、カルフールの内面のサービス精神を簡単に真似ることができない問題が残っている。これは、アメリカの社会学者オグバーン（Ogburn, W. F.）に指摘された意識における「文化の遅れ（cultural lag）」［Ogburn 1922 : 200］の現象であろう。これは、すなわち物質が発展しても意識が遅れていることをさす。このようなことは近代化の発展途中ではよくあることだ。中国の小売企業はまさしくこのような状況に陥っている。設備や販売方法は先進国家の物まねをして改善改良したが、しかし、社員たちの経営意識やサービス精神は依然として古いままである。

例えば、中国社会の貧富格差の拡大によって万引のような犯罪が多発している。商店で、特に開放式の総合量販店での万引が多く発生している。カルフールの店内で勝手に商品を食べる人、商品の包装を開ける人もいれば、万引する人もいる。ある調査によれば、カルフールのどの店も万引による損失が大きい。北京のカルフールではCD・DVD売場は週末になると額面一千元にのぼる商品が紛失する。武漢のカルフールの店舗では一時期、万引による損失が月一〇万―二〇万元に達していた(11)。

このような状況下、中国の多くの店では、防衛のために顧客に対してカバン類の持ち込みを禁止し、入り口に探査機を設置し、その上、警備員を雇い、入り口で買い物が終わった客の領収書をチェックしたりする。中国のスーパーで買物をするとき、人権侵害を受けていると感じることがある。なぜならば、顧客に対する不信感を明らかに見せているからである。これに対してカルフールは、入り口に探査機を設置する以外は、荷物預かりを強要しないし、領収書もチェックしない。人間尊重の精神を貫いている。

カルフールは消費者にサービスを提供することとは何かを中国人に示している。しかし、その理念がなかなか中国人に理解してもらえない。カルフールで買物をしている間、気楽に買物ができれば、それがなぜかと自らに問いかけたらいい。別のところで買物をする場合、同じ気持ちになるかどうか。学者やマスコミは近代化された小売企業は消費者にこのようなサービスを提供するのは当たり前であり、そういうサービスを提供することができないところは近代的ではないのだと説明する。

要するに中国の小売企業はカルフールを真似しているが、それは表面的な部分だけで真髄を学んでいない。これから人員の移動や買物行為そのものによってカルフールの精神が少しずつ理解されれば、中国社会の進歩を実現すると考えられる。

五　カルフールの革命

カルフールの中国社会にもたらした真の革命は、以上のような中国側が簡単にまねできる部分ではない。むしろ長い間に形成された人権意識に基づく部分である。カルフールが提供しているサービスは市民生活と密接に結びついて、伝統的な中国商業を改造し、中国小売業界に革命をもたらした。それだけではなく中国人に意識革命を促したことはもっとも重要なことである。すなわちカルフールで買い物をすれば、自由を感じる、平等を感じる、人間としての尊厳を感じるということである。

カルフール革命の第一の内容は、異文化の尊重である。

グローバル化の長い経験を持つカルフールはフランスのものだけではなく、世界のどこでも通用するものである。カルフールの店内ではその精神を現すためにいろいろなことが行われている。例えば、大連や青島のような韓国人ビジネスマンやその家族がよく利用する店舗では、毎年定期的に韓国美食祭りを行い、何百種類もの韓国食品を展示、販売する。外国人が多い店では、アジア、ヨーロッパなどの各国産の食品、そしてフランス系ならではのワイン、チーズはありとあらゆる種類が並ぶ。また中国伝統の祝日ばかりでなく、クリスマスにはクリスマス用品の特売、リオのカーニバルにはカーニバル週間を行い世界文化も同時に紹介している。さらに利用者の特徴に応じて店内のデザインを変える。例えば、青島の店には多くの韓国人が利用しているので、韓国語の看板を設置している。上海では各国の顧客がいるので、英語の看板がある。

外国語の看板を設置したり、よく世界美食祭を催したりすることによって外国の異文化を中国人に感じさせ、異文化の存在を意識してもらう。またフランス人のワイン販売員が店頭で販売することによって国家、人種間の平等・尊重の意志を表す。このようなことは普通の中国の店で決して見られない。上海、北京、青島などの都市のカルフールには外国人の利用客が多い。中国人と外国人とが同じように買物することは中国人の意識に変化をもたらす。

カルフールは外国の文化だけではなく、国内の少数民族にも配慮している。二〇〇四年二月一九日の「中華工商時報」によると、ウルムチのカルフールはモスクのような建物である。店内では生鮮食品がウイグル族の風俗習慣に合うように作られている。その中の五〇パーセントは民族特有のものである。ウイグル族の消費者にサービスを提供するために少数民族の店員を募集し、養成することに力を入れる。現地少数民族の人々を店員として養成すれば、現地の顧客に親近感を持たせることができる。

カルフール革命の第二の内容は、買物を通して人間尊重の意識を養うことである。

カルフールの店内での買物は「無干渉」である。顧客は何を買おうが、何を見ようが、触ろうが、すべて自由である。目前のすべての商品を手に取って選んだり試したりすることができる。自分の満足できるものだけをレジまで持って行って買う。誰も干渉しない。気楽に買物ができて、一種のレジャー気分を味わえる。

顧客のレシートをチェックしない、これは顧客に対して信用しているというメッセージである。また返品についてカルフールは気持ちよく応じてくれる。「消費者の都合による返品も、店の利益を損失してもそれに応じる。要するに消費者の満足を目標とする。」と重慶カルフールのフランス人店長はいう。

しかし、前述したようにこのような販売方法は代償がある。カルフールの店は商品紛失率が高いようだ。貧富の格差が拡大している中国では、万引問題は社会問題である。同じく万引の問題に直面しているが、カルフールは、中国系の小売企業と同じ対策はとらない。発展する中国社会の問題に対してフランスの寛容な考え方で対応するのはフランス人だけだ。ヴィクトル・ユゴーの『レ・ミゼラブル』に登場するミシェル司祭のジャン・ヴァルジャン青年に対する寛容な精神を中国のカルフールの店でも表している。

カルフール革命の第三の内容は平等、自由、博愛の精神の表現である。

中国は面子の国で、消費者は自分の身分に合った店にしか入らない。このような話は社会主義の国ではすこし可笑しい。が、それは事実である。とすれば、中国で誰もが利用できる店であれば、売上高は高い。カルフールは「地位の高い人は面子を失わず、地位の低い人は恥ずかしくない」［呉　二〇〇四：五］店だと言われている。

カルフールが中国社会にもたらした最も重要なことは市民意識の変化であり、まさしく革命である。この革命を実現するために、1．社内の従業員の意識変化。これは訓練や仕事を通して実現することができる。2．商品供給業者の意識変化。これも技術指導やwin-win関係の成功によって実現することができる。3．一般消費者の意識の変化。これは買物を通じて寛容、自由、平等などの人間性意識を感じさせ、知らないうちに浸透して、目に見えないうちに感化作用がもたらされる。

カルフールは人類の共通理念を維持しながら、世界各地の文化を尊重し、現地の状況にあうようなやり方で事業展開をしている。すなわち普遍的グローバル原則とともに多様なローカリゼーションを実行したわけである。

一つの新しい文化をある社会に持ち込むには、まず基本的な原則がある。この原則に対する解釈・宣伝が必要である。例えば、近代以降の民主、自由、公平などの原則を人類社会にとって共通なものであると認識した中国は、一九一一年の共和制成立以来、これらの概念を大々的に宣伝してきた。しかし、古い文化風土の制約でこの理想がほとんど実現できなかった。宣伝だけでは不十分ということが証明された。すなわち、これらの原則を民衆の意識に入れるためには具体的な方法が必要なのである。中国人が理想的な社会を待ちきれなくなったとき、開放改革がはじまり、外国資本が入ってきた。カルフールは中国に買物文化をもたらしたが、その背後には民主・自由・公平という近代的な考え方がついていた。

現在、カルフールの従業員は全国四万人以上いると推定される。これは中国小売業界の三〇〇〇万人従業員の〇・一パーセントにすぎない。しかし、この業界は人の流れが速い。またカルフールをよく利用する消費者は全国では少なくない。中国の小売業界の変革に与えるカルフールの役割は大きい。

ちなみに、日本では、カルフールは二〇〇〇年一二月に千葉市の幕張で一号店を開いてからわずか四年で撤退を余儀なくされた。表面的な理由はフランス本国の業績不振であるが、実際は、日本で赤字経営しているので不採算事業を株主たちが許さなくなったことにある。

カルフールはグローバル的に事業展開してから、決して無敵ではなかった。アメリカ、イギリス、香港でも失敗して撤退した。成功したところは、ヨーロッパ、中南米、東南アジアと韓国、台湾、中国である。すでに述べたように中国でもカルフールは順風満帆というわけではない。中央政府からの整頓命令を受け、三年以上の新規店舗開設がほとんどできなかった。またカルフールに関するマイナスの報道が多い。その内容は仕入先とのトラブルや消費者からの苦情などさまざまである。

しかし、カルフールは日本から撤退し、中国で成功した。その理由は次のように分析できる。マーケティングの専門家は、カルフールは流通業の遅れている国でしか成功できないと分析した。これは正しい。グローバル企業として、進出先の条件が重要である。先進国は成熟した市場システムを持っており、カルフールはそれよりもっとよいサービスを消費者に提供しなければならないために難しい。しかし、文化的背景の近い国々や発展途中国ではカルフールのサービスが先進で、現地の消費者によりよいサービスを提供する目標を達成しやすい。先進国では、すでにカルフールと同じくらい資金力、経営力を持つ競争相手がいる。まして彼らは自国の市場を熟知し、市場ネットワークもできている。外部から入ってくるカルフールにとって地の利、人の和の条件がない。

発展途中国では、全国市場が形成されず、全国規模の小売企業もまだ存在していない。市場は分散、市場制度も完全ではない国家にはカルフールと対等に競争できる小売企業がない。この場合、現地化をうまくすれば、資金力、経営力、国際化の強みを持つカルフールは圧倒的に有利である。

六　結論とこれからの課題

カルフールの例を通して私は外資企業が中国の近代化に対して大きな推進作用を果たしていることを強調してきた。これから中国の近代化はグローバル時代の波に乗り、外資企業の力を借りて高速で前進していくと言えよう。カルフールはフランス企業らしく、その企業文化もフランス的である。企業文化の中心は必ず人類共通の原理原則をコアとして存在する。グローバル化は人類共同原則の実現である。ここで両者統一である。原則は一つで、方法は多様である。人間尊重は近代社会の大原則で、フランス革命以来の伝統である。サービス業の特徴を考えると、人間尊重の精神はもっとも重要である。顧客や従業員を尊重する。現地の人々を尊重することは現地の文化、社会を尊重することに繋がる。カルフールは一つの小売企業としてハードの部分、ソフトの部分だけではなく、もっと広い意味で社会意識の変化を中国社会にもたらした。

カルフールは社員の教育訓練などを通して近代的な経営方法、経営意識を中国人に伝えている。それだけではなく、消費者にサービスを提供することを通しても近代的な意識を伝えている。それは目に見えない感化作用である。

パーソンズはパターン変数として、感情性―感情中立、集合体志向―個人志向、普遍主義―個別主義、業績主義―属性本位、限定性―無限定性を提出し、近代化への変化を説明している［Parsons 1951 : 186–204］。カルフールの社内、社外は伝統から近代への変化がこのパターン変数で説明できるものが多い。中国の近代化が外資企業の活動によって、このような具体的な分野から少しずつ実現している。グローバル化が進んでいく将来、中国人の意識変化は必ず起こる。

中国のマスコミは中国の小売業界がカルフールのリードで活発に成長するようになったと認識しているが、その原因を研究すべきだと考えている。

カルフールの成功は決して一つの企業の成功ではなく、むしろ一つの文化の成功である。この文化の人文主義やグローバル度が高いから成功したわけである。カルフールにはこのようなグローバルな企業文化が存在している。そして中国は文化接触→文化の変化変容を通して発展する。中国の業者はカルフールを自分たちの競争相手と見なしている。カルフールに対抗すべく様々な手段をこうじている。しかしカルフールの真似ができたものはいない。すなわち意識革命がまだまだなのだと言える。ここまで問題を認識していれば、中国人の意識変化も加速する。

しかし、地方政府の官僚は違う考え方をもっている。彼らは主に経済効果の視点から問題を見ている。世界で有名な小売業者を誘致すれば、地方の経済にプラスになる。カルフールが店舗をオープンすれば、そのあたりはすぐ発展する。土地が開発され、不動産の価格も上がる。周辺のあらゆる業種が発展すると考えてカルフールのような外資企業を歓迎している。政府官僚の考え方はいつ変わるのだろう。

これからの課題は二つある。一つは中国近代化における外資企業の役割に関する実証的研究の蓄積である。非西洋後発社会の近代化は外部原因によるものである。外国のもの、文化的に異質なものが一つの社会に入り込んだとき、その役割をどう果たしていくか。現在の中国の現状に基づいて更なる実証研究を行うべきである。もう一つは理論的角度から市場の近代化と社会構造の他の構造用件の関係を研究すべきである。前近代の市場は主に局地的に存在するものである。分割された市場が近代化され、一体化全国市場の形成によって国全体の国民意識を形成する。グローバル化によって国単位だけではなく、世界規模の市場を形成する。市場は一層合理化の高いものとなることを予想することができる。

富永健一によれば、市場には社会関係が存在し、社会行為の場がある［富永　一九九七：二〇五］。市場は準社会で、家族、組織、地域社会、社会階層、国家という社会構造用件とすべて関係し、影響を与えている。または媒介として各構造用件の間に関係の形成を助ける。市場の近代化は他の社会構造用件の近代化に大きな影響を与えるに違いない。

「都市は百貨店を作り、百貨店は都市を作る。」［片山　一九八三：はしがき］と言われる時期がある。現在、中国ではハイパー・マーケットが街を作っている。

中国のマスコミは、二〇〇四年の最も幸運な企業はカルフールであると論評している。これはカルフール多難の年が終わり、これから発展の時期に入っていると同時に中国社会も近代化の道を猛進する時期に入っていることを意味する。私は、幸運のカルフールが消費者に楽しい買物環境を提供し、中国人にもこの幸運をもたらすことを願っている。

注

（1）二〇〇五年まで中国の次の大都市にはカルフールのハイパー・マーケットがオープンしている。数字は店舗数である。北京6、上海8、天津5、重慶3、広州5、武漢4、成都4、青島2、昆明2、深圳4、珠海1、南京2、無錫1、寧波1、瀋陽4、大連3、ハルビン3、蘇州1、杭州1、長沙1、東莞1、ウルムチ2、済南1、徐州1、合肥2、福州1、西安1。

（2）人民網、http://www.peopledaily.co.jp/GB/guandian/8213/8309/28296/2161480.html

（3）張先国「カルフール法則、クローンすべき文化的DNA」（中国語）http://www.longhoo.net/gb/longhoo/news/economy/node 102/userobject 1 ai 61703.html

（4）カルフールHPを参照。

http：//www.carrefour.com/english/groupecarrefour/ouvchine 181204.jsp

（5）「北京晨扱」二〇〇三年八月一三日。

（6）http：//www.longhoo.net/gb/longhoo/news/economy/node 102/userobject 1 ai 61703.html

（7）http：//www.cool-knowledge.com/1230 kurohune-shoutorihiki.html

（8）張先国（先出）http：//www.longhoo.net/gb/longhoo/news/economy/node 102/userobject 1 ai 61703.html

（9）「中国企業家」二〇〇三年八月一二日。

（10）「中国文化報」二〇〇二年八月五日。

（11）中国商業連合会「武漢外資小売業者の経営状況の調査報告」（内部資料）。

参考文献

王海鵬他　編『徽商研究』安徽人民出版社、一九九五年。

呉鷗『家楽福快意中国』（中国語）中国経済出版社、二〇〇四年。

沙蓮香　他編『中国人素質研究』（中国語）河南人民出版社、二〇〇一年。

北京市政協文史資料研究委員会編、楊暁捷訳『北京の老舗』心交社、一九九〇年。

片山又一郎『伊勢丹一〇〇年の商法』評言社、一九八三年、はしがき。

富永健一『経済と組織の社会学理論』東京大学出版社、一九九七年。

矢作敏行編『中国・アジアの小売業革新』日本経済新聞社、二〇〇四年。

胡欣欣「中国小売業の近代化と外資参入動向」、矢作敏行編、前掲書第1章、二五－五一。

胡欣欣「国際小売企業の中国戦略」、矢作敏行編、前掲書第2章、五三－七五。

アンドリュー・アレクサンダー&ロス・デービス「グローバル小売競争の新展開」、矢作敏行編、前掲書終章、二七一－三〇四。

W.F. Ogburn, Social Change : With Respect to Culture and Original Nature, New York : Huebech,1922（雨宮庸蔵・伊藤安二訳『社会変化論』育英書店、一九四四）。
Parsons, T., The Social System, Free Press,1951（佐藤勉訳『社会体系論』青木書店、一九七四）。

第Ⅱ部　文化マーケティングをめぐって

第四章　スコッチウイスキーの文化マーケッティング

――地域性という資本

住原則也

はじめに

現在、世界で最も多く飲まれている蒸留酒はスコッチウイスキーである。エジンバラに拠点を置くScotch Whisky Associationによれば、二〇〇〇年現在で、二〇億ポンド以上の売り上げを記録しており、それも八年連続であるという。英国のトップ五つの輸出商品のうちの一つでもあり、英国から輸出される、飲み物を含む食料品の二〇パーセント以上をウイスキーが占めている。コニャックの国フランス内ですら、一カ月分のウイスキー販売量が、コニャックの一年分より多いという統計も紹介されている。世界には、アイルランド、アメリカ合衆国（バーボン）、カナダ、日本、オーストラリアといったウイスキー生産国があるが、スコッチウイスキーほど世界的な展開を見せている例は少ない。

この報告文では、英国の食文化を代表するウイスキー産業について、特に、蒸留所のビジターセンターが提供するツアーの特性を分析することを通じて、製品のグローバルな展開のために、むしろ地域性イメージが徹底して重視されている現状を見てゆきたい。そこには、単なる外界に目を閉じた偏狭な意味での地域性ではなく、文化的背景を超越して人々に訴えかける「普遍性」を含み持った地域性の提示といえる。

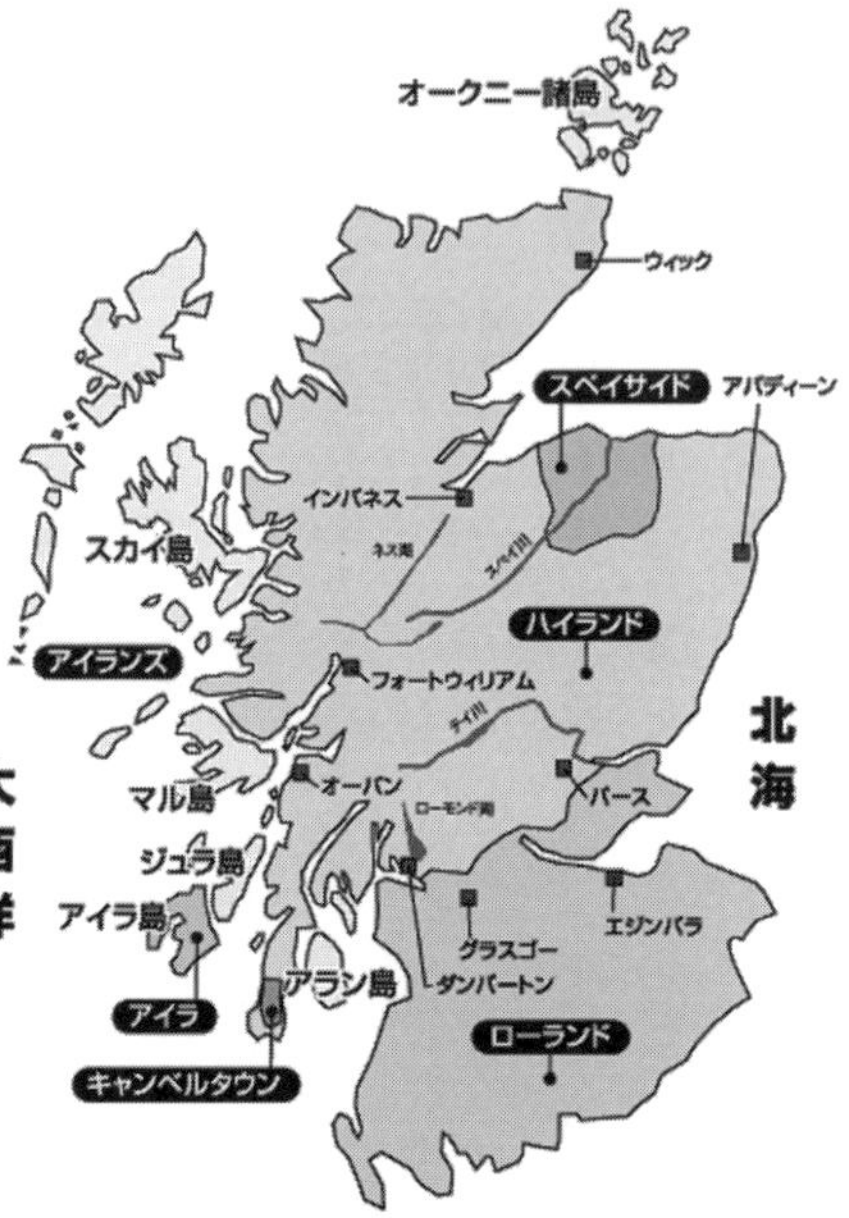

二〇〇二年の夏と二〇〇三年の夏、二回に分けて、スコットランドの計一九の蒸留所を訪問し、ガイドやツアー客を観察し話しを聞いた。

スコッチウイスキーの産地は、主に四つの区分に分類されている。一つは、ハイランドと呼ばれる最も広範囲の地域で、蒸留所の数も多い。そのハイランドの内部ながら東部にスペイサイドと呼ばれる一地域がある。そこは五〇もの蒸留所が密集しているために、独立した一地域として認識されている。ハイランドの南に、ローランドと呼ばれる一地域がある。ハイランドに比べて蒸留所の数ははるかに少ないが、口当たりが柔らかい飲み易い味を特徴としている。そしてもう一つが、西の海に浮かぶアイラ島という、小さな島でありながら、八つも蒸留所があり、強いピート臭の味わいが特徴で一地域を成している。

厳密に数え上げているわけではないものの、およそ一〇〇余りの蒸留所がビジターを受け入れていると考えられるが、私が訪問調査したのはそのうちの一九カ箇所であり、右にあげた四つの地域のすべてにわたっている。

表1　蒸留所のリスト：訪問済みは〇印（筆者作成）

シングルモルト蒸留所	創立年	特徴	オーナー	場所	訪問済み
Aberfeldy	一八九六		Whyte & Mackay	パース	

Aberlour	一八二六	Campbell Distillers	スペイサイド	
Allt-a-Bhainne	一九七五	Seagram Distillers	スペイサイド	
Ardbeg	一八一五	Allied Domecq	アイラ島	○
Ardmore	一八九八	Allied Domecq	スペイサイド	
Auchentoshan	一八〇〇?	Morrison Bowmore	ローランド	
Arran	一九九五	Harold Curry	アラン島	
Auchroisk	一九七四	Justerini & Brooks	スペイサイド	
Aultmore	一八九五	Diageo	スペイサイド	
Balblair	一七九〇	Inver House Dis	北部ハイランド	○
Balvenie	一八九二	William Grant & Sons	スペイサイド	
Ben Nevis	一八二五	Nikka	西部ハイランド	○
Benriach	一八九八	Seagram Dis	スペイサイド	
Benrinnes	一八三五	Diageo	スペイサイド	
Blair Athol	一八九八	Diageo	パース	○
Bowmore	一七七九	Suntory	アイラ島	○
Braeval	一九七二	Seagram Distillers	スペイサイド	
Bruichladdich	一八八一	Whyte & Mackay	アイラ島	○
Bunnahabain	一八八〇	Highland Distilleries	アイラ島	○
Caperdonich	一八九七	Seagram Dis	スペイサイド	
Cardhu	一八二四	Diageo	スペイサイド	
Caol Ila	一八四六	Diageo	アイラ島	○
Clynelish	一八一九	Diageo	北部ハイランド	○
Cragganmore	一八六九	Diageo	スペイサイド	
Craigellachie	一八九一	Diageo	スペイサイド	

Dailuaine	一八五二		Diageo		
Dalmore	一八三九		Whyte & Mackay	北部ハイランド	
Dalwhinnie	一八九七		Diageo	スペイサイド	
Deanston	一九六五		Burn Stewart	パース	
Dufftown	一八八七		Diageo	スペイサイド	
Edradour	一八三七	最小規模	Campbell Distillers	パース	○
Fettercairn	一八二四		Whyte & Mackay	東部ハイランド	
Glenburgie	一八二九		Allied Domecq	スペイサイド	
Glen Elgin	一八九八		Diageo	スペイサイド	
Glen Garioch	一七九七		Morrison Bowmore Dis	東部ハイランド	
Glen Ord	一八三八		Diageo	北部ハイランド	
Glencadam	一八二五		Allied Domecq	東部ハイランド	
Glendronach	一八二六		Allied Domecq	スペイサイド	
Glendullan	一八九七		Diageo	スペイサイド	
Glenfarclas	一八三六		J & G Grant	スペイサイド	
Glenfiddich	一八八七	家族経営	William Grant & Sons	スペイサイド	○
Glenglassaugh	一八七五		Highland Dis	スペイサイド	
Glengoyne	一八三三		Lang Brothers	パース	
Glen Grant	一八四〇		Seagram Dis	スペイサイド	
Glen Keith	一九五七		Seagram Distillers	スペイサイド	
Glenkinchie	一八三七		Diageo	ローランド	
Glenlivet The	一八二四		Seagram Distillers	スペイサイド	
Glenlossie	一八七六		Diageo	スペイサイド	
Glenmorangie	一八四三	革新・実験	Glenmorangie	北部ハイランド	○

Glen Moray	一八九七		Glenmorangie	スペイサイド	
Glenrothes	一八七八		Highland Dis	スペイサイド	
Glen Scotia	一八三二		Glen Catrine	キャンベルタウン	
Glen Spey	一八七八		Justerini & Brooks	スペイサイド	
Glentauchers	一八九八		Allied Domecq	スペイサイド	
Glenturrent (Famous Grouse)	一七七五	最も古い	Highland Distilleries	パース	○
Highland Park	一七九八		Highland Distilleries	オークニー島	
Imperial	一八九七		Allied Domecq	スペイサイド	
Inchgower	一八七一		Diageo	スペイサイド	
Inverleven	一九三八		Allied Domecq	ローランド	
Isle of Arran	一九九五	最も新しい	Harold Curry	アラン島	○
Isle of Jura	一八一〇		Whyte & Mackay	ジュラ島	
Kininvie	一九九〇		William Lawson Dis	スペイサイド	
Knockdhu	一八九四		Inver House Dis	スペイサイド	
Knockando	一八九三		Justerini & Brooks	スペイサイド	
Lagavulin	一八一六		Diageo	アイラ島	○
Laphroaig	一八二〇?		Allied Domecq	アイラ島	
Linkwood	一八二四		Diageo	スペイサイド	
Littlemill	一七七二		Glen Catrine	ローランド	
Loch Lomond	一九六五		Loch Lomond Distillery	パース	
Longmorn	一八九四		Seagram Dis	スペイサイド	
Macallan The	一八九八		Highland Distilleries	スペイサイド	○
MacDuff	一九六二		William Lawson Dis	スペイサイド	

Mannochmore	一九七一	Diageo	スペイサイド	
Miltonduff	一八二四	Allied Domecq	スペイサイド	
Mortlach	一八二三	Diageo	スペイサイド	
Oban	一七九四	Diageo	西部ハイランド	○
Pittyvaich	一九七五	Diageo	スペイサイド	
Port Ellen	一八二五	Diageo	アイラ島	
Pulteney	一八二六	Inver House Dis	北部ハイランド	
Rosebank	一八四〇	Diageo	ローランド	
Royal Brackla	一八一二	Diageo	スペイサイド	
Royal Lochnagar	一八四五	Diageo	東部ハイランド	
Scapa	一八八五	Allied Domecq	オークニー島	
Speyburn	一八九七	Inver House Dis	スペイサイド	
Speyside	一九八九	Speyside Distillery Co.L	スペイサイド	
Springbank	一八二八	J A Mitchell & Co. Ltd.	キャンベルタウン	
St Magdalene	一九八三	Diageo	ローランド	
Strath Isla	一七八六	Seagram Distillers	スペイサイド	○
Strathmill	一八九一	Justerini & Brooks	スペイサイド	
Talisker	一八三一	Diageo	スカイ島	
Tamdhu	一八九七	Highland Distilleries	スペイサイド	
Tamnavulin	一九六六	Whyte & Mackay	スペイサイド	
Teaninich	一八一七	Diageo	北部ハイランド	
Tobermory	一七九八	Burn Stewart	西部ハイランド	
Tomatin	一八九七	Tomatin Distillery	スペイサイド	
Tomintoul	一九六四	Whyte & Mackay	スペイサイド	

Tormore	一九五八		Allied Domecq	スペイサイド	
Tullybardine	一九四九		Whyte & Mackay	パース	

スコッチウイスキーと言っても、大きく分けて、ブレンドウイスキーとシングルモルトウイスキーがある。シングルモルトウイスキーは、一つの蒸留所の中だけで、しかも大麦だけを材料として造り上げられたウイスキーであるのに比べ、ブレンドウイスキーとは、さまざまの蒸留所から集められた、大麦以外の穀物類を材料としたウイスキーを、四〇種類以上混ぜ合わせたウイスキーである。世界市場に出ている九五パーセントがブレンドウイスキーであり、シングルモルトは五パーセント程度であるという。

ブレンドウイスキーは、ブレンドされているがゆえに、口当たりが柔らかく広く一般消費者に受け入れられやすかった。一方、シングルモルトウイスキーは、酸味も強く、口当たりが強い。さらに香りを特徴としているために、ブレンドウイスキーを飲むときのように、オンザロックのような氷で低音にしてしまう飲み方は、せっかくの香りを台無しにしてしまう関係から、そのままあるいは少量の水を混ぜる程度の飲み方が薦められている。ブレンドウイスキーは、ブレンダーと呼ばれる嗅覚の鋭い専門家の力量が注目され、製造元の蒸留所の職人は背景に追いやられるのに比べ、シングルモルトウイスキーは、各蒸留所の職人の腕が全面に評価されるために、蒸留所にとれば、シングルモルトが評価されることこそプライドの源泉である。しかし、これまで世界市場でブレンドウイスキーこそ稼ぎ頭であり、スコッチウイスキー産業の発展もブレンドウイスキーのおかげであったと言ってよい。

ところが近年、世界市場でもシングルモルトウイスキーへの関心が高まり、その価値が評価されてきている。日本の酒販店を見ても、かつてあまり見られなかったシングルモルトが多種類棚に並ぶようになっている。

スコットランドの蒸留所の中で、ガイドツアーを行う蒸留所は、必ずといってよりほどシングルモルトウイスキーを造っているところである。無論ブレンド用のウイスキーも造ってブレンドウイスキーの企業に売ってもい

表2　オーナー別蒸留所数（筆者作成）

（2003年現在）

企業名	所有する蒸留所数
Diageo	29
Allied Domecq	12
Seagram Distillers	9
Whyte & Mackay	7
Highland Distilleries	6
Inver House Dis	5
Justerini & Brooks	4
Glenmorangie	3
Campbell Distillers	2
Morrison Bowmore	2
William Grant & Sons	2
Glen Catrine	2
William Lawson Dis	2
Burn Stewart	2
Harold Curry	2
Nikka	1
Suntory	1
Lang Brothers	1
Speyside Distillery Co.L	1
Tomatin Distillery	1
J & G Grant	1
J A Mitchell & Co. Ltd.	1
Loch Lomond Distillery	1
計	97

る。ブレンドウイスキーの企業で、ビジターセンターを開いているのは、唯一、Dewar'sだけである。

最後に、シングルモルトをつくりビジターセンターを持つ蒸留所の経営母体であるが、かつては個人や家族経営によって創業、運営されていたものが、今ではほぼ一つの例外（スペイサイドのGlenfiddich）を除いて、他のすべての蒸留所は大手資本の傘下にある。

表2に見えるように、最も大手は、巨大な多国籍・他業種企業であるDiageoである。二九もの蒸留所を所有している。日本のサントリーやニッカの名も見える。このように所有者が大手であることが、各蒸留所の運営上どのような意味合いを持つのかについて、調査は行っていないが、経営の安定にはつながっているようである。経営上の不安が無い立場で、ウイスキー造りに専念できることは職人にとって望ましいことのようで、私の調査中も、ア

イラ島の名門、Bunahabainも売りにだされ、新たな所有者を探していた。

蒸留所のガイドツアーのあり様を見る前に、スコッチウイスキーの簡単な歴史を見ておきたい。

一　スコッチウイスキーがグローバル展開するまでの略史

ウイスキーの語源は、uisge-beatha（生命の水）という意味のゲール語が短くuskyとなり、最終的に今のようにwhiskyと落ち着いたと考えられている。麦など穀物からアルコールをつくり、それをさらに蒸留してアルコール度の高い酒を作る技術は、アイルランドから現在のスコットランドに上陸したと言われている。正確な年代は不明ではあるものの、およそ一五世紀末ではないかと推測されている。生誕地であるアイルランドと、改良して世界的な飲み物としたスコットランドの双方を讃える意味で、「ウイスキーは、アイルランドで誕生し、スコットランドで完成された」といった表現を見ることができる。

五〇〇年余りの歴史がありながら、最も古い蒸留所といえども「The Famous Grouse」の一七七五年創立であり、せいぜい二〇〇年余りの歴史しかないのは、それまでの長い時間は、「密造の時代」と言われるように、隠れて造られていた。つまり、日本で日本酒の場合もそうであるように、ウイスキーは絶好の課税品であり、国家も地方領主も重税を課したために、公的に登録する蒸留施設は皆無であったとされている。税金を取り立てる役人も、摘発の出来高により収入が変わったために、密造者との流血事件すら珍しくなかったようである。そのような暗黒の長い時代を経て、一八世紀末から一九世紀初頭にかけて、税率も劇的に軽減され、雨後の竹の子のように登録する蒸留所が増加した。

表3からもわかるように、蒸留所は一九世紀初頭から中期にかけて多数設立されているが、四〇年代には新設のものはほぼ無くなっている。そして一八七〇年代から再び急増している。一九世紀の前半において、スコッチウイ

表3　蒸留所の設立数（著者作成）

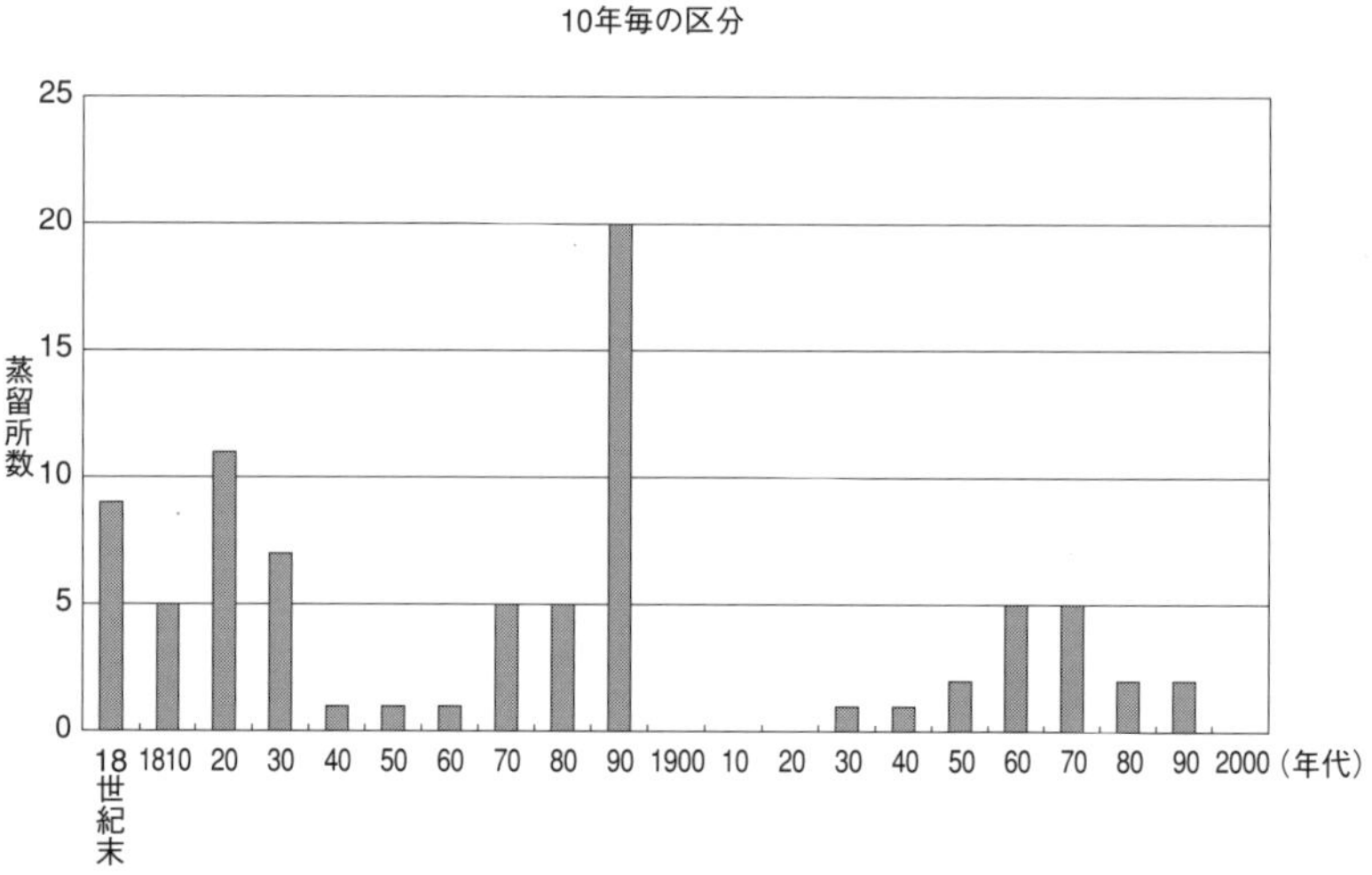

スキーの主な消費地は英国国内であり、海外にマーケットは拡大していなかった。ウイスキーは未だワインやコニャックに比べれば格の低い飲み物であった。しかし、一八六三年にフランスを中心としてヨーロッパの広域で、Phylloxeraと命名された一種のしらみが[1]、ぶどうの根を食い荒らし、ワインやコニャック産業に大打撃を与えた歴史的事件が起こっている。その事件をきっかけに、コニャックの代替商品として、まずアイルランドのウイスキーが、すぐに次にスコッチウイスキーが試され急速に市場を拡大してゆくことになる。メーカー自身の努力や商社の努力により、一九世紀後半から世界的な展開を見るようになった。上のグラフからも、新設の蒸留所が一八七〇年代からまた急増している。

この報告書のテーマに関連して特筆すべきは、このような世界的な展開をすることによって、海外でも受け入れられやすい味わいが意識されたことである。つまり、口当たりがきつくなく、なめらかな方が、より幅広く受け入れられるために、ブレンドウイスキー、すなわち、多くの蒸留所から集めた何十種類ものウイスキーを混ぜ合わせたウイスキーが市場のほとんどを占めるようになった。現在でも、九五パーセントがブレンドウイスキーであり、一つの蒸留所から大麦のみでつくるシングルモルトウイスキーは五パーセント程度であることは先述の通りである。

この報告書のデータの元となる一九箇所の蒸留所のすべてはシングルモルトウイスキーを生産しているところであり（ブレンドウイスキーにも貢献しているが）、ブレンドウイスキーの企業は、まれな例外（Dewar's のビジターセンター）を除いて、一般見学客を受け入れてはいない。見学すべき生産工程がないと言ってよい。

二　蒸留所見学によって伝えられるメッセージの共通項と個別性

共通項：ツアーのパターンの共通性

ビジターセンターを置いて行われている工場見学ツアーは、ほぼ例学なく有料である。安いところで二ポンド、高くて六ポンドである。訪問した蒸留所は、地域の別にかかわりなく、ほぼ同様の見学パターンが見られた。すべてではないにしても、多くのところが、まず一五分から二〇分程度の映像を見せる。ウイスキーの造り方であったり、醸造所周辺の自然界や歴史説明であったりする。放映されているホールは、薄暗い中にスポットライトで、ウイスキー造りに関連する器具や蒸留所内部の写真などが展示され、これから開始される見学ツアーが一つのドラマチックな体験であることを予感させるかのようである。また、そのような意味あいとともに、ツアー客は次々に来るために、映像を見せることで待合時間を調整するという機能も果たしているように見受けられる。

映像の後は、ウイスキーが、原料から完成まで、製造されてゆく工程に従ってガイドが案内してゆく。数人から一五人程度が一塊になって一人のガイドの説明を受けてゆく。ガイドは、まだ二〇歳程度の若い男女のスタッフの場合もあれば、高齢の男性の場合もある。聞けば、かつてはその蒸留所でウイスキー造りをしていて定年退職後のパートの仕事としてガイドをしている人々であった。一般にそのような男性ほど、説明のスタイルに洗練性は無いものの、情熱が感じられ、客の質問にも詳しく答えてくれたり、場合によれば、ツアーの通常のルートでもない裏部屋の倉庫すら見せてくれたりしている。しかし、若い経験の少ないガイドでも、静かな情熱を持って説明してくれる人も少なくない。単に生産工程を説明するという以上に、ウイスキー造りに関わることへの誇りが感じられる。無論例外もあるが。

生産工程の見学の後は、必ずテースティングが行われる。たいていのところは、一〇年もののシングルモルトが何種類か無料で提供され、まずそのままストレートで飲み、その後、スプーン一杯ほどの水を加えて、シングルモルトの特徴である香りを試させる、というごく簡単なテースティングであるが、The Famous Grouse とかスペイサイドの Strathisla などでは、じっくりと時間をかけ、飲ませるというより、まず香りをかがせて、細かい説明を加えて、十分に香りを意識させてから味わわせる、という凝ったところもある。

テースティングのコーナーにほぼ隣接して、ショップがある。その蒸留所で造られる各種のウイスキーを中心に、マドラー、キーホルダー、文具類、書物、Tシャツなど、さまざまのグッズが蒸留所のロゴマークを付けて販売されている。ツアーチケットを見せると、そのチケット代金分、料金が差し引かれるというところがほとんどである。蒸留所ツアーが、スコットランドの観光資源の一つになっていることを考えると、ショップはかなりの収入源となっているはずである。

またかなり多くの蒸留所が、ショップとともにレストランも併設している。味の評判の良いレストランなどは、ツアー客ばかりでなく、地元の人々も食事のためだけに訪れている。

ツアーパターンはおよそ以上のようなものであるが、ツアー、特に製造工程が説明される中に、どの蒸留所からもある共通したメッセージを感じ取ることができる。

共通項：メッセージの共通性

製造工程のツアーは、単にウイスキーという製品がどのようにして造り上げられているのか、という客観的な事

写真 1　Caol Ila 蒸留所（アイラ島）

写真 2　Lagavulin 蒸留所（アイラ島）

写真 3　Bowmore 蒸留所（アイラ島）

写真 4　Strath Isla 蒸留所（スペイサイド）

実が提供される場という以上に、テーマとして、「ロマンチシズム」「神秘性」「自然の恵み」「環境への配慮」「伝統の保持」「人間の奉仕」「地域性」といった、より詩的で、いわば地域の自然と共存する人間性を静かに表明しているような価値が付与されている。このことは、ツアー客の多くがヨーロッパを中心とした外国人観光客であり、また世界的な商品として今後も市場を拡大してゆきたい意図からすると、一見、あまりに地域主義的な色合いが強いように思われる反面、グローバルに展開すべき商品であるからこそ、徹底した地域性や伝統、自然との共存といったテーマが、文化の壁を越えてアピールするものとして捉えられていると思われた。以下に、これらのテーマがどのように具体的に表現されているのかこまかく順次見てゆきたい。

「ロマンチシズム」を感じさせる物象として、まず蒸留所の建物そのものがあげられる。

写真に見えるように（Strathisla など、スペイサイド、アイラ島などの代表的なもの）、蒸留所の建物は巨大なものから小ぢんまりしたものまでさまざまであ

写真５　アラン蒸留所

り、倉庫も煙突も、すべてしかるべき機能を持って建設されたことに間違いはない。しかしながら、そのデザインは古き伝統を感じさせるものであり、現代的な工場のような装いは見られない。とりわけ、蒸留所の象徴とも言うべき、kilnと呼ばれる、尖塔の煙突は特徴的であり、すべての蒸留所に付いている。これは、原料である麦芽をピート（泥炭）などで燻す時のための煙突でありながら、現在、蒸留所内で麦芽を実際に燻しているところはほとんど無い。かつて使われていたものをこわす必要もないが、現在、その機能は、かつての機能のためというより、蒸留所の景観を彩る象徴としての意味合いの方が強い。そのことが一層わかるのは、アラン島にある唯一にして最も新しい蒸留所アランは一九九五年の創業であるが、建設当初から、煙突（キルン）が付けられている。

　また、工場内部は高度に機械化されているが、アルコール発酵させる前の段階である麦汁を入れる巨大な桶や、その後の発酵を行う、高さ五〜六メートル、直径四メートルほどの、巨大なビール樽のような形状の桶は、ステンレス製にしているところも増えているにもかかわらず（ステンレスの方が雑菌を駆除するための洗浄に便利とか）、かなり多くの蒸留所で、依然として、オークの木製である。ハイランドのBlair Atholという蒸留所などで、ステンレス製の桶を指差して、ガイドが「これはあまりロマンティックじゃないんだ」と言っていたことなどが象徴的に物語るように、巨大な木製はある種独特の存在感を持っている。

　また、銅製ではあっても、蒸留のための釜や、熟成のために薄暗い倉庫に整然と寝かされた壮大な数の木製の樽もまた、時空を飛び越えた意識を見る人に与えるように感じられる。

写真６・７　名山 Ben Nevis の光景（左）と Ben Nevis 蒸留所

このように外観や内部の視覚にうったえるところだけでも、非日常性をイメージさせるが、より重要と思われることは、ウイスキー造りの工程の一つ一つに、「神秘性」「伝統」「自然」「職人の真摯な奉仕」といったテーマが織り込まれてゆくことである。

まず、ウイスキーの原料である麦（とりわけシングルモルトウイスキーでは大麦）と水が良質であることが最も重要であると、どの蒸留所でも説明されるが、特に地元で調達できる水質の良さについては強調される。顕著な例では、ハイランド地域、東海岸の Glenmorangie 蒸留所では、近辺の六〇〇ヘクタール以上の広大な山野を買占め、土地を農業や牧畜などに使用せず、自然なままに管理しておくことで、ウイスキー造りに使用する水系を守っていることを誇らしく語っている。同じくハイランドの西海岸にある Ben Nevis 蒸留所は、比較的町の近くに立地しているが、その名の由来である名山 Ben Nevis の dew（露）をウイスキー造りに使用していることを謳っている。

シングルモルトウイスキーの材料である大麦を麦芽に変える過程を、今でも蒸留所内部で行っているところは、アイラ島の Bow More や Laphroaig などほんのわずかであるが、たとえ作らなくても、口頭で説明がなされる。大麦は主にでんぷん質でできているが、でんぷんはそのままではアルコール発酵はしない。でんぷんの分子は、まず糖分の分子に分解されなければならない。

大麦の粒は自然状態で糖分には分解しない。しかし、大麦を二～三日陰干

写真８　大麦

写真９　大麦を陰干しして発芽させる

写真10・11　発芽前の大麦（左）と発芽後（下）

写真12　ピートの塊

写真13　ピートの大地（アイラ島）

写真14　竈に投げ入れられるピート（写真13・14は、Bowmore 蒸留所のパンフレットより）

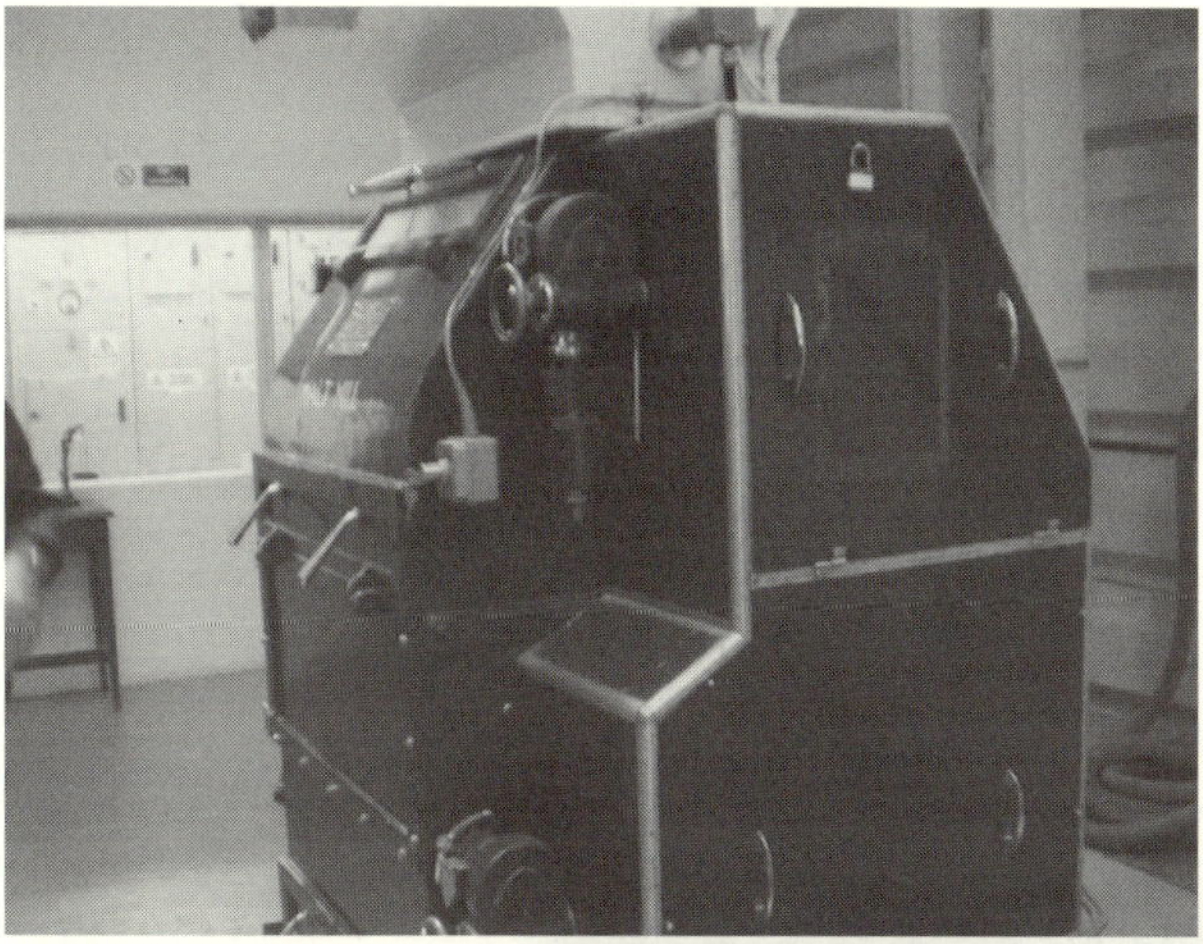

写真15　麦芽を粉
砕する機械

写真16　麦汁

写真17　糖化用タンク

写真18　発酵室

写真19　発酵過程を覗き込むツアー客

写真20〜23　発酵の各段階

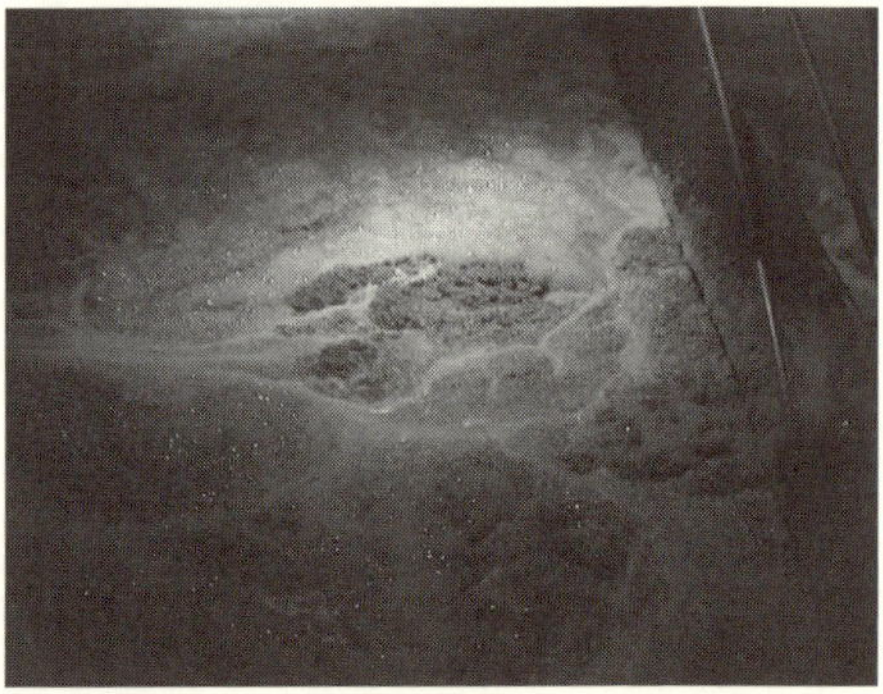

写真20

写真22

写真21

写真23　発酵の最終段階

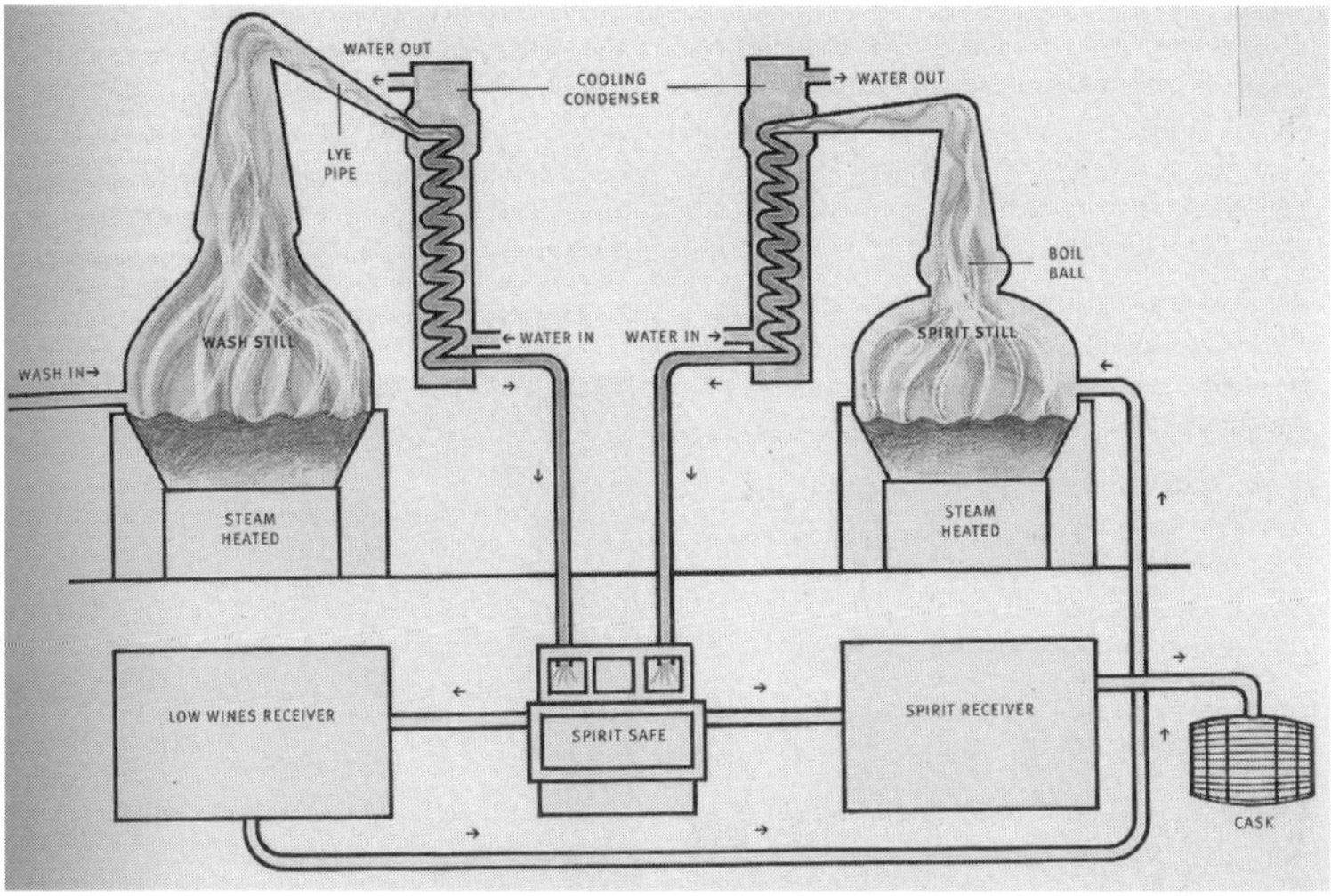

写真24　蒸留釜のしくみ

写真25　Ben Nevis 蒸留所（西ハイランド）

写真26　Caol Ila 蒸留所（アイラ島）

写真27　Bowmore（アイラ島）

しして寝かすと発芽し、発芽した大麦、つまり麦芽ができる。この麦芽は糖化酵素という、でんぷんを糖分に分解する酵素を持つという性質が知られ活用されている。酵素による糖化という、今では科学的によく知られているとはいえ、一つの神秘性を持つ事実であり、かつて科学的知識もない時代から、経験に基づいてそのような手法が取られてきたことが説明される。また、芽の適切な伸び具合は、良いウイスキー造りにとって需要な要素であり、職人の長年の経験がものをいうことなどが語られる。自然の営みと伝統に裏打ちされた人間の知恵の共同作業がほのめかされるのである。

こうして生育された麦芽は、乾燥させるためとともに微妙な香りをつけるために燻される。燻すための燃料としてピートという泥状の炭が使われることが多い。独特のピート（泥炭）の香りと味わいを出したいブランドでは、ピートが燃料として使用されている。アイルランドのウイスキーや、アメリカのバーボンなどではピートは使用されず、スコットランドでもわざと使用しない蒸留所もあるが、多くの蒸留所が使用している。とりわけ、小さな島に八つもの優良な蒸留所があるアイラ島は、島全体が厚いピートの層で覆われているために、他の地域に比べて一層ピート臭が強いウイスキーで知られている。

ピートとは、雑草が枯れて少しづつ炭化している過程にあるもので、炭と植物の組織、土などが入り混じり、多少の水分を含んだ土の層である。非常に長い年月をかけて自然が作り上げるものであることも説明される。ここにも、スコットランド特有の自然の神秘的なはたらきと、それを利用することで特有の味と香りが演出されていることが語られる。

燻されて乾燥した麦芽は、機械によって粉砕され、熱湯と混じりあわされて、麦汁となり、mash tun と呼ばれる大きな桶の中で攪拌される。

このようにして大麦のでんぷん質は糖化され、いよいよ発酵の過程に入る。発酵は、いくつかの巨大な蓋付きの、ステンレスあるいはオークの木桶の中で、麦汁にイースト菌（酵母）が混ぜられることで進行する。発酵初期段階、二酸化炭素が泡となってまるで煮立っているように見える段階、そして、すっかり発酵も最終段階になって泡が見られない段階、と順に見学する。そのような発酵過程の現場を、桶の中を覗き込むことで目撃することそのものが一つの神秘な体験であると言ってよい。酵母の入り混じった独特の匂い。ガイドの中には、桶を覗き込んだツアー客の顔に向けて、気体を手のひらで打ち付けるようにする者もいる。一瞬目や鼻にツンときて客が驚く様子にいたずらっぽく笑っていたりする。このような痛い仕打ちも、ツアー客は驚きながら楽しみ、大規模な発酵の過程の不思議を感得するかのようである。二日~四日くらいをかけて行われるこの発酵の工程によって、約八~九パーセントのアルコール度の液体が出来上がる。

発酵を終えた液体は、いよいよ銅製の蒸留釜（pot still）に送り込まれてアルコール度を激増させることになるのだが、人の十分にははかり知れないメカニズムがあることが知らされる。

それは蒸留釜の形状や大きさと生成される液体の味わいの関係である。ちなみに、ウイスキーが生まれたアイルランドでは、三度の蒸留を行うが、スコットランドでは、たった一つの例外的な蒸留所を除いて、すべての蒸留所で蒸留は二度行われるだけである。一度目の釜を、mash stillと呼び、その後spirit stillという釜に流し込まれて七〇パーセントのアルコールまで高められる。

写真25~27を見てわかるように、蒸留所によって釜の形状や大きさはすべて異なっている。ある蒸留所のショップで見かけた写真には、一〇〇近い異なる蒸留所の蒸留釜が写されているが、すべて違う形状であることがわかる。形や首の部分の長さが異なることによって、同じような液体が蒸留されても違った味ができる。それは、たとえば、首が長くなれば熱せられた諸成分の中でも、重いものは上まで昇り切れず落ちてゆくことになり、アルコールをはじめとしたより軽い成分だけが抽出されることになり、最終商品の飲み口も柔らかいものになりやすい。形や大きさが違うことは、内部での気体や液体が対流が異なることになり、どの成分だけが抽出されてゆくか違いが出ることが考えられる。しかし、このような説明はあくまで大雑把な傾向であって、厳密に釜の中でどのような作

用が起こっているのか完全に検証することはできない、という。このような不可知な部分があることを示唆しながら、各蒸留所は、それぞれの形状と大きさを「伝統」として保持することで、同じ材料を使っても、「独自の味」を生み出していることを示そうとする。先述のBen Nevis蒸留所などは、近年日本の会社に買収され、蒸留釜の形状がわずかに変更されたことを、筆者は事前に聞いていたが、ツアーに参加して説明を聞いた限りでは、「創業以来、全く同じ形状の釜を使っている」と強調していた。

七〇パーセントという高濃度のアルコールになった液体は、少し水で薄められてから、いよいよ樽に詰められて倉庫の中で長い熟成の期間を過ごす。法律では、三年以上の熟成を経て初めてウイスキーという名称を付けることが許されるそうであるが、通常は三年で市場に出されることはなく、一〇年、二〇年、三〇年、まれに四〇年以上の熟成が行われる。大麦の粒から一週間余りで七〇パーセントのアルコールに高められて後は、残りの長い年月を熟成のためにのみ費やすことになる。

この熟成段階でもさらに、神秘、不思議がテーマとなる。まず、蒸留されたばかりの液体は、全くの透明色であって、ウイスキー独特の琥珀色などではない。樽に入れられて熟成する間に徐々に色が付いてゆくのである。熟成のために、新品の樽が使用されることはない。必ず、スペインのシェリー酒かあるいはアメリカ大陸からのバーボンに一度使われた樽を使うのである。一説には、かつて長い密造時代に、政府の役人の目をくらますために、蒸留したウイスキーをシェリー酒の樽に隠して保管したり、運搬したりしていたところ、出してみると着色されていたばかりか、とても良い味に変化していたことが始まりであると言われる。後にバーボンの樽に入れてみると、また違った味わいが得られたとか。起源の真偽は別にして、ウイスキー造りの伝統の一部が、このように大陸を隔てた影響関係にあることもツアー客の興味を引く。ちなみに、蒸留所によっては、たとえばスペイサイドのMacallanなどは、自ら新品の樽をつくり、まずスペインのシェリー酒会社に渡して、しかる後に返してもらってウイスキー造りに使用しなおすという。バーボン樽の場合は、アメリカのcooper（樽職人）の組合が、職人の仕事を確保するために、一度使った樽は二度と使用できない規則をもうけているために、使用済みの樽が容易にスコットランドで使われることになる。このような樽は、何度も修理されて、最高六〇年ほど使用されるそうで、いよいよ廃棄されるときには、解体されて英国文化の一部であるガーデニングの用材として売られているそうである。つまり、最後の最後まで無駄にされることなく利活用されていることが語られ、環境意識の高さをほのめかす一例となる。

さらに熟成過程で特筆すべきことは、どの蒸留所でも例外なく説明されるのは、「Angel's Share（天使の分け前）」という、いかにも霊的なニュアンスを持つ表現である。これは、樽の中で熟成している間、一年におよそ二パーセント分の分量が蒸発して空中に消えてしまっていることを指している。二〇年もののウイスキーなら四〇パーセントも失われ、四〇年ものなら八〇パーセントも無くなってしまう計算になる。「ですからシングルモルトは高価になるんです」と説明するガイドもいる。そのような天使の分け前を吸って生育しているカビなどが、ひんやりとした薄暗い倉庫の壁を覆っているのだと解説するところもある。

このようにして、自然の神秘、人間の知恵や偶然性、多少の霊的な存在との交錯などを聞かされて、ツアー客はテースティングをすることになる。観察する限り、ウイスキーをさほど好きではなく、テースティング用に与えられた量のほんのわずかしか飲まないで残してしまうお客ですら、ボトルを手にとってまじまじと眺めたりしている。隣のショップに入ると、何がしかのみやげ物を買って帰る人が多く目につく。

以上のような解説の「共通項」と並んで、ツアー見学の中で織り交ぜられるのが、それぞれの蒸留所の個性、特徴である。

個別性：個別の蒸留所で強調される個性の諸例

各蒸留所の見学ツアーは、当然のことであるが、自社ブランドの宣伝・広報を目的としている。何を強調するのか、という点で、製品であるウイスキーそのものの味わいの特徴について特に来訪者に印象付けようという意図は

写真28　熟成に使われる樽（Ben Nevis）

写真29　倉庫の内部（Glenfiddich のパンフレットより）

写真30　Clynellish 蒸留所の倉庫

感じられない。たとえば、ピート臭の強いことで知られるアイラ島の蒸留所でも、そのこと自体を特に語るわけではない。無論テースティングの際にはしかるべき説明があり、香りや味わいの特徴が意識させられる。製品そのもの以上に強調されているのは、蒸留所の伝統や歴史にまつわる物語性である。

たとえば、ハイランド中央部のThe Famous Grouseは、創業一七七五年という、全蒸留所の中で最も古い歴史を持つことを誇りとし、ツアー設備も最も充実しているところの一つである。年間二〇万人もの見学客を集め、その数でも最大である。全体として一大観光スポットとして意識された施設であり、また、伝統的に蒸留所は麦を食い荒らす鼠対策のために猫を飼っているものだが、この蒸留所のタウザー(Towser)という名前の猫の銅像まで建てられている。タウザーは一九六三年から一九八七年まで生き、生涯で二万八八九九匹の鼠を捕まえた、としてギネスブックに登録されており、死んだときにはテレビ放映までされた有名な猫であるという。誰が鼠の数をかぞえたのか、など信じがたい要素はあるものの、一つの呼び物として役割を果たしている。

歴史の古さの反対に、一番新しい蒸留所であることも宣伝の要素として利用しているのがアラン島の唯一の蒸留所Arranである。蒸留所を持つことを夢見ていたビジネスマンが一九九五年に創業したもので、アラン島は英国王室ともゆかりの深い島ということで、オープニングに際してはエリザベス女王が来た様子が、ツアーの一部として誇らしげに掲げられている。建設当初から見学ツアーを十分意識しており、他の古い蒸留所なら一つの建物から次の建物へと歩き回るのと対照に、ここでは、一つの屋根の中に見せるべきほぼすべてのものを入れ込んでいる。

大規模な蒸留所が多い中で、最小のサイズであることを一つの売り物にしているのが、ハイランドのEduradourである。他の大きな蒸留所を見学してきた者なら、これが蒸留所かと思うほど小さくこじんまりとしている。ほとんどの蒸留所の蒸留釜は、近づけば仰ぎ見るほど背丈も高いものでありながら、ここでは、せいぜい人間の背丈を少し上回るほどの丈しかない。そして、ウイスキーづくりを行う職人もわずか三人という少人数である。ツアーで見せる映像も、この三人の職人が登場し、すべてを三人でこなしてゆくために一人でも欠けるわけにはいかないこ

写真31・32　最古の蒸留所を誇るThe Famous Grouse（左）と伝説の猫タウザーの銅像

写真33　エリザベス女王(右)を案内するArranのオーナー（Arran蒸留所内の掲示写真）

写真34　Eduradourに残る昔の小さな蒸留釜

写真35　Glenfiddichを創業したWilliam Grantの肖像画

写真36　Strath Isla 蒸留所

写真37　Blair Athol 蒸留所

写真38
ゴールドラベルの展示販売

とや、それだけに誇りを持って一所懸命にはたらける、といった語りを聞かせる。さらに、ウイスキー産業の成長とともに、本来なら小さかった蒸留釜も、今では巨大化してしまっているが、この蒸留所の釜のように小規模であることこそ「伝統の良い味わい」が作り出せるのだ、といった説明がなされる。

経営上のスタイルを強調するところは、スペイサイドのGlenfiddichである。ここは、見学ツアーを最初に開始した蒸留所としても有名であるが、それ以上に、創業者の子孫が五代にわたって、今でもオーナーであり経営している唯一の蒸留所である。他のすべての蒸留所は、創業は個人であっても、今ではいくつかの大手企業の所有となっている。一八八七年にWilliam Grantが家族とともに苦心して創業し、世界的な市場を開いてゆくまでの歴史が、ツアーの最初の映像で紹介され、テースティングを行うホールも周囲の壁には一族の歴史にまつわる品々が展示されている。

伝統を守ること以上に、「革新性」を重視し、それを新たな伝統として確立してゆく姿勢を強調するのが、ハイランドのGlenmorangieである。通常ウイスキー造りには軟水が適切で、硬水は不適切、というのが常識であったそうであるが、ここの職人はあえて硬水で試してみる中で、現在では「スコットランド人が最も好む」ブランドとして誇りを持っている。そのような革新性、実験的姿勢は今も持ち続けている証として、ツアーのガイドは、たとえば、熟成のための樽の眠る倉庫での案内説明では、青いラインマークの付いた樽、赤いラインマークの付いた樽などを紹介し、何らかの実験が行われている樽であることとともに、その実験内容についてはガイドにも秘密にされていることなどが語られる。この蒸留所は、先述のように、六〇〇ヘクタール以上の山野を買占め、水が汚染されることがないよう管理しているところでもある。

知名度の高いブレンドウイスキーとの関連を前面に出しているところもある。スペイサイドで最も古いばかりでなく、最も美しい蒸留所とも言われる、スペイサイドのStrathislaは、シングルモルトウイスキーも生産しているが、同時に世界的に有名なブレンドウイスキーChivas Regalの中心的なウイスキーも提供していて、表看板にも

「The Home of Chivas Regal」という表現が見える。

ハイランドのBlair Atholもまた自社ブランドのシングルモルトというより、有名なブレンドウイスキーBellの中心的なウイスキーを提供していて、やはり看板には大きく「Bell」の名が見える。ガイドは、ブレンドウイスキー用に提供するウイスキーとしては八年熟成のものが、ブレンドされたときには丁度よい加減になると説明している。

やはりハイランドの、Clynelishも、自社のシングルモルトとともに、ブレンドウイスキーJonnie Walkerのゴールドラベルのために中心的なウイスキーを提供していることを強調している。

まとめ

スコッチウイスキー特に、ブレンドウイスキーが世界的な展開を見せる一方で、各蒸留所独自のいわば腕の見せどころとも言うべきシングルモルトウイスキーが世界の市場に浸透しようとする中、スコットランドの観光資源の重要な一部を成しているとも言える蒸留所のツアーには、ある一定の共通なパターンが見られた。一つは、ウイスキー産業全体を代表するような、ウイスキーの魅力を表現する中で、伝統、ロマンチシズム、神秘性、環境、自然、人間（職人）の営為、長い歴史、といった地域性の強調の中にも、文化を超えて普遍的に通用するような要素を前面に押し出し、多く訪れる海外からの見学者を驚かせ、自然に好意を持たせるような質素な演出である。ガイド自身も決して洗練されているというのでなく、むしろ地元なまりを自ら詫びながら解説していたりする。

ウイスキー自体の魅力が解説されるとともに、ツアーのもう一つのテーマは、各蒸留所の特性、特徴、他との差異である。歴史の古さ新しさを含めておよそあらゆる要素が、各蒸留所の特徴を示す候補となりうる。そのようなアピールの仕方は、製品の味わいそのもののアピールというわけではなく、また特別のブランド化を目指すほどのことでもない、むしろ、記憶してもらう、愛着を持ってもらう、といったごくささいな目的のようにも思われる。たとえば小規模であること自体が、事実の表明以外に何の効果を持つのか、という疑問がわくが、大規模化した数々の蒸留所施設を見て歩くと、たしかにその小ささ自体が記憶に残り、蒸留所の名称とともに思い起こされる。

また、おおよそすべての蒸留所が独立経営というより大手資本の傘下にありながら、そのこと自体はほとんど語られない。「伝統」が守られ、自然の恵みを受けた製品が造られ、職人が安心して働ける経営環境が成立しているのは、大手資本の庇護の下に初めて可能になっている、というのがウイスキー産業の実態であろうが、ビジネス的には、ウイスキーという食の文化こそが売りなのであって、大手企業の名称を出すことがブランドとしてのイメージづくりにはならないことを考えると、所有者であり経営者である大手資本は前面には出てこないことは不思議ではない。

〈付記〉

本稿は拙稿「スコッチウイスキービジターセンターによる文化マーケティング――グローバルアピールの根拠としての地域性」（中牧弘允編『経営文化の日英比較――宗教と博物館を中心に』平成一三年度―平成一五年度科学研究費補助金研究成果報告書、国立民族学博物館、二〇〇四年）に若干の修正をほどこして作成した。

注

（1）このしらみは元々新大陸アメリカ産のものであったが、航海技術が進歩し、より短時間に大西洋の横断が可能になることで、しらみを含んだ土壌が旧大陸に生きたまま上陸したと考えられ、後に、フランスなどの葡萄園を復興させたのも、すでにこのしらみに強い新大陸原種の葡萄の木と、味の良いフランス原種の葡萄の木を接木したハイブリッド種の育成であった。アメリカ原種の葡萄の木だけでは、石灰質の土壌に弱く、実る葡萄の味も良くなかったとされている。

第五章　イギリスのミュージアムとビジターセンター
――グローバル化をめぐる相克と葛藤

中牧弘允

はじめに

グローバル化はますます時代のキータームになりつつある。一般にその意味するところは、マクロには地球規模での経済、金融、情報、通信などの再編と統合であるが、ミクロにはローカル化あるいはグローカル化とよばれる地域化現象もみられる。本稿では、伝統の地場産業がM&Aによってマクロにグローバル化するときに、企業が運営する展示施設―ミュージアムやビジターセンター―がどのように再編されていくかをまずミクロな視点からあきらかにしたいとかんがえる。また逆に、ミクロな変化がマクロな脈絡で何を意味しているのかについても検討したい。

企業博物館は会社の歴史、製品、技術、文化などを展示し、会社の経営に役立てられている。それは会社にとっての神聖なる標本・文献資料、ひいては会社文化をまつる「神殿」のような施設となっている［中牧　二〇〇三：二一一―二二三］。企業経営のグローバル化にともない、その「神殿」に何か変化はおきていないのだろうか。とくにグローバル化が加速した一九九〇年代以降、企業博物館をめぐる現在進行中の再編過程について焦点を当てたいとおもう。というのも、企業がグローバル化の渦中にあってリストラやM&A（企業の合併・吸収）を断行し、コーポレート・ガバナンス（企業統治）や社会的責任を重視し、経営の刷新をはかっていく過程で、企業のアイデンティティの重要な一角をになう展示施設がどのように運営されるかはかなり決定的な意味をもつと予想されるからである。

本章では二〇〇一年から二〇〇三年にかけて毎年夏に実施した科研費によるイギリスの現地調査をもとにミュージアムとビジターセンターについて考察するが、主たる調査地はイングランドのなかでもとくにミッドランドとよばれるイギリス中部である。ミッドランドにはイギリスの産業革命を先導したマンチェスターやバーミンガムが位置し、トレント川沿いにはりめぐらされた運河が物資や製品の運搬に大きな役割りを果たしていた。トレント＆マーシー運河はアイリッシュ海にはリバプールの港でつながり、北海側にはハルの港へとのびていた。後に鉄道網が他地域に先駆けて発達し、運河を凌駕していったのもミッドランドである。

イギリスでは一九八〇年代以降いわゆるヘリテージ（文化遺産）産業がめざましい発達をとげ、毎週どこかに博物館が一館オープンするとさえ言われ、ヘリテージは個人や地域や国家のアイデンティティを表現する重要なテーマとなり、ホブズボウムらの提示した「伝統の創造」をはじめ多くの観点から幅広く議論されるようになった［塩路 二〇〇三：三二一–三五、二〇〇四：九〇］。ヘリテージの産業化は経済的活性化と表裏一体の関係にあり、衰退する伝統産業の再生をはかるとともに、新規の産業の創出につながるものでもあった。そこでは産業革命以降の工業的伝統がイギリス文化にくわえられ、鉄橋建設の先駆となったテルフォードのアイアンブリッジに象徴されるような工業的建造物がヘリテージとして中央政府の経済的支援を受けるようになった［Kelly 2004 : 180］。ヘリテージ・センターなどと命名された展示施設をはじめ、イギリス全土でミュージアムやビジターセンターは空前の活況を呈するようになる。同時期、マンチェスターやバーミンガムなどでは都市再生計画が推進され、産業技術関連のミュージアムは面目を一新した。

工業化それ自体がヘリテージとなれば、企業関係のミュージアムやビジターセンターが隆盛するのは自然の流れである。スコットランドではシングルモルトのスコッチウイスキー蒸留所を中心に多くのビジターセンターが付設され、生産工程の見学とともにテースティングがさかんにおこなわれ、「地域性」を売り物にしている［住原　二〇〇四］（第四章参照）。産業革命の揺籃地ミッドランドでも展示関連施設は数多く創設された。

しかし、企業博物館はミュージアムとビジターセンターに分離しつつある。展示関連施設をめぐる市場にも亀裂が入り、かつてのようにミュージアムによる独占は困難となっている。ヘリテージもまた脱家業、脱地域、脱国家の脱伝統に直面している。そうした景観《ランドスケープ》はアルジュン・アパデュライが説くようなグローバル文化の諸特徴――乖離性 disjuncture と脱領土化 deterritorialization――に符合しているかにみえる［アパデュライ　二〇〇四］（序論参照）。

この小論では乖離と脱領土というグローバル化をめぐるこの二つの問題をミッドランドの二つの地域に焦点をあわせて検討したい。ひとつはウェッジウッドやロイヤル・ドルトンをはじめとする陶器産業で有名なストーク・オン・トレント市（以下、ストークと略す。ただし町名のストークとは区別）であり、もうひとつはイギリスにおけるビール醸造の中心地バートン・アポン・トレント市（以下、バートン）である。いずれもトレント川沿いに形成された地場産業の町であり、距離にしておよそ五〇キロメートルしか離れていない。

産業革命以降、地場産業で繁栄したストークとバートンの象徴的存在はそれぞれ陶工と樽職人である。ストークの鉄道駅前には壷を左手にもつジョサイア・ウェッジウッドⅠ世の立像がたっている。一八六三年の建立で、地元の団体が顕彰している。そのレプリカがウェッジウッド・ビジターセンターの広場にもおかれている。他方、バートンにはショッピング・センターの広場に作業中の樽職人をかたどった像がある。その像はブロンズ製で一九七七年に製作された。バートンの市民協会と地元業界の依頼で製作され、一九九四年に東スタッフォードシャー郡に寄贈されている。無名の樽職人がビール樽の鉄製金輪（たが）をはめこんでいる姿を造形したものである。そして、その縮小レプリカがバース・ビール（現在はクアーズ）の企業博物館であるバース・ミュージアム（現在はクアー

写真１　駅前の初代ジョサイア・ウエッジウッド像

写真２　ウエッジウッド・ビジターセンター前の初代ジョサイア・ウエッジウッド像

写真３　ショッピング・センターの樽職人像

写真４　ビジターセンターの樽職人像

ズ・ビジターセンター）の玄関前にも置かれている。このように陶工と樽職人に代表される陶器産業と醸造産業がストークとバートンの町をそれぞれに発展させ、今日に至っている。

ストークとバートンの企業ヘリテージについては科研費の共同調査者であるウイリアム・ケリーがすでに要領よくまとめている［Kelly 二〇〇四］。その要点は後述するとして、まずは展示がそうした経緯をどう物語っているか、最初にストークから見てゆくことにしよう。

一　ストーク・オン・トレント

陶器産業

ストーク・オン・トレントはマンチェスターとバーミンガムをむすぶ鉄道のほぼ中間に位置し、六つの町から構成されている。イギリスではアーノルド・ベネットの『五つの町』のモデルとしてよく知られているが、北からタンストール、バースレム、ハンレー、ストーク、フェントン、ロングトンである。ハンレーが商業の中心地であり、シティー・センターとも呼ばれている。そこにはストーク最大のショッピング・センターがあり、それに隣接してツーリスト・インフォメーションがおかれている。鉄道駅はストーク（町名）の町にあり、市役所もそこに立地している。

博物館やビジターセンターは六つの町にまたがって点在している。ツーリスト・インフォメーションが発行する地図つきのリーフレット（二〇〇三）によれば、陶器博物館 pottery museum が五、ビジターセンター visitor centre が三、工場店舗 factory shop が三五である。

陶器博物館は以下のとおりである。

① The Potteries Museum & Art Gallery

② Gladstone Pottery Museum
③ Etruria Industrial Museum
④ The Dudson Museum
⑤ Ceramica

ビジターセンターは次のとおりである。

① Royal Doulton
② The World of Spode
③ The Wedgewood Story

工場店舗については省略する。

筆者は右記の博物館とビジターセンターをすべて訪問したが、ここではグローバル化への対応が考察の主眼なので、ウェッジウッドを中心に記述することにしたい。というのもウェッジウッドはビジターセンターのほかにミュージアム部門を有し、ミュージアムのあたらしい展示場（ギャラリー）はまだ建立されていないが、さまざまな博物館活動を展開しているからである。

ウェッジウッドにおけるミュージアムとビジターセンターの分離

ウェッジウッドはイギリス陶器では世界的に最も有名なブランドであるといっても過言ではない。「英国陶工の父」または「女王陛下の陶工」と称される初代ジョサイア・ウェッジウッドは一七三〇年にバースレムの陶工の家に生まれた。一二人兄弟の末子である。最初は兄のもとで修行をし、一七五九年に自分の工場をもった。社業はもうじき二五〇年をむかえる老舗である。現在の工場はストークの南端バーラストンにあり、六つの町からはややはなれて立地する。ミュージアムとビジターセンターはその工場内におかれている。

現在のビジターセンターは「ウェッジウッド物語」と銘打ち、二〇〇〇年のイースターから一般公開されている。開館式典はヨーク公爵夫人をむかえて同年九月に挙行された。しかし、ふるいウェッジウッド・ミュージアム&ビジターセンターは一九九九年九月に「来館者体験」を拡張するという会社の方針によって閉鎖された。ただし、後述するように、新しいミュージアムをビジターセンターに隣接して設置する計画が進行中である。二〇〇六年五月のホームページによれば、二〇〇七年に再開することが期待されると載っている。

ウェッジウッド・ミュージアムは一九〇六年五月七日にストーク(町名)にちかいエトルリア工場内に開館し、企業博物館としてはながい歴史をもっている。第二次世界大戦中は閉鎖され、コレクションは収蔵庫に保管されていた。工場は一九四〇年にエトルリアからバーラストンに移り、ミュージアムは一九五二年からふたたび一般公開されるようになった。展示品は一〇〇ヤードもある直線的な「ながいギャラリー long gallery」の両側に置かれたショーケースにおさめられ、工場見学もできるようになっていた。一九七五年にはミュージアムが新設され、三八〇平方メートルの展示空間には絵画の展示コーナーが設けられた。一九八五年には「生きた博物館」をめざし、ふたたび改築がなされた。展示空間も五八〇平方メートルにふえ、三世紀にわたる発明と改良、さらにデザインの発展をしめす歴史的ツアーが提供されるようになった。実演コーナーも改修された。

先述のように、ウェッジウッド・ミュージアム&ビジターセンターが閉鎖されたとき、ミュージアムとビジターセンターの分離がおこり、まずビジターセンターがオープンした。他方、ミュージアムのほうもあらたな建設計画に取り組んでいる。すこし話が入り組んできたが、要するにウェッジウッドにはミュージアムとビジターセンターがそれぞれ存在する。両者は似たような展示施設なのだが、見方によっては相当のひらきがある。もうすこし、くわしく説明しよう。

まずミュージアムには当初からコレクションがあり、その所有権はウェッジウッド・ミュージアム・トラストにある。トラストは一九六二年に認可され、一九九八年には慈善団体としての認可(charitable status)があたえられている。トラストはイギリスに発生し整備された公益信託の仕組みであり、アメリカに伝播し日本にも普及するが、イギリスでは多くのミュージアムがトラストに守られ、後世に伝えられている［澤野 二〇〇四：二一−二二］。ウェッジウッド・ミュージアム・トラストの理事は七人で、秘書が一人、学芸スタッフは六人で構成されている。学芸スタッフの内訳は学芸員一名、インフォメーション担当一名、リサーチ・アシスタント一名、コレクション担当一名、学芸員秘書一名、博物館秘書一名である。学芸スタッフの長である学芸員＝ディレクターは会社ではなくトラストに対して責任を負う。ただし、学芸スタッフの給料は会社から支給されている。コレクションは八〇〇〇点をこえる陶器関連資料、約七万五〇〇〇点の文書資料、さらに絵画、子会社関連資料などからなっている。

コレクションのほんの一部はビジターセンターの展示に貸出されている。また、海外の展示会のために巡回している資料もある。たとえば、日本では約五〇〇点のコレクションが出品された「大ウェッジウッド展」が二〇〇〇年から二〇〇一年にかけて静岡市を皮きりに茨城県笠間市、奈良市、横浜市、大阪市、東京で開催された。展示図録を見ると、その出品の大部分はウェッジウッド・ミュージアム・トラストから提供されている。

二〇〇三年一月二八日、ウェッジウッド・ミュージアム・トラストはHeritage Lottery Fundから五八五万ポンドの資金供与が決定したと公表した［ウェッジウッド公式HP］。応募してから四年越しの夢の実現だった。すでに二〇〇万ポンドの建設費があつめられており、残りの一八〇万ポンドの資金調達に向けてホームページでも訴えがなされている。建設費総額は九五〇万ポンド（約一九億円）である。展示場は一三〇〇平方メートルで三期にわけた歴史展示が予定されている。七万五〇〇〇点の資料を収蔵するアーカイブや教育・セミナー用のスペースも計画されている。

他方、ビジターセンターは「来館者体験」に重点を置き、来館者の増加と営業収益の拡大をめざしている。二〇〇〇年に五〇〇万ポンド（約一〇億円）をかけてオープンした「ウェッジウッド物語」のビジターセンターはウェッジウッドのブランドを高める展示をおこない、ひいてはミュージアム・ショップでの売り上げをのばすことをねらっている。そこでまず「来館者体験」を充実させるために採用したいくつかの新機軸について言及しておくことにしよう。

　第一はオーディオ・ガイドつきのツアーである。「ウェッジウッド物語」は「展示」「工場ツアー」「ハンズオン実演」にわかれ、「展示」と「工場ツアー」にはオーディオ解説がついている。来館者は入口でオーディオ・ガイドのレシーバーをうけとり、まず「展示」コーナーに入る。そこでは初代ジョサイア・ウェッジウッドが「陶工の技術を芸術の域に高めた男」として位置づけられ、イギリス産業革命の偉大な先駆者としての評価があたえられている。彼の手になる「ブラック・バサルト」や「クイーンズ・ウェア」、また古代ギリシャ・ローマのレリーフを模した装飾がつく淡青色の「ジャスパー」の逸品などがならぶとともに、彼が開発した窯内の温度測定に用いる高温計などが展示されている。そのあと初代ジョサイア・ウェッジウッドの後を引き継いだ一九世紀、二〇世紀前半のウェッジウッド社の作品群を見終わると、いよいよ工場見学となる。

写真５　工場見学の一場面

　この工場は特別に見学者用に作られたラインである。ウェッジウッドもかつては実際の工場をツアーでまわっていたし、現在でもロイヤル・ドルトンやスポードの工場見学は操業しているラインを見せている。工場見学には利点と欠点がある。たとえば、来館者はガイドに質問できるが、ツアーの回数は限られている。また、実際の仕事現場を見ることができるが、長い距離を歩くだけでなく、しばしば階段を昇降しなければならな

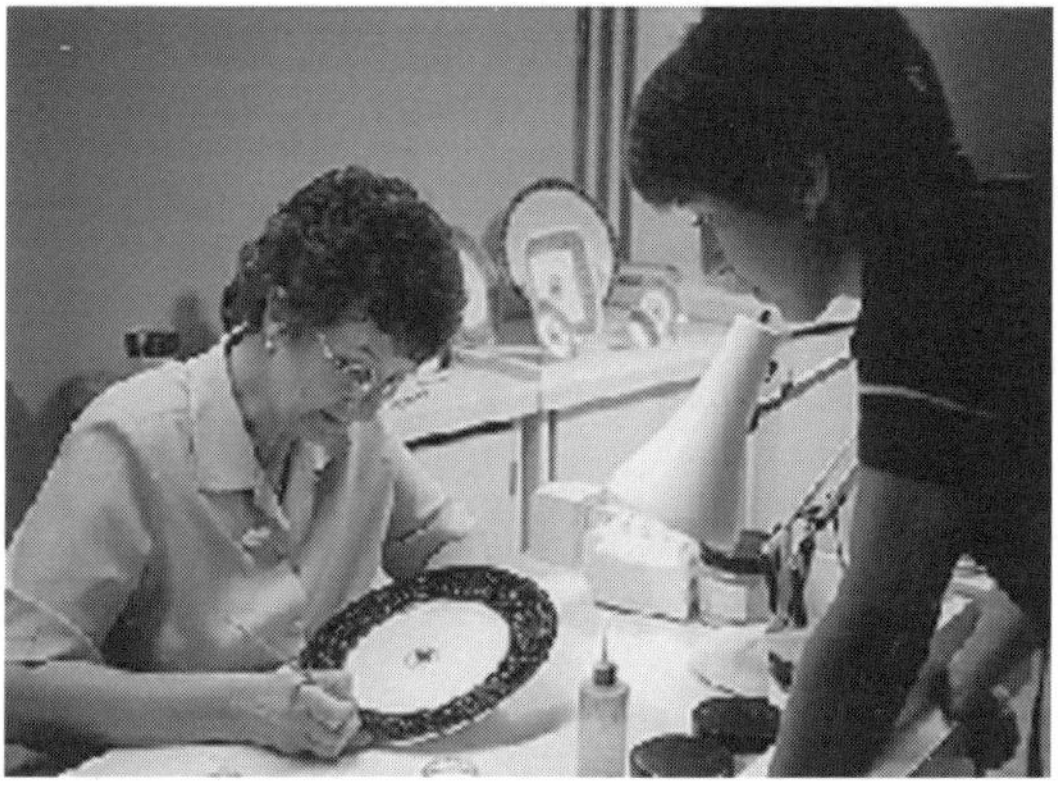

写真6　ハンズオン実演展示

い。ウェッジウッドはこうした問題点を来館者のペースでまわれるオーディオ・ガイドの導入と、同一階にコンパクトにまとめられたラインを設置することによって改善をはかった。

まずジャスパーの装飾をほどこすところで、耳に当てたオーディオ・ガイドを聞きながら、手作業の現場を見学する。作業は間断なくつづけられ、できあがった製品は市場に提供されるから、一挙両得である。ツアー用に設計されたラインは三〇分もあればゆっくりまわることができる。すべての作業行程を見終わると、ふたたびジャスパーの製作現場にもどって、オーディオ・ガイドのレシーバーを返却し、ハンズオンの実演コーナーに導かれる。

そこでは実演を見るだけでなく、実演者に語りかけることもできれば、実際に粘土をこねたりすることも可能である。工場見学のあとにおかれているので、より親近感をもって興味深く陶工の技術をたのしむことができる。また、製品がいかに手間をかけて手作りで丁寧につくられるかという実感もわく。多少値段が高くてもウェッジウッド製品はよいものだという印象をあたえることができれば、ブランド戦略は成功したといえる。

実演コーナーの次には最新デザインの商品が陳列されている。そこを通過すると、所狭しと自社関連商品をならべたまばゆいショップがみえてくる。購買意欲をそそられた来館者はここで財布の紐をゆるめることになる。

以上、簡単に紹介しただけでも、学術的なミュージアムと来館者の楽しみと売り上げの増大をめざすビジターセンターとでは、かなり性格が異なっていることが理解できる。ストークの他の企業博物館がまだ両者を未分化な状態にとどめているのに対し、ウェッジウッドはなぜに両者の分離を積極的にすすめてきたのか。その背景と要因をさぐってみよう。

ウェッジウッドは一七五九年の創業から二四〇年を越す歴史をもつ老舗であると同時に、Ｍ＆Ａによって発展してきた現代企業でもある。まず一八九五年に有限会社ジョサイア・ウェッジウッド・アンド・サンズとなった。一九六六年にはウイリアム・アダムス、ロイヤル・トスカン、スージー・クーパーを傘下におさめ、ウェッジウッド・グループを形成した。一九八六年にはウォーターフォード・ガラス社と合併し、ウォーターフォード・ウェッジウッド・グループとなった。その後、一九九五年にはスチュアート・クリスタル、一九九七年にはローゼンタールを吸収し、今日に至っている。

写真７　ミュージアムショップ

ウォーターフォード・ウェッジウッド・グループはイギリス、アイルランドを本拠とし、パリ、イタリア、ドイツ、アメリカ、カナダ、オーストラリア、シンガポール、香港、台湾、そして東京に支社をかまえる多国籍企業である。一九六六年には二〇〇〇人の従業員だったが、現在は七つの工場に六〇〇〇人ほどの従業員が働いている。イギリスでは家庭用陶器の二五パーセントを占め、輸出でも二五パーセントのシェアをもつ。市場としてはイギリス、アイルランドはもとより、アメリカ、カナダ、オーストラリアが主力だったが、ＥＥＣ（現在のＥＵ）加盟後はヨーロッパにも市場を拡大している。一九八三年以降は日本での売り上げが伸び、ボーンチャイナの販売ではアメリカと肩をならべる市場になっている。

ウェッジウッドの持続的繁栄は「先端技術に連結した職人技とエネルギッシュなマーケティングに支援された創造的デザインにある」と標榜し

ている。デザインこそが将来の成長の鍵をにぎると認識され、ブランド力を高める努力がなされてきた。とりわけ輸出産業に対して授与される「女王賞」を一一回も受賞している。またイギリス陶器のブランド・リーダーをめざしている。

ビジターセンターのジェネラル・マネジャーによるとブランドに関しては一九九七年に転機がおとずれたという。というのも、一九八〇年代はジャスパーのような伝統的な製品が主力だったが、九〇年代からはデザインを現代風に改良し、あまりフォーマルな感じをださないように変わった。マーケティング部門を強化するとともに、コンサルタントを導入し、消費者動向の調査も重ねた。製品の多様化をはかり、「大丸や三越のような」モダンで明るいイメージを与えるように改善したのだという。

同マネジャーによると、ビジターセンターは「ブランドの大使」である。その意味で、文化マーケティングの主要な担い手に位置づけられている。ショップでは一人あたり約30ポンド購入するという。入館料を含む売り上げの三分の二はショップからの収入である。来館者は一九九五年がピークで一七万五〇〇〇人だったが、そのうちの二割が日本人だった。最近は一〇万人前後で、日本人も一割程度に減少している。ちなみに外国人は三五パーセントで、二〇パーセントがアメリカ人、六パーセントがオーストラリア、ニュージーランドで、ヨーロッパからの訪問者は少ないという。家庭用陶器としてよりも、観光客相手のビジネスに徹していることがうかがわれる。

「客はひとつのビジターセンターにしか行かない。われわれは競争に勝ち残ろうとして、昨年（二〇〇〇年）新装オープンしたのである」とジェネラル・マネジャーは語った。ストークは老舗のロイヤル・ドルトン、スポード、ダドソンなどが軒を連ねる陶器産業の一大工場地帯である。そのため顧客や観光客相手の商売も窯元間でかなり熾烈である。ミュージアムやビジターセンターに加えて、工場見学ツアー、工場直営の売店などで、しのぎをけずって客を奪い合う。市営の観光案内所で聞いたところでは「窯元をまわるバス・ツアーを企画し、まとめようとしたが、うまくいかなかった」という。その理由は、窯元間の熾烈な競争にあるのだが、自家用車のビジターがおおいことにも一因がある。

客を呼ぶためにウェッジウッドが打った手でとくに注目に値するのは、これまでも指摘したように次の二点である。

ひとつは、オーディオ・ガイドを採用して、展示も工場見学も自由にまわれるようにしたことである。そのために工程見学ができるよう工場の配置に変更を加え、他の窯元が今でも続けているようなガイドツアーを廃止した。パーソナルなコミュニケーションを犠牲にしても機械化、規格化をすすめ、より多くの来館者に対応できるようにしたことが特徴である。

もうひとつは、ビジターセンターとミュージアムの分離である。ビジターセンターは「ウェッジウッド物語」というコンセプトで統一され、ジョサイア・ウェッジウッドの生涯とその作品の展示を見たあと、工場見学、実演見学とつづき、最後はウェッジウッド・ショップで高じた購買意欲を満足させる仕掛けになっている。利益優先を明確に打ち出し、ショップを勝負所とみなし、ブランド力を売り物にした戦略をたてている。

他方、一九〇六年の創設以来の伝統をほこり、ウェッジウッドの世界最大コレクションを所有するミュージアムのほうは、リニューアルに先だって閉鎖された。そして計画中の新展示場ができるまで貴重なコレクションの一部は日本をはじめアメリカやポーランドなどを巡回することになった。ミュージアムのほうは、世界に冠たる遺産の継承と公開に重心を移しているが、こちらも文化遺産を尊ぶ国柄にマッチし、地味ながら堅実に人気を保ちつづけている。

とはいえ、ミュージアムはおおきな難問をかかえている。新展示場の再開に向けての計画がおもうように軌道にのらないからである。最大の理由は資金難とみられる。ギャラリー再開の予定は二〇〇〇年の最初の訪問以来、延期されつづけている。ヘリテージ・ロタリー・ファンドの支援を受けてもなお資金調達は十分ではない。トラストの制度に保護される一方、会社に資金を依存することはできない。「来館者体験」と営業収益をめざすビジターセンターとの差異化をはかったうえで、ヘリテージを看板に経営を維持することが課題となっている。

二　バートン・アポン・トレント

ビール産業

バートン・アポン・トレントでは、一一世紀から一六世紀にかけてベネディクト修道会が町を支配し、ビール（エール）の醸造をおこなっていた。また、トレント川にかかる橋が交通の要衝として町の繁栄をささえていたが、そのために内戦時にはしばしば戦場と化した。一八世紀になり、トレント川の水運を利用したさまざまな産業がおこり、同世紀末にはビール（ペール・エール）の醸造がとりわけ卓越した産業に成長した。二〇世紀の初頭には三〇を数える醸造所がひしめき、インドをはじめとする海外貿易で繁栄し、ビールの本場となった。

二〇〇三年九月に訪問した時には、バートンにはビールについての博物館とビジターセンターがそれぞれひとつずつ存在していた。バース・ミュージアムとマーストンズ・ビジターセンターである。バース・ミュージアムは赤い三角形のトレードマークで有名なバース・ビールの企業博物館であると同時に、一九八一年に閉鎖されたバートン市の博物館のコレクションを一部継承し、公共的機能をになう展示もおこなっていた。他方、マーストンズ・ビジターセンターはバートン・ユニオン・システムとよばれるバートン独自の醸造方法を唯一のこす工場を有し、ガイドツアーの工場見学が最大の目玉となっている。

バース・ミュージアムからクアーズ・ビジターセンターへ

イギリス最大のビール醸造会社バース社がアメリカの大手ビールメーカー、クアーズの傘下となったのは二〇〇二年二月二日である。それから約二年後の二〇〇三年一一月一日、バース・ミュージアムはクアーズ・ビジターセンターへと名称変更をおこなった。醸造ミュージアムはビジターセンターの一部門となった。

バース・ミュージアムは創業二〇〇年を記念して一九七七年に設立され、二〇〇二年に開設二五年をむかえた。同年はバートンでのエール醸造がはじまって一〇〇〇年目という節目にも当たり、さらにエリザベス女王の即位五〇周年の記念すべき年でもあった。そのため同年七月にはエリザベス女王を招き、盛大な記念式典が挙行された。バース・ミュージアムはイギリスを代表する企業博物館のひとつでもある。

その展示構成はおよそ次のとおりである。主要展示場には、一八六六年に建設され一九六〇年代まで使用されていた指物師の作業場があてられている。それは三階建てのレンガづくりの建物で、バートンならびに会社の醸造の歴史を展示している。一階にはバートンの水を汲み上げるポンプの展示などがある。二階にはバートンにおけるエールの醸造、創業者ウイリアム・バースにはじまる会社の歴史［写真8］、運河によって発展したバルト海域への輸出、インディア・ペール・エールを主力商品とするインド貿易などの展示コーナーがもうけられている。三階にはかつて市立博物館で展示していたところの、一九二一年一〇月一〇日午前一〇時三〇分に凍結されたバートンの町のジオラマ模型も置かれている。それにくわえエドワード王時代のパブの再現展示、バーチャル・バートンと命名されたビール産業の華やかなりし一八八一年のマルチメディア展示などもある。

写真8　ミッシェル・バースの肖像とトレードマークのはいったバース・ビール

もうひとつの展示場は入口近くにあり、「醸造物語ギャラリー」とよばれ、大麦やホップの収穫からはじまるビール醸造の一連の工

写真9　ワーシントンのマークの入ったビール運搬車

程が展示されている。そこではオーディオ・ビジュアルの解説装置が利用できる。そのギャラリーを出たところの建物には、製品運搬に活躍したバース・シャー・ホースを飼っている馬小屋があり、馬具や荷馬車の展示、樽職人の作業場、ボトリングなども見ることができる。また別の建物群では、荷馬車に代わって活躍したヴィンテージものの運搬自動車も並んでいる。とくに人気のあるのは宣伝の目的でつくられた、ボトルをかたどったダイムラーの一九二〇年代の乗用車である［写真9］。機関車も展示されている。そしてミュージアム・ショップにはビール製品の他、書籍や各種のグッズがならんでいる。

バートン・ユニオン・システムは駐車場の一角におかれている。ユニオンとは一五〇ガロン（六八二リットル）の単位のことである。バートン・ユニオン・システムとは上面発酵したビールを詰めこむ樽を横にならべた装置で、ここでは五二個が連結されている。これは一九世紀中葉の醸造家に採用された方式である。

バートンにおけるビール醸造の歴史を紐解くと、先にふれたようにベネディクト会のエールづくりにさかのぼる。エールは大麦を原料とした常温発酵の酒だが、飲料というよりも栄養源だった。バース・ミュージアムの展示解説書によると、修道会はエールの醸造をおこない、修道士は一日に二ガロンも飲んだが、それは炭水化物やミネラル、ビタミンを摂取するためでもあったと説明している［The Bass Museum 3］。バートンでは一〇〇二年にベネディクト会の修道院ができたが、この年をもってビール（エール）のはじまりとしている。だが、バートンのエールを有名にしたのは水である。そもそもバートンは聖モドウェンが発見したとされる奇跡の井戸水が、とくに皮膚病や眼病に効能があるとして有名になった。バートンの水は地中の石膏で濾過され、硫酸カルシウム・イオンが豊富に含まれている硬水である。聖モドウェンはスコットランドで亡くなったが、その遺骨はバートンにもたらされ、彼女が住んでいたアンドレシー島に寺院が建てられ、中世には巡礼の地としてにぎわった。ベネディクト会の修道院がつくられたのも、その寺院をまもり巡礼者をもてなすためだった。

一五四九年にヘンリー八世はバートンの修道院を廃止させたが、エール醸造は継続し、一六〇四年には四六の醸造所があったと記録されている。その大半は街道沿いの旅館と併設されていた。一七一二年にトレント航行法が成立し、トレント川の河口の町ハルにビールを含む製品を送った。そうしたなかから醸造家の商人がうまれたのである。

一七七七年、運送業者のウイリアム・バースは醸造施設をもつ家屋を購入した。一七八二年までに地元だけでなく、ロンドンやマンチェスターの旅館、あるいはハルの商人にビールを納入している記録がある。一七七七年にはジョサイア・ウェッジウッドも尽力したトレント&マーシー運河が全面開通していた。当時のバース・ビールは色は黒く、甘味があって大量のホップが使われていた。

一七八七年にウイリアム・バースは歿し、息子のウイリアムが輸送業を、マイケルが醸造業を引き継いだ。マイケル・バースはジョン・ラトクリフとパートナーを組み、バース・アンド・ラトクリフは一九世紀初期のバートンではウイルソンやワーシントンとならぶメーカーとなっていった。そして、新しいタイプのビールがバートンに転機をもたらした。それは一八二〇年代にロンドンで最初に醸造されたインディア・ペール・エール（ＩＰＡ）である。長旅のインド交易に適していたところからインドの名が取られた。ＩＰＡは従来のスタウトなどの濃厚なビールとくらべると淡く透明で（pale）、抗菌力をもつホップを大量に加えて仕込んだ苦いビールである［渡辺　二〇〇一：九七］。これがバートンの硬水でつくられて爆発的に売れ出し、ＩＰＡといえばバートン産がもてはやされた。ＩＰＡの人気はバートンの硫酸カルシウム水に秘密があったので、それと同じ性質の水をつくるこころみが多くの醸造メーカーによってなされた。この標準化はバートナイゼーションとよばれている。

バース・ビールを世界の有名ブランドにおしあげた立役者はマイケル・トーマス・バースである。一八三五年にはジョン・グレットンともパートナーを組み Bass, Ratcliff & Gretton となり、一八八〇年代には年間一〇〇万バレルを生産するようになった。特筆すべきはトレードマークを使ったブランド・イメージの確立である。一八七五年にトレード・マーク登録法ができると、従業員に登記所前で徹夜させ、その第一号に赤い三角形（ペール・エール）を登録させた。ちなみに第二号も赤いダイアモンド（ストロング・エール）である。

一九世紀後半、ビール業界は酒類製造販売禁止論者や禁酒運動の攻撃にさらされ、醸造会社はパブを購入しシェアを確保しようとするようになった。バース・ビールは一八八八年に公開会社となり、パブの購入に乗りだし、成長をつづけた。

二〇世紀前半は戦争の時代がつづき、ビール業界はさまざまな制約をうけ、卸売りよりもパブにますます依存するようになった。合併・吸収もすすみ、Bass, Ratcliff & Gretton はおなじバートンの Worthington と一九二六年に合併した。一九六一年には Bass Worthington はバーミンガムの Mitchells & Butlers と合併し、一九六七年には Bass M & B は Charrington United Breweries と合併し、Bass Charington は全国的なパブのネットワークをきずいた。一九九八年にはバース・ビールのバートン工場はイギリス最大の生産拠点となった。

ところが、独占と合併に歯止めをかけるためのあたらしい法律―The Beer Orders―が制定され、メーカーが所有できるパブの数に制限が加えられ、テナントも他社のビールを保管できるようになった。そのためメーカーも醸造かパブ経営かの選択をせまられたが、バースは両方とも維持することとなった。ちなみに、バースは六五〇〇のパブを所有していたが、二九〇〇に制限された。

二〇〇二年現在、バース・ビールは年間五五〇万バレルを生産していた。ヨーロッパではハイネッケンに次ぐ量である。一時はカールスバーグと合併したが、分離した。二〇〇〇年にベルギーのインターブリューの傘下にはいったが、これはイギリス政府に独占禁止法に触れると判断され、インターブリューとの間に係争がおこった［渡

辺 二〇〇一：一〇〇〕。そして二〇〇二年、アメリカのコロラド州ゴールデンに本社をおくクアーズに醸造部門が買収された。他方、インターブリューはバース・ビールの醸造とそのトレードマークに関する権利を保持した。

バース・ミュージアムは会社が所有する企業博物館であり、経営の赤字は会社が補填している。とはいえ年間約五〇万ポンド（約一億円）の収入がある。年間約一〇万人の入館料収入やミュージアム・ショップ、レストラン、バーの売り上げはもとより、力を入れているのは会議や結婚披露宴の関連収入である。結婚披露の際には「マイクロ・ブリューワリー」とよばれる小規模な特別仕込みをおこなう。ブライダル（bridal）というのもブライド（bride）とエール（ale）の組み合わせからきた言葉であり、結婚披露宴はエールにゆかりの風習である。

バース・ミュージアムの二〇〇三年現在のスタッフは四名で、その内訳は学芸員一名、補助学芸員一、文献担当一名、コレクション担当一名、建設担当一名、教育担当二名である。それに約五〇名のボランティアをくわえて構成されていた。

合併にともない博物館のコレクションも分割されてしまったというが、詳細は不明である。

三　ミュージアムとビジターセンターの相克と葛藤

陶器産業とビール産業のミュージアムとビジターセンターを対比させながら記述してきたが、イギリスではその性格のちがいはかなり決定的である。実際の展示施設は双方の機能を混在させているが、これまでの記述から会社のミュージアムとビジターセンターの関係はとりあえず次のように整理できる。

①ミュージアムが学術的・教育的であるのに対し、ビジターセンターは宣伝や利益に比重をおいている。
②ミュージアム・トラストが会社から距離をおいているのに対し、ビジターセンターは会社により密着している。
③ミュージアムとビジターセンターとビジネスとの調整がグローバル企業自体にとっても博物館関係者にとっても

重大な課題となっている。

第一の点に関し、バース・ミュージアムの学芸員はミュージアムの機能についてコレクションを「収集し、保存し、解釈する」ことであると定義し、解釈するということのなかには、研究、展示、教育が含まれていると指摘した。他方、ビジターセンターはふつう収集や研究には従事せず、また教育プログラムの開発と実践にもかかわらない。むしろ、来館者に商品知識を提供し、購買意欲を満足させることに関心が集中する。商品知識に関しては澤野雅彦による次のような指摘が今後の検討に値する。それによると商品知識は主に会社によって保持され、大学ではかつて商品学が教授されていたが、自動車の場合、商品学はまずアメリカで二〇世紀初期から下火になり、ヨーロッパでは一九六〇年代から一九七〇年代初頭にかけて、日本でもそれからやや遅れて、次第に姿を消していったという。これらの時期に対応し、企業やそれ以外の経営になる自動車博物館がつぎつぎに設立されていった。商品学の衰退と企業博物館の興隆にはなにがしかの関係があるとみる澤野は、自動車博物館に限らず企業博物館は一般に、企業と消費者を結ぶ情報発信基地として、ますます重要になっていくと予想している［澤野　二〇〇三：四二八－四二九］。

第二の点は施設の経営にとって決定的であり、とりわけ財政的支援とかかわっている。ウェッジウッド・ミュージアム・トラストはヘリテージ・ロタリー・ファンドからの資金調達に成功したが、企業博物館としてのバース・ミュージアムは同ファンドに応募する資格がなく、赤字補填は会社の負担となっている。トラストは会社の利害から一定の距離をおくことで公的資金を申請することができる。そのためウェッジウッド・ミュージアム・トラストは「国際的意義」をもつ新しい展示場の建設について「ウェッジウッド製品からなるイギリス指定コレクションを収容するにふさわしい場所」が必要だとして、その意義を強調している［ウェッジウッド・ミュージアム公式HP］。

最後の点は二〇〇三年五月にバース・ミュージアムを会場に開催された独立博物館協会（ＡＩＭ）の第二六回年次大会のテーマである、「マージンとミッション―商売と学芸のバランス」に端的にあらわれている。マージンとは利潤のことであり、経済活動をさしている。ミッションとはここでは学術的・教育的使命のことである。ケース・スタディーとして三つの事例がとりあげられているが、ひとつはバース・ミュージアムで、もうひとつはウェッジウッド・ミュージアムである。ちなみに残りは全英市電博物館である。そこでどのような報告がなされ、いかなる議論がたたかわされたかは二〇〇三年のＡＩＭ報告を入手していないので知るよしもないが、すくなくともミュージアムとビジターセンターの対比がマージンとミッション、あるいは商売と学芸をめぐっておおきな差異をもっていることがうかがえる。

とはいえ、ミュージアムにしろビジターセンターにしろ、ヘリテージを経営戦略の柱とする点では共通する。ケリーはヘリテージのパラメーターとして①創業者とその家系、②地域との関係、③国家との関係、④「伝統」「近代化」「進歩」への志向、の四点をとりあげ、ウェッジウッドとバースを中心に論じている［Kelly 2004 : 181-186］。その要点を展示施設にひきつけてまとめると次のようになる。まず、①創業者とその家系については、国政や慈善事業に積極的に関与した点が指摘される。彼らは事業家であると同時に国会議員をつとめ、慈善事業にも熱心な「ルネッサンス的人間」だった。それを顕彰するのが銅像や肖像画であり、それは会社や町の重要な地点に設置・展示されている。②の地域との関係では、会社と地域環境との共生がうたわれ、ストークでは陶土、バートンでは標準化＝バートナイゼーションの指標ともなった水が展示でも象徴的な地位を占める。バース・ミュージアムの「ヴァーチャル一八八一年」のマルチメディア展示はビール産業の最盛期を謳歌すると同時に、産業を支えた人々をとりあげることによってポストモダンな越境、すなわち住民の表と裏の生活の境を突破しているという。地場産業としての地域性がヘリテージとして展示にも色濃く反映されている例である。③の国家との関係では、国会議員としての関与にくわえ、王室との関係に言及している。ロイヤル・ドルトンの「ロイヤル」の使用をはじめ、エリザベス女王の戴冠五〇周年とバース・ミュージアムの開館二五周年を記念した二〇〇二年七月の女王の訪問など、王室の認可や王室との親密な関係がヘリテージの証明になっている。④「伝統」「近代化」「進歩」への志向については、会社によって方法は異なるが伝統と改革を同時に維持することが追求されているという。たとえば馬による運搬は実際にまだおこなわれているところもあるが、バース・ビールでは式典のみにかぎられる。

このように会社のヘリテージはもっぱら創業者とその一族、地域、国家にかかわっていた。問題は、会社のみならずミュージアムやビジターセンターの関係者がグローバル化にさらされたヘリテージをどう認識し、いかなる行動をとるかにある。グローバル化はストークやバートンの場合、端的にはM&Aとしてたちあらわれた。ウェッジウッドはM&Aをみずから積極的に推進し、バースはM&Aに飲み込まれた。ロナルド・ドーアは日本の「福祉資本主義」に対しイギリスやアメリカのM&Aを評して「証券市場資本主義」と命名しているが［Dore 2000］、イギリスのミュージアムやビジターセンターは「証券市場資本主義」に翻弄されている観がある。

ケリーの調査した極端な事例をひとつ紹介しよう［Kelly 2004 : 186–187］。ロンドンに本社をかまえる大手ビール会社ウィットブレッドの例であるが、二〇〇一年、会社は二五〇年つづいたビール業をインターブリューに売却し、レジャー、ホテル、レストラン経営の会社へと衣替えした。それにともなって一九七〇年代から営々として収集・保存・研究されてきたビール業界ではイギリス最大のアーカイブ（文書資料）は①ごく一部の貴重な資料だけは保存され、②多くのコレクションはオークションにかけられ、③もとの所在先に返却されたり、④処分されたりした。

ウェッジウッドはミュージアムとビジターセンターの並置から分離の方向を選択し、それぞれに独立し、場合によっては補完しあいながら発展する道をさぐった。しかし、それはけっして平坦な道ではなく、ミュージアムは展示場の新設に踏み切れないでいるし、ビジターセンターは熾烈なビジター誘致の競争にさらされている。

バースのほうはクアーズによるM&Aにより、ミュージアムからビジターセンターへの道が戦略的に敷かれた。その結果、展示や活動の内容はほとんど変更なしに、名称だけがビジターセンターに変わった。とはいえ、いくつかの観察できる変化もおこった。ミュージアムのバー兼レストランの壁面を飾っている広告用の古い鏡がバースのものから、創業がいっそう古くビール業界では最大手だったワーシントンのものに交換されたり、ホームページでも一七九〇年代のウイリアム・バースから一七四〇年代のウイリアム・ワーシントンにまで記述がさかのぼったり、クアーズのロゴの入った看板が天井から吊り下げられたり［写真10］、馬車馬までクアーズ・シャー・ホースと改名され［写真11］、そのうち一頭はワーシントンと命名された［Kelly 2004 : 189］。学芸員も交代した。地元のヘリテージに愛着をいだきミュージアムのトラスト化を模索した学芸員はおそらく失意のうちにバースを去ったにちがいない。

写真10　天井から吊り下がるクアーズの看板と壁に飾られたバースの看板

写真11　クアーズのロゴとThe Coors Shire Horse Teamの文字が入った運搬車

M&Aにともない一方では地元のヘリテージはバース・ブランドからワーシントン・ブランドへ、また創業者もウイリアム・バースからウイリアム・ワーシントンへと時間をさかのぼるようになった。地域のヘリテージへの時間的遡及がすすんだともいえる。他方ではバートンの水からロッキー山脈の水へと空間を拡大したブランド戦略がくりひろげられるようになった［Kelly ibid.］。脱地域という意味での脱領土化はこのようにグローバル企業によって推進されるのである。

産業革命はイギリスでもとりわけミッドランドの発明家や企業家によって先導された。「ヘリテージ」の名のもとに、トレント川流域のミュージアムは産業革命以来の工業化の栄光をしめす資料を収集・保存・解釈してきた。「ヘリテージ」意識の肥大化はグローバル化の一側面でもある。しかし他方では、グローバル化は多国籍企業に主導され加速している。グローバル化は「ヘリテージ」がもはや鍵概念ではないところの、たとえば「ブランド」に集約された新しいタイプの展示施設や展示コンセプトを要求している。ミュージアムとビジターセンターは、方向は異なるが、ひとしくグローバル化の波をどう乗り切るかという課題に直面しているのである。

〈付記〉

本稿は拙稿「トレント川のグローバル化――『陶工』と『樽職人』」（拙編『経営文化の日英比較――宗教と博物館を中心に』平成一三年度―平成一五年度科学研究費補助金研究成果報告書、国立民族学博物館、二〇〇四年）に大幅な加筆修正をほどこして作成した。

参考文献

アルジュン・アパデュライ（門田健一訳）『さまよえる近代―グローバル化の文化研究』平凡社、二〇〇四年。

Dore, Ronald *Stock Market Capitalism; Welfare Capitalism: Japan and Germany versus the Anglo-Saxons*. Oxford: Oxford University Press, 2000.

Kelly, William "Issues in the Management of Corporate Heritage in the Brewing and Pottery Industries" 中牧弘允編『経営文化の日英比較—宗教と博物館を中心に』平成一三年度—平成一五年度科学研究費補助金研究成果報告書、国立民族学博物館、二〇〇四年。

中牧弘允「会社の神殿としての企業博物館—序論をかねて」中牧弘允・日置弘一郎編『企業博物館の経営人類学』東方出版、二〇〇三年。

澤野雅彦「ヨーロッパの自動車博物館」中牧弘允・日置弘一郎編『企業博物館の経営人類学』東方出版、二〇〇三年。

澤野雅彦「イギリスの自動車博物館とトラスト」中牧弘允編『経営文化の日英比較—宗教と博物館を中心に』平成一三年度—平成一五年度科学研究費補助金研究成果報告書、国立民族学博物館、二〇〇四年。

塩路有子『英国カントリーサイドの民族誌—イングリッシュネスの創造と文化遺産』明石書店、二〇〇三年。

塩路有子「博物館との類似化—英国における陶器の親族形象に関する経営文化」中牧弘允編『経営文化の日英比較—宗教と博物館を中心に』平成一三年度—平成一五年度科学研究費補助金研究成果報告書、国立民族学博物館、二〇〇四年。

住原則也「スコッチウイスキーのビジターセンターによる文化マーケティング—グローバルアピールの根拠としての地域性」中牧弘允編『経営文化の日英比較—宗教と博物館を中心に』平成一三年度—平成一五年度科学研究費補助金研究成果報告書、国立民族学博物館、二〇〇四年。

The Bass Museum *The Bass Museum*. Burton-upon-Trent : Jarrold Publishing.

The Wedgwood Visitor Centre *The Wedgwood Story : Visitor Centre Souvenir Guide*. Stoke-on Trent : The Wedgwood Visitor Centre.

渡辺純『ビール大全』文芸春秋、二〇〇一年。

第六章　回転ずしのグローカリゼーション
――グローバル化するシステム、ローカル化するメニュー

出口竜也

はじめに

近年、世界的に日本食への注目が高まっている。なかでも「すし」の海外進出はめざましく、いまや世界の主要都市において、すしを専門に扱うレストランが存在し、デパートやスーパーマーケットの食品売り場に立ち寄れば、いわゆる江戸前にぎりのすしが売られている状況である〔玉村　二〇〇〇、小林　二〇〇一、飛岡　二〇〇一、松本　二〇〇二、森枝　二〇〇二、加藤　二〇〇二〕。

一方、日本はというと、街を歩けば実にさまざまな国々の料理を専門に扱うレストランが軒を連ねており、一地方都市であってもその日の気分に応じて世界各国の料理を手頃な料金で食べることができるようになっている。

そんな日本においてもすしの圧倒的な存在感に揺るぎはない。たとえば、博報堂生活総合研究所が一九九二年以降二年おきに行っている「生活定点」調査を見ると、東京圏・阪神圏ともに、好きな食べ物の第一位は全七回の調査において、いずれも「寿司」であり、二位の「焼肉」あるいは「刺身」をほぼダブルスコアで退けるほどの大人気を博している（http：//www.athill.com/LAB/TEITEN/RANKING/ food_th.htm を参照）。

もともと、すしといえば「ハレの日」を祝うごちそうとして食される高価な食べ物であり、一般庶民が日常的に

口にできるものではなかった[1]。また、すしは生魚を主に扱うため、仕入れが安定しないことから、定価の設定が困難であり、高級店であればあるほど「時価」による提供が暗黙の了解となる傾向があった。さらに、後に詳述するが、街のすし屋には店側が常に優位に立って客をあしらうという独特のコード(様式)が形成される場合が多く、そのことが「知らないすし屋に行くと、ぼったくられる」とか、「すしの粋な食べ方を知らないと職人にバカにされる」、はたまた「すし屋では職人の機嫌を客がとらなければならない」などの風説として一般に流布し、すし屋に対する敷居を必要以上に高めてきた。かつてのすしは決して身近な食べ物ではなかったのである[加藤 二〇〇二、渡辺 二〇〇二]。

しかし、こうした旧態依然とした業界構造を打破した新勢力が一九七〇年代以降急速に台頭した「持ち帰りずし」や「回転ずし」である。これらの業態は、すし業界の「産業化」、あるいは「システム化」を推進し、数々の「技術革新」を導入することで新たなビジネスモデルの提示を行うとともに、「定価の設定による明朗会計」を定着させた。と同時に、効率化された物流システムや、自動化あるいはマニュアル化された作業工程を構築することで劇的なコスト低減を実現し、高級品だったすしを「大衆化」し、すし屋の敷居を低くすることに大いに貢献した。特に、回転ずしは「立ちのすし屋」(一般のすし屋のこと。以下、立ちずしと表記)にはないエンターテイメント性と効率性を駆使することで、今日に至るまで目覚ましい進化を遂げている[玉村 二〇〇〇、小林 二〇〇一、松本 二〇〇二、森枝 二〇〇二、加藤 二〇〇二、渡辺 二〇〇二]。

また、すし業界における「システム化」の波は、システム機器メーカー(日本クレセント、北日本カコー、ともえ、鈴茂器工、不二精機など)の組織能力を、すし業界に対してさまざまなパターンでの業態展開を提案できるレベルにまで押し上げている。店側が出すアイデアにシステム機器メーカーが応えたり、システム機器メーカーが店側に店舗レイアウトやシステムの構築に際して提案したりするなど、相互に知識や知恵を出し合うことで能力を高め合う関係を見てとることもできるようになってきているのである。

さらには、こうしたシステムの海外への移転の動きも見逃せない。世界的な日本食ブームの中で最も「システム化」による恩恵にあずかったといってもよいのがすしである。すしの作り手であるすし職人は、本来であれば徒弟制度のもと、数年間の修行を重ねることで養成される（たとえば小澤　一九九九）。しかし、「すし握り機」、「巻き物機」、「自動酢合わせ機」（以下、「すしロボット」と総称）などの実用化は職人仕事の機械化をうながし、職人を雇うことなくすし屋を開業することを可能としている。

このことは、海外ですしビジネスを行う際の障壁を大いに引き下げるとともに、多様な事業展開のパターンをこの業界にもたらすものとなっている。極端な例をあげると、来日経験のない現地人経営者が、来日経験のない現地人を雇って見よう見まねですし屋を経営することも可能となったのである。

この小論では、主に戦後のすし業界の発展について、回転ずしを中心に概観することで、「システム化」、「大衆化」、そして何よりも「グローカル化（グローバル化とローカル化の同時進行）」が進展していることを明らかにしていく。回転ずしに注目する理由は、日本国内におけるすし業界の「システム化」、「大衆化」を牽引する急先鋒であり、良くも悪しくも業界構造転換の主導的な役割を果たしていると同時に、世界に向けてすしを身近な食べ物として認識させる広告塔的な役割を果たしていると考えられるからである。したがって、ここでは立ちずしとの比較で回転ずしを検討するとともに、海外においてすしのシステムがどのように移転されているのかについても議論を進めていく。それらは、この小論のサブタイトルとなっている「グローバル（同質）化するシステム、ローカル（現地）化するメニュー」として示されることとなるであろう［呉・合田　二〇〇一］。

一　多様なすし、変化を遂げるすし、大衆化する、そして海外進出するすし

ここまで、あえて意図的にひらがなで「すし」と表記してきたが、すしには「鮓」、「鮨」、「酢」、「寿司」、「寿

志」、「寿斗」など実にさまざまな字が当てられ、現在に至っている。そして、これらの当て字には、それぞれ微妙に意味合いの違いが込められている。たとえば、「鮓」や「鮨」は、ともに「魚の塩から」を意味する中国で古くから使われている文字であり、特に「鮓」は塩と米を使って魚をつけ込み、熟成発酵させていた食品だったことが後漢末期に記された『釈名』という文献に明記されていることから、保存食としての起源を持っていることをうかがい知ることができる［吉野　一九九〇：一三－一五］。

これに対して、「寿司」、「寿志」、「寿斗」はいずれもいわゆる江戸前のにぎりずしをさしており、すし屋が縁起をかついで当てた文字として使用され、このうち「寿司」表記が今日まで生き残ったといわれている。

また、一口にすしと言っても、油揚げに酢飯を詰めた「稲荷ずし」、かんぴょう・キュウリ・納豆などを中心に入れ、酢飯を海苔で巻いた「海苔巻き」、ご飯の上に酢で締めたサバや昆布をのせて木型で整形する「押しずし」、背開きしたサバやボウゼなどを酢で締めてのせた「姿ずし」、さらには琵琶湖の「ふなずし」や、金沢の「かぶらずし」、「大根ずし」のような「熟れずし」など、江戸前のにぎりずしとは異なる多様な姿をしたすしをあげることができる［大場ほか　二〇〇三］。

すしの歴史についてはすでに優れた先行研究がいくつか存在する［たとえば、吉野　一九九〇、篠田　一九九三］ので、詳細はそれらに委ね、この小論ではこれら多様なすしの作られ方を時系列的に概観することで、以下に示すような傾向があることを指摘することで議論を進めていきたい。

第一の傾向は、形態の変化と多様化である。すしは時代の変遷とともに熟れずしから早ずしへと主流が移りつつも、古い形態のすしも残ることで確実に多様化を遂げている。また、早ずしの形態自体も、使用するネタそのものの地域性や仕込み（調理・加工）方の多様化に呼応して地方色を豊かなものにしており、北と南、太平洋側と日本海側ではすしネタの好みも食べ方も随分と異なったものになっている。

第二の傾向は、いわゆるファースト・フード化である。発酵食品である熟れずしは完成までに数年の期間を要する典型的なスロー・フードであり、熟成が進めば進むほど（つまり、時間をかければかけるほど）味も良くなり、価値も上昇する。これに対して、早ずしとも呼ばれる江戸前にぎりは鮮度が勝負である。職人仕事によるにぎりたての最高の状態で食するのが江戸前にぎりの立ちずし本来の醍醐味である。また、焼きや漬け（醤油漬け）の加減も職人技の粋を集めたものである。いずれも手際の善し悪しが味を大きく左右するため、すぐに食べることがおいしさを味わう秘訣であると同時に粋とされている［小澤　一九九九］。

第三の傾向は、先ほども述べたが、システム化、オートメーション化の進展である。この点は他の飲食業にも該当するが、技術革新の進展は多くの点でこれまで不可能だったことを可能にし、すしの普及と市場の地理的拡大を促進している。すし（特に江戸前にぎり）の多くは生魚を素材としているため鮮度管理がきわめて重要である。したがって、かつては海から離れた内陸の地でうまいにぎりのすしを味わうことはきわめて困難であり、また高価でもあった。

しかし、近年は交通網の発達と効率的で迅速な物流システムの確立により、沿海地域と内陸地域での魚の鮮度の差は急速に縮小しているといってよい。また、冷凍、冷蔵、解凍技術の発達は、遠洋からの魚介類の調達を可能にし、特に瞬間冷凍技術の確立は、身を痛めることなく魚を長期間にわたって保存する技術として画期的なものとなっている。加熱・保温技術の発達は、失敗しない炊飯とシャリ（すしに使う酢飯）の人肌での長時間にわたる温度管理を可能にした。レトルトパックや真空パック、フリーズドライなどの保存技術は調理済み食品や加工済み食材の時間的・空間的移動を可能にし、浄水処理技術の発達も、すしの調理過程を念頭に置くと、重要な衛生管理技術としての役割を果たしている。

さらに、重要な点として指摘しておきたいのが、オートメーション技術の発達と店舗における導入である。これについては、二つの方向性を見てとることができる。その第一は、職人仕事を機械（ロボット）に移転することによるオートメーション化の方向である。既に指摘した一連のすしロボットの開発と改良は、すし職人の微妙な仕事加減を数値化し、機械操作で素人でも正確かつ迅速に大量のすしを製造することを年々高いレベルで可能にしている。第二の方向性は、オペレーションのオートメーション化の方向性である。「シャリ玉整列機」、「コンベアー・システム」、「自動皿洗浄機」、「センサー式自動計算機」などは回転ずしの、「自動ラッピング機」などは宅配や持ち帰りずしのマニュアル化を可能にし、徹底した省力化、簡素化、効率化を、そして何よりも職人不要のオペレーション・システムの確立は、ローコストによるチェーン展開を可能なものとした。

こうした傾向が、第五の傾向である、国内外における未開拓市場の開拓をうながすものとなっている。すしのローコスト化は国内における大衆化を決定的なものとした。すしは依然として「ハレの日」の食の威厳を保っているものの、もはや「日常食」といっても何ら差し支えはない。特に回転ずしの台頭は、すし屋の敷居を一気に低くし、あらゆる客層において外食の選択肢として重要な位置を占めるようになってきている。

また、近年の海外におけるすし人気もこうした技術に支えられているといってよい。繰り返しになるが、すしの命は鮮度である。浄水処理技術や鮮度管理技術なしに、熱帯地域や海から離れた地域ですし屋を営業するのは不可能であろう。すしロボットの導入は、職人仕事の代替に不可欠である。また、回転ずしに見られるような店舗形態は、外から店内がよく見えるように設計されており、海外においてすし屋のありようの一形態を見せるという意味で広告塔としての役割を果たしているといってよい。すしはさまざまな技術に支えられることで海外において名目を保っているのである。

ただ、ここで注意が必要なのは、すしという食文化が世界各地においてさまざまな受容のされ方をしているという点である。それは、かつて中国から熟れずしとして「鮓」や「鮨」が伝えられ、早ずしとしての江戸前「すし」に変化を遂げたことと同じ構造で理解することができよう。その地域特有の食材、味付け、嗜好にあわせたローカル・メニューを個店が考案することで独自性を打ち出し、受け入れられたメニューが生き残り、さらに評判を聞きつけた他店が模倣することで、その地域における「SUSHI」のイメージが普及し、定着しているのである。また、店舗のしつらえや営業のスタイルについても、さまざまなかたちの解釈が加えられ、その地域や個店独自のルールやスタイルもあいまって、スタンダードが確立されていると考えることができよう。すしは進出先でさまざまな解釈がなされ、それぞれの地域で受け入れられるべく、姿形や食材、さらには食べ方を変化させながらも確実に浸透しているのである。

二　回転ずしの誕生と全国展開

ここで、回転ずしの誕生について少し触れておくことにしよう。日本最初の回転ずしは一九五八（昭和三三）年に故・白石義明氏（以下敬称略）によって当時の大阪府布施市（現東大阪市）で誕生する。屋号は「元禄寿司」(http://www.mawaru-genrokuzusi.co.jp：以下ホームページの記述を参照)。数度にわたって場所と業態を転換した末の開業であった。

一九一三（大正二）年愛媛県に生まれた白石は、戦前大陸にわたり、大連で天ぷら屋を開業する。ある日、店を訪れた故・松岡洋右・元外務大臣とのやりとりの中で、「何か変わったものを出してくれ」という話になった際に、「氷の天ぷら」を出すなど、白石は腕のいい料理人であるとともにアイデアマンでもあった。ちなみに、「氷の天ぷら」は戦後に特許を取得している。

一九四七（昭和二二）年、大阪・布施に出てきた白石は大衆向け小料理店「元禄」を開業する。この地は中小企業が集積しており、お客のほとんどが「安くて満腹になれる」料理の提供を望む、地元の工場の労働者であった。

こうした境遇のお客をより喜ばせるメニューを考え、その後小料理店は立ち食いのすし屋へと業態転換される。店は、当時まだまだ贅沢品だったすしを通常よりも約三割も安い一皿二〇円均一で提供したことで大繁盛する。しかし、繁盛しすぎることによって次第にお客の注文をさばききれなくなったことから苦情が殺到、すし職人の確保も次第にままならなくなり、白石は省力化のための打開策を日々模索することになる。

一九五三（昭和二八）年のそんなある日、思わぬきっかけが白石に大きなヒントを与えた。それは、料飲組合主催の工場見学でアサヒビール吹田工場を訪問した際に目にしたベルトコンベアーの動きであった。「あれにおすしを乗せたらどうなるだろう。高いすし職人の人件費を少しでも抑えられるかも知れないし、おすしの値段も下げられるかも知れない……」。

意を決した白石は、さっそく顔なじみの町工場の社長に店舗用ベルトコンベアーの開発を持ちかける。しかし、ただでさえ狭い店舗にコンベアーを入れて動かすのは非常に困難である上に、アイデアがあまりにも奇想天外だったため、当初は相手にされなかった。が、白石の熱心な依頼はやがて町工場の社長に開発を約束させることとなる。

開発において特に困難を極めたのがコーナー部分の設計とコンベアーの材質である。急カーブで皿を落とさずにうまく回す仕組みはどうすればよいか。また、生ものを扱うため頻繁に水を流すすし屋のような商売において腐ったりさびたりしない材質は何なのか。その答えは、トランプを扇型に開いたかたちをヒントに考案された「三日月型鉄板」をコンベアーに組み込むことで急カーブに対応させることと、ステンレスを材質にすることであった[2]。

数々の創意工夫は、四年後の一九五七（昭和三二）年に「コンベアー旋回食事台」として結実する。その翌年にメニューをすしのみに絞った新生「元禄寿司一号点」が近鉄布施駅北側に開業、当時の人たち（特に小中学生）は、店先ののれんからのぞくコンベアーの姿にびっくり仰天することとなる。約二五種類ほどのネタを一皿五〇円で三〜四カン（すしを数える際の単位）乗せて回る姿は、安くて早い外食先を提供するのに十分であった。お客は席に着くなり直ちに皿を手に取り食べ始めることができた。また、店側も注文の手間を省くことができ、その分値段を下げることも可能になった。お客の滞在時間の短縮化は回転数の向上と直結し、きわめて効率的であった。「廻る元禄寿司」は瞬く間に地元マスコミの注目を浴び、二年後には道頓堀に二号店が開店、一九六二（昭和三七）年一二月には「コンベアー旋回食事台」は実用新案として登録される。

そんな中、回転ずしに大きなビジネスチャンスを見出した人物が東北の地・仙台にもいた。故・江川金鐘氏（元平禄（株）会長：以下敬称略）である。江川も白石と同様のアイデアを同じ頃に思いついたが、すでに白石が実用新案を保持していたため、協議の結果、西日本を白石が、東日本を江川が商圏とすることで合意、一九六七（昭和四二）年に東日本で初めての回転ずし「廻る元禄寿司」のフランチャイズ店が江川によって仙台市内に開業される。(3) さらに、東京におけるフランチャイズ募集の告知に手をあげたのが現在の「元気寿司」（当時は元禄寿司北関東本部）である［渡辺 二〇〇二：八六］。

一方の白石は、一九七〇（昭和四五）年に大阪で開催された万国博覧会における西口広場への出展を行うことで、さらなる普及を狙う。この戦略は見事に功を奏し、全国からの引き合いが殺到、以後のフランチャイズ全国展開に拍車がかかるだけでなく、海外からの入場者にも大変な評判を呼んだとのことである。ちなみに、大阪万博はケンタッキーフライドチキン、マクドナルド、ミスタードーナツ、ロイヤルホストなど今をときめく外食産業の大手チェーンも同時に実験的な出展を行っており、その後の外食産業の趨勢を示す文字通りの博覧会となった。

三　回転ずし業界の現況

財団法人外食産業総合調査研究センターの調査によると、二〇〇三（平成一五）年度における日本の外食産業の市場規模は年間約二五兆二六九億円にのぼり（料理品小売業の五兆八七二九億円を含めると三〇兆二八四六億円）、そのうち一兆三三一四億円（五・三パーセント）をすし店が占めている（http://www.gaishokusoken.jp/H 15 marketsaizu/H 15 kaisetu.pdf を参照）。また、すしロボットメーカーの大手である鈴茂器工のホームページ（http://www.suzumo.co.jp）によると、回転ずしの市場規模はすし店の三割を占め、その比率は年々増加の傾向にあるとのことである。こうしたことから、回転ずしは年間約四〇〇〇～五〇〇〇億円程度の市場規模を持ちつつも、依然安定した成長を遂げていると予測することができる。

日本の外食産業は、一九七〇年代以降、モータリゼーションの進展にともなって、大きな変化を遂げてきている。すし店も例外ではなく、こうした動きに呼応する中で、回転ずしの存在感が年々増すとともに、業界のありようを以下に示すようなかたちで大きく変化させている。

第一は、業界全体での競争の激化である。具体的には、立ちずしの市場を回転ずしが奪いながらも、回転ずし同士が市場の獲得のため激しく競争している様子を見てとることができる。チェーン化、フランチャイズ化のノウハウをフルに活用することで大都市圏を中心に全国展開をはかろうとする企業（元気寿司、かっぱ寿司）、地域を絞り込み競争する企業（元禄寿司、平禄寿司、マリンポリス、あきんどスシロー、無添くら寿司、うまい鮨勘）、お客のニーズを徹底的に研究し、それを満たすことで地域において最も愛される店づくりをはかる企業（富山・祭りばやし、富山・いき魚亭、石川・きときと寿司、東京・北沢倶楽部など）、立ちずしからの業態転換をはかるノン・フランチャイズの個人経営者（多数）、さらには新規参入によってビジネスチャンスの創出を狙うファミリーレストラン（サンマルクによる函館市場、すかいらーくによる魚屋路）など、回転ずし業界はまさに群雄割拠の状態である［渡辺 二〇〇二：六八－八〇］。

第二は、店舗の大型化・郊外化の進展である。先に述べたように、「元禄寿司」の一号店は近鉄布施駅北側、二号店は道頓堀と中心市街地での出店による営業がなされていたが、オートメーション化とモータリゼーションの進展により、駐車場を備えた大型店を郊外に立地させる動きがますます活発になっている。ちなみに、郊外型店舗の先鞭は一九七五（昭和四五）年に一号店を出店した元気寿司（当時は元禄寿司北関東本部）といわれている［渡辺 二〇〇二：八六］。

第三は、業態の二極化と、それにともなう市場細分化である。回転ずしは当初「早くて安い」ことを前面にアピールすることで台頭してきた。しかし、近年、「スーパー回転ずし」と呼ばれる従来の路線とは異なった高付加価値型の業態も見られるようになってきている。日本クレセントのホームページ（http：//www.j-crescent.co.jp）およびパンフレットによると、高級感のある内装で店舗を演出し、皿の色を変え数種類の価格を設定することで、立ちずし並の高級ネタを手ごろな価格で提供したり、職人による生け簀活魚の包丁さばきや、マグロの解体ショーを見せることでショーアップをはかるなど、従来の回転ずしにはなかった新たな運営方法が店舗の大型化にともなって導入されている。こうした動向は、ジャンボレーンの導入による大皿化（直径一九・五センチ、従来の皿は一五センチ）、レーンの複数化、刺身、酒肴、茶碗蒸し、フライ、サラダ、汁物、麺類、デザートなどさまざまなサイドメニューの提供、レーンにヒーターを付けることによる温メニューの混合提供、魚ケース・ネタケースの配置によるネタの陳列、居酒屋感覚での利用が可能なお座敷併設型店舗の登場など、サービスやメニューの多様化も同時にもたらすものともなっている。

また、オートメーション技術についても、さまざまな路線が個別の店舗の経営方針によって主体的に選択され、採用されている。一般的な傾向としては、低価格を追求する店舗は徹底した省力化のためにロボットを導入し、調理はバックヤードにおいてなされる場合が多いようである。特にチェーン店の場合、セントラルキッチンを活用してシャリやネタの仕込みを行うことで効率化が可能になる。そして、配送されたシャリをバックヤードにてロボットに握らせ、従業員がネタを乗せてレーンでお客に提供することで、コストの高いすし職人を置くことなくすし屋の経営が成立する。逆に、高級店を志向する場合は、あえてすし職人をレーン内に配置し、お客の注文に合わせてネタをさばき、シャリをにぎり、レーンに乗せて提供する傾向がある。すしの調理は専門の職人に、それ以外のオペレーションはシステムに頼ることによって付加価値を高めつつ、効率化を追求するという路線である。また、低価格の皿はロボットに、高価格の皿は職人に握らせるなど混合形態をとることでメリハリをつける店舗も確認できる。このように、競争が激化する中で、ターゲットする顧客層や提供するサービスの内容とレベルを絞った特徴ある店舗経営が年々顕著になってきている。

そして、第四はハイテクシステムの導入による一層の効率化である。どのような業態をとるにしろ、日本における回転ずしの基本的なビジネスモデルは「薄利多売」である。一人でも多くのお客を効率的にさばき、回転率を上げないと、業績を伸ばすことはできない。また、生ものを扱うため、鮮度管理には細心の注意が必要である。さらには、世界一厳しい目を持つといわれる日本人を楽しませる仕掛けも他店との差別化を行う上で重要となる。日本の回転ずしは、こうした課題をシステムメーカーとのコラボレーションにより解決しようとしている点を指摘することができる。

たとえば、回転ずしの精算は皿の数で行われ、原則としてお客の自己申告によって店側が計算を行う。初期の頃は価格帯も均一かせいぜい数種類だったため、煩雑な計算は不要であり、手計算でも十分に事足りていた。しかし、店舗の大型化や価格帯の多様化、さらにはマニュアル化によるパート・アルバイト社員の大量導入によって、手計算による精算作業が次第に非効率化するようになる。計算作業に時間がかかり、お客を待たせイライラさせるだけでなく、数え間違いや計算間違いなどのトラブルが常態化し、店舗運営に混乱を来すようになったのである。こうした状況を解決するために、システムメーカーによって開発されたのが皿勘定システムである。ここでは、日本クレセントのシステムを紹介しよう。皿に仕込まれたタグをハンディーターミナルに読み取らせることによって一気に計算、データは明細付きで精算カードに書き込まれる。精算カードを専用レジの所定の位置に置きボタン一つで読みとりが完了する。打ち込みの手間は不要なため間違いは発生せず、同時にＰＯＳ（Point of Sales：販売時点管理の手法）データとしての管理も行われる。

鮮度管理においてもシステムメーカーの工夫に余念はない。たとえば、北日本カコーのパンフレットを見ると、チェーンレスコンベアーやクリアルーフ付きコンベアーの提案がなされている。チェーンレスコンベアーとは、レーン上面に継ぎ目や隙間の全くない形態のもので、レーンの下の仕込まれた磁石を移動させることで同じく磁石が付いた皿を滑らせて運ぶ仕組みである。搬送面とカウンターテーブルの段差を少なくすることで圧迫感を和らげるだけでなく、従来のコンベアーには無かった波形形状も採用できるなどデザイン面で差別化をはかれるだけでなく、静かであり、掃除がしやすく、衛生面においても優れている。クリアルーフとは、レーンに円筒形の透明カバーが取り付けられており、さらにお客の側には上下開閉式のドアを、厨房側には左右に開く引き戸式のドアを付け、必要な時のみ開け閉めできるようにすることで、レーン内の機密性を高め、衛生管理をはかる仕組みである。

また、廻っている皿そのものの時間管理によって衛生管理を行うシステムも開発されている。これは「時間制限管理システム」と呼ばれ、大阪を本拠地とする「無添・くら寿司」(http://www.kura-corpo.co.jp)によって初めて導入されたものである。一枚一枚の皿にQRコードを、レーンにセンサーを付け、レーンに皿を流した時点から経過時間をセンサーでチェック、「五五分」以上レーンの上を回り続けた皿を自動的に排除する仕組みである。

ハイテクを駆使したエンターテイメントという点においても、くら寿司は数々の先駆的試みを展開している。まず、くら寿司はセガとの共同開発によってタッチパネル式の注文システム「タッチでポン」をこの業界で最初に導入している。設置されている液晶画面にタッチ、もしくは音声で呼びかけることによって、必要に応じて好みのネタを欲しい数だけ注文でき、注文が通った時点で調理を開始、大体の待ち時間がカウンターで表示され、できあがった時点でテーブル番号の札とともに、レーンに注文の品が流れ、皿が近づいた時点でタッチパネルからブザーが鳴り画面に注文の品の到着が表示されるというシステムである。売れ行きがよく、なかなかレーンを流れてこないネタや、わさび抜きなどの特別な注文に重宝するだけでなく、自分たちが注文して調理された品が流れてくるという意味で気持ちよく食べることができるとの評判をとっている。

くら寿司の工夫は、これだけでは終わらない。食べ終わった皿を積み上げたままにしておくのは邪魔なだけでなく、見た目もあまり美しいものではない。そこで、カウンターの付いた皿ポケットに入れることで自動的に回収するとともに、数をカウントする「皿カウンター」システムも考案、特許を取得している。また、皿を五枚カウンターに入れると先ほどのタッチパネルがスロットマシーンに変身し、同じ図柄が三つ揃うとオリジナルの景品が入ったカプセルが出てくる、「びっくらポン」という仕掛けも用意、こどもを中心に人気を博している。景品ほしさに余分な皿を取り、ルーレットを回すなど売り上げの増加にもしっかりと貢献するシステムとして機能しているようである［渡辺 二〇〇二：一五五–一五七］。

さらに、すしロボットの技術的進化も見逃せない動きである。現在、主なすしロボットメーカーは日本全国に八社存在するが、うち「鈴茂器工」と「ともえ」は約九〇パーセントのシェアを分け合う有力企業である。両社は、職人仕事に少しでも近づけることをめざしたロボット開発に余念がない。

江戸前にぎりの理想のシャリ玉はつまんだ際に崩れず、口に入れた際にハラリとほぐれる固さにある。これは、ともえのホームページ（http：//sushi-master.com/index.htm）に掲載されている言葉を借りれば、「ご飯粒が独立したままで、シャリ玉全体はまとまっている」状態を意味し、長年の修行による職人技があればこそこなせる仕事である。また、人間が行う手仕事である以上、仕事量にも限界がある。一カンずつにぎることを考えると、手の早い職人でも一分間でにぎれるシャリ玉はせいぜい一〇カン、したがって一時間休まずに作業しても六〇〇カンできれば上出来であろう。概して腕がいいほど気むずかしい場合が多いすし職人の気質と、高い人件費を考えると、彼らに頼ったオペレーションではとても低コストの追求は不可能である。

これに対して、すしロボットは故障することはあっても文句を言うことは決してない。人間のように疲れてペースが落ちることがないどころか、技術革新によってにぎるスピードは年々向上しており、小型化も同時に実現している。現在、最新型のすしロボットは小型で毎時一二〇〇～二〇〇〇カン、普通のもので毎時二〇〇〇～三〇〇〇カンと、割り引いても一台で二人～五人分の職人のにぎり作業をこなすようになっている。巻きずしロボットにいたっては、毎時四〇〇～六〇〇本を巻き上げるところまでスピードが上がっており、シャリ玉づくり以上に効率的な仕事ぶりを実現させている。

さらに、単に早いだけではなく職人仕事のロボットへの移転も急速に進歩している。まず、現時点で巻きずしについてはプロの職人仕事とほとんど遜色のないレベルになっている。再現が困難といわれていたシャリ玉づくりについても、近年のすしロボットはへたな職人のにぎりをしのぐところまで到達している。ふたたび、ともえのホームページ（http：//sushi-master.com/jpn/index 6.html）を参考に、それらの動きを以下描写してみよう。

まず、ご飯粒の間に適度な空気を含ませるためにローラーでほぐしながら重力でご飯粒を下に落としていく。落ちてきたご飯粒を大きさや形状が微妙に異なる複数のローラーで「しめる」「ゆるめる」の作業を繰り返しつつ、徐々に「緩やかな塊」に仕上げ、刃先のソフトなカッターでご飯粒を切ったりつぶしたりすることなくより分け成形台に落とし、直ちに上から圧力をかけ締めることで形を整えると同時に底のえくぼをつくることでシャリ玉の中に空気を含ませるという作業である。

しかし、いくら職人仕事を再現させることができたとしても、いかにも「機械」をイメージさせる装置からシャリ玉が生み出されるさまを見せつけられるのは、お客にとっては興ざめである。こうした課題に対応すべく、鈴茂器工が開発したのが「お櫃型すしロボット」である。お櫃型の容器にスクリュー搬送によるシャリ供給機構を内蔵し、下から上の方向に向けて「浮かし握り」でシャリ玉を1カンずつ成形する方法を採用、お櫃に手を伸ばした瞬間に職人仕事のシャリ玉を手にすることが可能になるというスグレものである。これにより、お客の目の前でさも職人がにぎっているような演出を行うことも可能となり、営業形態にさらなるバリエーションを加えることに大いに貢献するものとなっている。

このように、日本の回転ずしは、価格、品質、サービス、立地、内外装の工夫、各種システムの導入を戦略的に検討し、いかに顧客にとって魅力ある特徴を持った店舗経営を行えるかが激しい競争環境の中で生き残るための重要な鍵となってきている。その結果、経営努力の乏しい立ちずしや中途半端な形態の回転ずしは徐々に淘汰される傾向が見られるようになっている。そして、そのことがシステムメーカーとのコラボレーションをより強固なものとし、システムメーカーに回転ずしの営業ノウハウがますます蓄積される状況が形成されているのである。

四　回転ずしの海外展開

ここまで、日本国内におけるすし店経営の現状について、回転ずしを中心にすえて検討してきた。では、海外においてすしはどのようなかたちで普及し、受容されているのであろうか。

かつて、海外における「すし」は、食材の入手や衛生管理の問題から、沿海部などきわめて限定的な地域で限定されたお客（主に在留の日本人や日系人）を相手にして細々と消費されてきた。生魚を食べる習慣のない地域の人たちにとって、衛生管理技術が貧弱だった頃の「すし」はまさに寄食であり、目にした人たちにとっては自身の食生活とはおよそ無縁のエスニック・フードとして理解されていたことが容易に推測される。

しかし、輸送技術の発達による交通網の整備は、すしを取り巻く状況を次第に良好なものにした。醤油やみそ、わさびはもちろんのこと、冷凍・冷蔵技術の進歩などもあいまって、鮮度管理が行き届いた生魚が手に入りやすくなり、カリフォルニアを中心にすしに適した品種の米も栽培されるようになることで、日本で味わえるすしとほとんど遜色のないすしを提供する条件が整うようになっていった。

また、交通網の発達は、同時に日本を訪れる外国人を次第に増加させ、「スシ、テンプラ、サシミ」への挑戦の機会を与えることとなる。自国ではとても食べる気はしないが、せっかくだから「スシ」なるものを食べてみよう。生魚は初めての経験で少し怖い気もするが、本場で食べる分には大丈夫に違いない。こうして、意を決して口にしたすしは思いのほかおいしく、それ以来すし好きになった外国人が帰国後、自国ですし屋を探し食べに行く。こういったパターンですしに馴染んだ外国人もおそらく存在するであろう。

さらに、先進諸国における食の高脂質化、高カロリー化と、それにともなう成人病患者の増加は、全般的に低カロリーである日本食への関心を高めることになる。メディアを通じた日本文化の紹介や、増加の一途をたどる人の往来を通じて日本食が広く知られるようになると同時に、日本企業の海外事業展開の進展が在留日本人の数を飛躍的に増加させ、彼らをターゲットにした日本食レストランが世界各地に開店し、地元に定着していくようになる。定着することで、日本人以外のお客も店を訪れ、日本食と親しむようになる。それを横目に、日本に旅行した際に、日本食レストランを利用し、ビジネスチャンスを見出した者が自国に帰り日本食レストランを開業するというパターンもあれば、さらにその成功にならい、来日経験のない現地の経営者が見よう見まねで業態を模倣し、日本食らしき食事を提供するレストランを開業するというケースも珍しくない。

このようなパターンをとることで、多様なタイプの多様な日本食レストランが日本人の多く住む地域を中心に世界各地で生まれている。すし屋についても同様である。以下、回転ずしを中心にすえて、その現況を検討していくことにしよう。

まず、第一に指摘できるのが、国内資本の回転ずしチェーンによる海外出店の動きである。たとえば、チェーン大手の元気寿司（http://www.genkisushi.co.jp）はシンガポール、タイ、マレーシア、香港、ハワイ、アメリカ西海岸、カナダなどに四〇店舗余りを、岡山のマリンポリス（http://www.marinepolis.co.jp）はアメリカ西海岸に六店舗（ワシントン州、オレゴン州に各三店舗）を出店している。ただし、すしは鮮度管理の問題が重要であり、現在においても国内のような本格的なチェーン展開は未だ見られていない。(4)

第二に指摘できるのが、メニューのローカリゼーションと逆輸入の動きである。すし屋のチェーン展開が未発達の海外においては、回転ずしのような業態であっても効率的なオペレーションによる低コストの実現は困難であり、香港など一部の地域を除くと、むしろ高級店としてのしつらえを与えられることが多い。なぜなら、機材の多くを日本からの輸入に依存しなければならず、設備投資にコストがかかるからである。したがって、高い価格を付けられるよう、内外装に工夫を凝らし、オリジナルメニューの開発による話題づくりが行われる。当然のことながら、こうした試みには現地の人たちの味覚が考慮されることになる。

最も知られた事例は一九七〇年代にアメリカで考案されたカリフォルニアロールであろう（たとえば石毛ほか一九八五）。さまざまなバリエーションがあるようだが、現在最も一般的なものは、ゆでたカニの脚の身（もしくはカニ蒲鉾）、アボカド、キュウリなどを具とし、ゴマをまぶした酢飯で巻いた海苔巻きだそうである。海苔の食感が紙を食べているように感じられるため、裏巻き（外側から酢飯、海苔、具の順に巻く方法）を行い、外側にゴマをまぶすこともあれば、海苔を使わず巻き上げる「海苔ぬきの海苔巻き」としてつくられる場合もあるなど、現地の食材と嗜好に合わせたアレンジが個店ごとになされている。カリフォルニアロールは一九八〇年代に日本に逆輸入され、衝撃を与えつつも、先端的なすしバーなどを中心に定番メニューになりつつある。また、その後、日本におけるカリフォルニアロールは、アメリカではあまり見られないマヨネーズを使用するようになるなど、独自の進化を見せるようになっている。

ほかにも、太巻き寿司に衣を付けて油で揚げた天ぷらずし、カレー味で食べさせるカレーずし、ソーセージをはさんだホットドッグずし、マンゴーやアスパラのにぎり、何種類もの刺身を巻き付けたレインボーロール、照り焼きの鶏を巻いたテリヤキロール、バーナーでネタを炙った焼きずし、はたまたベトナム風生春巻きずしや玄米を使った巻きずしなど、世界各地においてさまざまな創作ずしが存在している。

また、すしに付ける調味料にもさまざまなバリエーションが世界各地で誕生している。醤油の替わりにアボカドソースやサルサソース、バーベキューソースやチリソースなどを好みで使い分けたり、醤油にわさびをたっぷりすりおろした通称「ダイナマイト」にすしをしっかりと浸して、涙を出しながら食べるなど、普通の日本人には考えも及ばない食べ方も開発されている模様である。

ところで、多くの日本人は、すしは醤油で食べるものであり、それが一番うまい食べ方であると固く信じていると考えてほぼ間違いないであろう。また、にぎりずしのネタは玉子など一部を除けば魚介類であると考え、海苔が巻かれていない海苔巻きを海苔巻きとは思わないであろう。それは、日本に根付いた「すし文化」がすしをそういうものとして認識させているからにほかならない。

しかし、すし文化がない外国人にとって、こうしたイメージはすべて思い込みに過ぎない。よく考えれば、魚介類のみがにぎりのネタでなければならないという必然性はないし、海苔巻きに使う具にも制約を施す意味はない。醤油に含まれるグルタミン酸やアミノ酸はすしの味を引き立てるが、慣れない外国人にとっては揮発性の強いにおいが鼻につき受け付けない場合もあろうし、魚の微妙な味の違いが強い醤油の味にかき消され、何を食べても同じに感じられるために、単調感を覚える場合も十分想定できる。つまり、日本において熟れずしが早ずしに変化したように、海外においても自分たちの食べやすいようにネタやソースをアレンジし、すしのかたちを多様な方向に変容させることは方法論的に十分あり得るのである。

実際、すしはこうしたアレンジを許容する柔軟性を備えている。にぎりのすしの基本はシャリとネタである。シャリには酢がまぶしてあるが、基本的にどんな味がするネタやソースにも対応できる穏やかな味付けになっている。したがって、醤油で食べることと、魚介類を使うことを想定しない限り、そのバリエーションは無限に広がる。

こうした構造は、サンドウィッチやハンバーガーにも当てはまる。シャリをバンズ、ネタを間にはさむ具としてとらえれば、すしは「和風サンドウィッチ」であり、「和風ハンバーガー」であると理解することもできる。現に、サンドウィッチやハンバーガーには無数の具とソースが用意され、バンズの替わりにライスを使った新商品「ライスバーガー」がかつてモスバーガーによって開発され、定番化している。こうした前例に鑑みると、すしに厳密な定義を適用しなければ、そしてあらゆる可能性の模索を許容するのであれば、今後も新たな食材や味の発見による多様化は大いに進展するであろう。その意味で、すしの海外進出がもたらす食文化へのインパクトは今後ますます世界各地において大きくなる可能性は否定できない。

第三に指摘できるのが、ヒトのローカリゼーションである［加藤　二〇〇二］。この点については、経営者、従業員の両面からとらえることができる。世界各地において開業される回転ずしは日本人の手によるものもあるが、外国人経営者によるものも少なくない。彼（彼女）らは、来日した際に見た回転ずしの業態を参考に、また自身による日本文化の理解にもとづきつつも、現地のテイストもほどよく加えた店舗づくりを行っているようである。そして、それが地域に受け入れられることで、「すし屋とはこういうもの」というその地域独自のすし文化が形成され、定着していくのである。また、現地採用の現地人従業員の活用は、ヒトのローカリゼーションに拍車をかけ、すし屋を日本人や日系人のための店から地域のさまざまな人種の人たちの店へ脱皮させるきっかけとなっている。特に、来日経験を持たず、海外で修行や講習を行うことで技術を身に付けたスシマン、スシシェフと呼ばれる現地人すし職人の台頭と彼（彼女）らのアイデアによる創作ずしの提案は、メニューのローカル化をより一層推進していく原動力になる可能性が高いと思われる［玉村　二〇〇〇、加藤　二〇〇二］。

第四は、回転ずしシステムメーカーの海外事業展開である。繰り返しになるが、各種すしロボットやベルトコンベアーは少数の日本企業によってほぼ寡占的に製造されるハイテク製品である。この業界における日本企業の競争力は圧倒的であり、模倣困難性も非常に高い。したがって、彼らの協力なしで海外ですし屋を開業することは、よほど優秀な職人を抱え込まない限り不可能である。事実、システムメーカーに対する海外からのオファーは引きも切らない。たとえば、ともえは一九九八（平成一〇）年一〇月にサンフランシスコに現地法人『スシロボティックス』を設立し、アメリカ全土における販売活動の拠点としている。また、アジア、ヨーロッパ、オーストラリア、南米など数多くの国々に製品の輸出を行い、一九九九（平成一一）年時点で売上高の一〇パーセントを占めるようになっている。鈴茂器工も米国向け、欧州向けの製品を次々と開発し、精力的な輸出を行っている。日本クレセントは、一九九六（平成八）年に中国・上海事務所を開設した後、二〇〇五（平成一七）年四月に海外子会社工場である「上海古来森道有限公司」を設立、現地生産に着手している。もっとも、すべてのメーカーにおいて、現時点では依然として海外で活躍する製品のほとんどは海外の販売代理店を通じた国内工場からの輸出である。これは、製品の特性上、こまめな分解掃除によるメンテナンスが可能な設計を要求されることが、結果として故障しにくい製品の開発につながっていること、現時点では国内工場での生産で十分に対応できる規模の需要であること、競合他社が海外においてまだ登場していないことに由来している。今後、システムメーカーの海外事業展開がどう推移するかを検討することも、すしの海外進出の様子をうかがい知る上で、重要な要素となりそうである。

五 「すし」から「SUSHI」へ

一般に、寿司屋の板前は「料理人」ではなく「職人」と呼ばれる場合が多い。和洋中を問わず料理人は料理を創作し、そのバリエーションは事実上無限であるのに対し、すし職人は「切る」、「煮る」、「炊く」、「焼く」などの決まり仕事を一定のパターンで繰り返し、最後に「にぎる」ことで仕事を完成させる。あくまでも対象は「すし」であり、一人前の職人に成長するまでに身に付けなければならない技術はいわゆる和食ほどには多くない。ゆえに、自らの仕事をすしづくりに限定する限りにおいては、非常に制約の多い中で仕事をしなければならないことになり、まさに同じ作業を繰り返すことで匠の技に磨きをかける職人仕事となるため、職人と呼ばれるのである。

しかし、同時にこの職人気質がすし屋は特別な店という意識（もしくは思い込み）を店側にも顧客の側にも植え付けるとともに、数々の「すし屋神話」を形成してきたように思われる。それらの多くは店（職人）側の論理で語られる。まず、すし屋の職人は気むずかしい「がんこおやじ」であり、わが物顔で店を取り仕切ることが通り相場になっている。常に、客の値踏みを行い、その日の気分で付けたい値段を付ける上、なじみのお客と一見では態度が全く変わる。にぎるネタの順序にはその職人なりのこだわりがあり、お客がその通りに注文しないと無視するか、一言いやみを言ってぞんざいににぎって出す。お客がすし屋特有の符丁（シャリ、ガリ、あがり、むらさき）をうかつに使えば途端に機嫌が悪くなり、すしについての生半可な知識をひけらかそうものなら怒りは頂点へと達する。醤油をシャリに付けたり、小皿になみなみと注いだり、ネタとシャリをばらして食べたり、にぎったすしをいつまでも付け台に残すお客にはこんこんと説教をたれ、酒に酔って大声で話したり、注文をせず長々と居座る客はさっさと叩き出す。また、普通の飲食店であれば盆暮れの付け届けは店からお客に対して行われるが、ことすし屋に関してはお客が店主に進物を行うことで日頃お世話になっていることに対する「感謝」の意を表明することになっている。ざっと拾い上げるだけでもこういったエピソードを「すし屋神話」として羅列することができよう。

これらのエピソードは、すべて実話であるとも、また作り話であるともいえる。言うまでもなく、実際の職人の振る舞いは、当人のキャラクターに大きく依存しており、すべてのすし職人がここで示したような「がんこおやじ」とはいえない。

しかし、ここであげたエピソードはすべて立ちずしの店を実家に持つ筆者自身が見聞きしたものであることを付言しておきたい。他の飲食店の業態との比較において、すし屋が有する最大の特徴は、職人とお客が対面で向き合い、頻繁に注文のやりとりを行うことである。最近でこそ、カウンター式の割烹料理屋やオープンキッチンのレストランが普及してきたが、料亭が仲居を、レストランが給仕を介して注文をとり配膳することを考えると、すし屋ほど職人とお客が頻繁にやりとりを行い、なおかつそれなりの料金を請求する業態はあまりないといってよい。つまり、すし屋はお客の前で符丁が使いながら作業を行うため、次第に符丁の意味するところがお客の側に理解されるようになるとともに、お客の反応がダイレクトにわかる非常に緊張した状況の下で付加価値の高い料理を提供しなければならないのである。

誤解をおそれずに論じれば、こうした状況の下で、店側が優位に立つためには、何よりも腕を磨くことと、店側がえらそうに振る舞うことができるような雰囲気作りをすることである。特に、後者の戦術を一部のすし屋が強烈に実行した。つまり、こうした風説が口コミを通じて流布するだけでなく、別のすし屋がそれに乗じた振る舞いを自らのキャラクターに合わせて選択的に演じ、それがさらに流布することによって、さもすべてのすし屋がそうであるかのような神話が形成され、定着していったと考えることも可能ではないかということを主張したいのである。

そして、こうした神話の形成を加速させた要因が、魚の価格が相場で変動し、定価を付けるのが困難であるという、すしが持ついまひとつの特性である。魚には「旬」と呼ばれる最も味のいい時期がある上に、とれる地域も時期によって異なる。また、天候や潮目の加減による豊漁不漁の波もあり、魚の状態は日々変化しているといってよい。

その際に、威力を発揮するのが職人の目利きである。その日市場に出ているどの魚の状態がよいか、相場はいくらか、そしてそれをいくらでにぎって売るかを総合的に判断して仕入れなければならない。したがって、いいネタをにぎろうとすればするほど相場の影響を受けることから時価とせざるをえなくなり、そのことがすし屋の敷居を高くすることにつながったのである。

こうした立ちずしをとりまく環境条件は、マイケル・ポランニー流に表現すれば、「暗黙知」がはびこる世界として［ポランニー　一九六六］、エドワード・ホールの用語を借りれば「ハイ・コンテクスト」な空間としてとらえることができる［ホール　一九七七］。うまいすしを食べるためには、その日の状況に対応したすし職人による高いレベルでの仕事が必要であり、これは一口では説明できない暗黙知の世界である。また、対面形式のやりとりは人間関係そのものであり、それをスムーズに行うためには相応の能力が要求される。しかも、巷には「知らないすし屋は怖い」という風説が流布しているため、店主の方針を事前に調べておかないと後で大変なことになるという思い込みがお客を襲い、店主主導のやりとりをもたらす。つまり、店主の思惑とは全く関係なくお客の側が勝手に「ハイ・コンテクスト」を想定してしまうのである。さらに言うと、こうしたお客の側の思い込みを逆手に利用する店も存在することが状況をさらに不透明にし、行きつけの立ちずしを持つ者にとっても知らない立ちずしは神秘のベールに包まれた存在となってしまうのである。

こうした「暗黙知」による「ハイ・コンテクスト」な空間を打ち破り、「形式知」化された「ロー・コンテクスト」の空間を形成したのが。持ち帰りずしであり回転ずしであるということができるであろう。持ち帰りずしは、店で食事をする場合に比べてあらかじめ予算を提示することに抵抗感が少なくなるため、会計が明朗になりやすい。また、持ち帰り専門のすし屋や食料品売り場のパックのすしは最初から値段が示されており、予算に合わせた選択が可能である。職人にあれこれうるさく言われるという心配もない。こうした気楽さと手軽さがすしを身近な食として意識させるようになっていることは疑いようがない。

また、回転ずしも、事の真偽は別として、入りづらくて不明朗な立ちずしのイメージをくつがえし、手軽に、手早く、そして何よりも安くすしを食べられるわかりやすい業態として定着したと考えることができる。先にも述べたように、かつての「すし」は、滅多に口にすることができないごちそうとしての意味合いを持っていた。いわばあこがれの対象として、不動の地位を確保していたといえよう。しかし、今日のすし人気はかつてのそれとは明らかに様相が異なっている。なぜなら、安価なすしの普及によって、食べたいときにいつでも食べることができるように状況が変化しているからである。つまり、今日のすし人気は、かなりの部分日常食としての体験に立脚しつつも、「ハレの日」のごちそうとしての位置づけも兼ね備えることによって成立していると考えられるのである。

事情は海外においてもほぼ同様である。すしは従来ほとんどの国で食べる習慣のなかった生魚という食材を主に使用しているため、多くの外国人にとって当初は「寄食」であった。なぜ、わざわざ魚を生で食べるのか。それ自体が「暗黙知」であった。また、それを許す日本社会は知る由もない「ハイ・コンテクスト」社会に映ったことであろう。

しかし、こうした抵抗感も日本の文化が広く知れ渡り、すしがローカロリーのヘルシーフードであることが浸透することで徐々に薄れ、輸送技術や冷凍技術の進歩も後押しして次第にファンを増やしていくこととなる。

海外における「形式知」化の立て役者はすしロボットである。シャリ玉がすしのおおよその大きさやにぎり加減を指示し、酢合わせ機がほどよいシャリの酢加減を調整する。これらは、すしロボットなしでは完全な「暗黙知」の世界であり、忠実な再現はほぼ不可能である。さらに、すしロボットの普及なしにはデパートやスーパーマーケットのパックずしも存在しない。

回転ずしのシステムも「形式知」に向けた装置である。レーンをまわる皿を観察し、興味を持ったネタをとって食べるというプロセスは、自ら注文を行うという日本人でも慣れないと難しい手順を省略させ、すしに接する際のハードルを大幅に引き下げる役割を果たすものとなっている。

さらに、サンドウィッチやハンバーガーと同じ特徴を持っていると理解されることで、すしの「形式知」化は進展し、それにともなって「ロー・コンテクスト」化したといってよい。ニュートラルな性質を持つシャリ玉に、柔軟な設定が可能なネタとソースを組み合わせることで、さまざまなバリエーションを持ったローカル・メニューが開発され、エスニック・フードから日常食として受け入れられるべく「SUSHI」へと変貌を遂げたのである。

おわりに

本章では、戦後のすし業界の変遷について、その最先端を行く回転ずしを中心に概観することで議論を進めてきた。結論として言えそうなことは、今後もすしは国内外で多様な変化を遂げて進化する可能性が高いということである。

回転ずしは、日本国内において「がんこおやじ」による「不明朗会計」という従来のステレオタイプ化された立ちずしのイメージを打破し、「明朗会計」で「気軽に入れる」ファースト・フード店に転換することで、すし人口の増加と日常食化に大いに貢献した。

また、海外における回転ずしは、ファッショナブルでヘルシーな食べ物としてすしを広報することに一役買った。国内同様、入りやすい空間を設定することで「ロー・コンテクスト」化をはかり、すし経験者を増やすと同時に、すし自体が持っている組み合わせの自由度とヘルシーなイメージをフルに活用しながら、その地域の食習慣に合わせてアレンジされたすしが提案され、カリフォルニアロールのように、その一部は日本に逆輸入され、再アレンジもなされる。そして、不足しがちな職人に替わってすしづくりを行うロボットたちが獅子奮迅に活躍する。ロボットたちはデパートやスーパーマーケットで売られるテイクアウトのすしのつくり手でもあり、すし人口のすそ野を広げる点でも多大な貢献を果たしている。すなわち、共通のシステムが世界に普及し、それらの使い方を各々の地域が、あるいは個人が主体的に解釈し選択しているという意味においてシステムが「グローバル化」し、メニュー（コンテンツ）が「ローカル化」しつつ、世界中で「SUSHI」が普及しているのである。こうした傾向は、今後も当分の間続き、それにともなってシステムメーカーの海外事業展開も本格化していくかも知れない。

しかし、心配な点もいくつか指摘される。第一は、世界的に進行する海洋汚染である。この点については今さら説明は不要であろう。第二は、魚食文化の世界的な普及による水産資源の枯渇と価格の高騰である。たとえば、近年中国はタンパク源を魚に求める政策をとっており、日本の約三〇倍の漁獲を東シナ海であげるようになっている。一方で、日本国内における魚の売り上げは頭打ち状態になっており、従事者の高齢化もあいまって、水産業の維持が年々難しい状況になっている（NHK『クローズアップ現代』二〇〇六年一月二三日放送分を参照）。このことは、水産資源をますます輸入に依存することを意味し、せっかく日常食となったすしを再び滅多に口にできない高級品にしてしまう危険性をともなうものである。そして第三は、立ちずしの衰退による職人仕事の崩壊である。年々、レベルは向上しているとはいえ、持ち帰りずしも回転ずしも基本は大量生産であり、微妙な加減でのネタの加工や鮮度管理など、本当の職人仕事によるすしはやはり小規模の立ちずしでないと味わうことは困難である。また、カウンターを挟んでお客と職人が対面し、会話を楽しみながら最高の状態でにぎられたすしをつまむのが立ちずし本来の魅力であり、また文化でもある。しかし、こうした醍醐味を今後も維持していくためには、顧客重視によるサービスや接客の徹底や、さらなる明朗会計化など、立ちずし経営者の意識改革と経営努力による新たな「すし神話」の形成と、それによる回転ずしとの「棲み分け」が必要となるであろう。

その一方で、興味深い点も観察できる。それは、立ちずしへの回帰である。回転ずしを利用することですしに馴染んだお客が、奥の深いすしの世界を探究すべく、立ちずしを利用するという動きも一部ではあるが見られるようになっているのである。これは、国内外において共通に見られる現象であり、すしに対する理解が少しずつ深まるという意味で望ましい傾向であるといってよい［加藤　二〇〇二］。

今後とも、すしが世界的にどのような変容を遂げつつもどのように受容されるのか。そして、そこにシステムメーカーがどのような関わりを持つのか。また、世界各地におけるオリジナルメニューの「SUSHI」にはどのようなものがあり、それらは各々の地域の食文化とどのようなすりあわせが行われることによって定着しているのか。本稿では、こうした動向については主に既存の文献や各種報道による伝聞をもとに議論を進めてきた。しかし、世界の「SUSHI」の実体がいかなる状況にあるのかを解明するためには、今後本格的な現地調査を人類学的手法で行われることが必要である。その際、すしの主なネタである生の魚が各地でどのように受け入れられるようになったのか、さらにはすしがどのようなプロセスでローカル化したのかについての比較調査を実施することで考察を深めていくことが重要であろう。引き続き、国内外の回転ずしを中心にしつつも、立ちずしも射程に入れて検討を進めていきたいと考えている。そして、その研究成果については今後の課題として別稿に譲りたい。

注

（1）ただし、屋台にあらかじめにぎられたすしを乗せて安価に売る商売が江戸の後期に幅を利かせた時期もあったようであるが、その後衛生上の問題などで姿を消している。

(2) 東大阪の町工場によって作られたコンベアー一号機は給茶装置が付いていなかったため、石野製作所(北日本カコーの親会社)に製作を依頼、同社は依頼に適合した給茶装置を作り上げ、全国の回転ずしに設置されることとなる。その後、元禄寿司は石野製作所に給茶装置付きのベルトコンベアーの製作を要請、受注に応えることによってベルトコンベアーメーカーとしての足がかりを作っている[渡辺 二〇〇二:八四-八六]

(3) なお、東日本地区の元禄寿司は平成九年の協定解消以降は平禄寿司に改称している。

(4) 特に、アメリカではすしの衛生管理に関する厳しい規制がとられている。ニューヨーク州、ワシントン州ではすしの調理には手袋が必要である。また、カリフォルニア州の「食品類小売業統一条例」によると、魚介類などの動物性たんぱく食品は華氏四一度(摂氏約五度)以下か、もしくは華氏一四〇度(摂氏約六〇度)以上で保管しなければならない。食材に手を加えられている状態は「調理中」であり、華氏一四〇度になったときから二時間までは常温で使用できるが、調理中でなければ二時間以内であっても規定の温度での保管が義務づけられる。酢飯は調理中の食材とみなされ、炊いた直後のご飯を酢飯にし、華氏一四〇度を下回った時点から二時間以内に使用しなければならない。さらに、回転ずしのレーンは食品の保管場所であり、華氏四一度をキープしなければならず、人肌のシャリでにぎったすしの提供は事実上非常に困難である[加藤 二〇〇二:一八六-一八九]。

参考文献

石毛直道・小山修三・山口昌伴・栄久庵祥二『ロスアンジェルスの日本料理店』ドメス出版、一九八五年。

大場秀章・望月賢二・坂本一男・武田正倫・佐々木猛智『東大講座 すしネタの自然史』NHK出版、二〇〇三年。

小沢諭『すしの技 すしの仕事』柴田書店、一九九九年。

加藤裕子『寿司、プリーズ!』集英社新書、二〇〇二年。

呉偉明・合田美穂「シンガポールにおける寿司の受容—寿司のグローバリゼーションとローカリゼーションをめぐって—」『東南アジア研究』(京都大学東南アジア研究センター)、三九-二、二〇〇一年、二五八-二七三頁。

小林章夫「英国の食文化を変える回転寿司とラーメン」『週刊東洋経済』二〇〇一年七月二八日号。

篠田統『すしの本　新装復刻版』柴田書店、一九九三年。

玉村豊男『回転スシ世界一周』世界文化社、二〇〇〇年。

飛岡健「知られざる日本ブーム——回転寿司から盆栽まで」『海外事情』（拓殖大学海外事情研究所）、四九－二、二〇〇一年、一二六－一三四頁。

中村靖彦『コンビニ・ファミレス・回転寿司』文春新書、一九九八年。

松本紘宇『お寿司、地球を廻る』光文社新書、二〇〇二年。

森枝卓士『すし・寿司・SUSHI』ＰＨＰ新書、二〇〇二年。

吉野昇雄『鮓・鮨・すし　すしの事典』旭屋出版、一九九〇年。

渡辺米英『回転寿司の経済学』ベスト新書、二〇〇二年。

Hall.E.T.,"Beyond Culture,"Anchor Books,1977.（安西徹雄訳『文化を超えて』研究社小英文叢書、二〇〇三年）。

Polanyi.M.,"The Tacit Dimention,"Routledge & Kegan Paul Ltd.,1966.（佐藤啓三訳『暗黙知の次元』紀伊国屋書店、一九八四年）。

第七章　醤油のグローバル化

——キッコーマンを中心に

島本みどり

はじめに

アメリカ合衆国における醤油の浸透は、すでに一九世紀の半ば、ゴールドラッシュの時期と同じくして始まっている。ゴールドラッシュでは多数のアメリカ人に加えて、一八五一年には中国南部から二万五〇〇〇人の中国人がアメリカのカリフォルニアに入ったといわれる［Roberts 2002 : 135］。これらの人々はアメリカに居を構えて生活を営んだが、コックとして働く人々もいた。アメリカに中国料理が普及するには紆余曲折があるが、醤油もこの時期に入ったと思われる。中国料理のソース等、中国食材を輸入するために一八六〇年には五〇万ドルの税が支払われたという［Roberts 2002 : 136］。

第二次世界大戦後、ＧＨＱによって支配統治された日本は、食料調達が大きな課題の一つであった。ＧＨＱの経済科学局の醤油担当官であったアップルトン女史は、アメリカにおける醤油をすでに知っていたのである。アメリカと同様のアミノ酸醤油を採用するよう日本側に働きかけたＧＨＱ当局は、日本の本醸造を守る決意の前に譲歩せざるを得なくなるが、この時「新式二号醤油製造法」の特許を以って醸造期間を短縮した醤油を作ることになる。この特許を提供したのが現キッコーマンである。いずれにしても醤油のアメリカでの競合の先触れであったといえる。

キッコーマンは、一九七〇年を前後してアメリカに流通と醤油醸造を組み合わせた醤油販売の拠点を作り、本格的にアメリカに乗り出していく。その時点では、それ以前からあった中国料理のソースとしての醤油は、レストランなど業務用に使われるか、東洋系の人々によって家庭で使われるもので、アメリカのメイン・ストリームに入っていたとは言いがたい。

しかしキッコーマンのアメリカ・プラントが建設された一九七三年を境に、醤油はアメリカにおける販売量を伸ばしていき、醤油のグローバル化と呼ぶに相応しい発展を繰り広げることになる。では、グローバル化といわれる現象を支える地理的・歴史的・文化的諸条件は何だろうか。この小論では醤油のグローバル化を歴史的に振り返り、どのような状況でグローバル化が生じたかをみたい。

歴史的側面と同様に、醤油が産業化される時、大切な視点は経済と経営のそれである。現代はグローバル化の時代といわれる。この用語は一般社会で用いられる時と、経済・経営の分野で用いられる時では多少意味が異なる。一般的には人々が国境を越えて移動し、異なる文化が国々や地域にもたらされ、その地域の伝統と対峙し、相互に影響を与え合い、互いに変化を呼び起こすことをグローバル化といっている。経済・経営の分野では、企業統治――この言葉自身アメリカから発しているが――に関わって用いられる。企業統治（経営）のあり方――それが日本的であろうとアメリカ的であろうと――経済を支配する体制はグローバル化を考える場合、欠かせない視点である。

日本の経済・経営システムが特殊であるといわれたのは、一九七〇～八〇年代のことであるが、貿易・通商の自由化との関わりでその問題は取り上げられた。自由であるゆえに資本主義は生まれた。自由であって始めて資本主義は十分に機能する、と考えられている。自由主義と資本主義は、経済活動におけるコインの表と裏、裏と表の関係にある。両者は切り離すことが出来ない。しかし自由な競争下にあるはずの資本主義国日本は、規制と保護のもとにあって外部に開放されていないと当時外部からは映った。日本は自由主義によって大きな恩恵を受けているが、他国に対しては門戸を開いていない、自由な競争を受け入れていない国と思われていた。諸外国からグローバルになり得ない国と受けとめられていたといえる。自由な競争関係にある資本主義国では、経済のグローバル化は必然の結果であるのだ。

またグローバル化を考える場合、人の自発的な移動がものの移動をもたらすことに注目しなければならない。醤油の動きを歴史的に見る時、醤油に馴染んだ人々が移動することで、醤油も後からついて行く。醤油のグローバル化を見ているとこの部分がはっきり見えてくる。

現在、グローバル化といわれる現象は世界の巨大な流れとなっている。この小論では醤油の生まれ育った時代や歴史的な背景を知り、醤油が如何に伝播したか、そして伝播によって対象社会の食にどのような影響を及ぼし、その地の味を変え、食生活スタイルを変え、社会を変え、豊かにしたかを知りたい。加えて大きな枠組みである資本主義・自由主義、その体制下にある経営を考えたい。日本からアメリカへ渡ったキッコーマンは、三五〇年の歴史を背負う優れて特殊な日本の経営のもとにあった。一つの経済体制下で、一つの経営が、優れた文化である醤油をアメリカ人の社会にもたらした。この小論では経済体制、経営、社会・文化の角度から醤油のグローバル化を解き明かしていきたい。

一　醤油の伝播

鎌倉時代から江戸時代

現在の醤油のもとは、鎌倉時代に宋に留学した僧覚心のもたらした径山寺味噌らしい。この人物は、日本の醤油の発生と発展の重要なきっかけを作った。室町時代には、鎌倉時代の径山寺味噌は現在の醤油に育ち、料理書にも記述された。江戸時代にはいると、西の醤油は東の江戸で売られ、中期になると江戸の後背地に多くの醤油醸造家が生まれ、濃口醤油を生み出した。キッコーマン印は当時、茂木佐平治家の醤油ブランド名であったが、千葉野田から江戸へ送られる醤油として関東醤油番付の最上位の一つに位置する醤油に育っていった。世界とのかかわりで醤油を見ると次のようになる。

〈「オランダ東インド会社」〉

この時代には日本の中での醤油の流通にとどまらず、国外へも醤油が送られ、取引された。長崎から運び出され、中国、東南アジア、インドそしてヨーロッパへも運ばれた。日本の種子島へポルトガル人によって鉄砲がもたらされたのは、一五四三年のことである。この頃ポルトガル、スペインはヨーロッパの強国であり、貿易の主導権を握り、海運技術の発達とあいまって世界へ乗り出していた。日本の戦国時代末から安土桃山時代には、盛んに外国船が往来し、外国の文物が運び込まれている。オランダが日本を訪れたのは一六〇〇年で、船団を組んで東インドへの航海を成功させた第一回目の航海の最終到達地としてであった。

一六〇二年にはオランダは「オランダ東インド会社」を設立し、「一七人重役会」を決めるなど、株式会社の始まりといわれる会社制度を生み出しつつあった［大塚久雄　一九六九］。当時オランダ人は一航海毎に投資し、帰り荷の販売と共に清算し、出資金と利益金が出資者に配当される形で商売を行なっていた。この方法で多くの先駆会社が生まれたが、他国との競合のためには不都合が多々あった。そこで、オランダ連邦議会は諸会社を合併することによって、VOC（「オランダ東インド会社」）を作ることを決議した。この会社には、「オランダから東インドへの航海が独占的に認められ、会社が外国の国家との条約を結び、軍隊をおき、要塞を設け、貨幣を鋳造し、地方長官や司令官を任命する権限が与えられた」［科野　一九九四：二五］。「オランダ東インド会社」は、国の行使する権能をも与えられた機関であったのである。

オランダの有力貴族によって構成される「一七人重役会」では定例会議が持たれ、主要事項が決定された。主要事項とは、販売成果表、会社の財政、商品仕入れ、帰り荷の入札・競争決定等であった。この「オランダ東インド会社」が、他の国々との競争の後、日本の平戸に商館を開いたのは一六〇九年のことであった（長崎出島への移転は一六四一年）。また一六五〇年までに東南アジア、インドの二九カ所に商館を開いている。日本は、オランダとの貿易当初、必要とした生糸の輸入に対し大量の金・銀・銅を支払いに当てた。多量の銀が「オランダ東インド会社」に流れ、この間オランダは東南アジアのどの地域よりも日本での貿易から多大の利益を得ていた。しかし日本国内で工業が発展し始め、日本は軽工業製品の輸出国へと転換していく。陶磁器や酒そして醤油もその中に含まれていった。それらの積荷は、幹線と支線で結ばれた東南アジアの航路をわけいって、東南アジアの主要都市へ運ばれていった。購買者は、主として日本人町の日本人、中国から東南アジアへ活動の拠点を定めた華僑であったといわれる。インド・スリランカの人々も醤油を求めた。一八世紀にはヨーロッパへも醤油は運ばれ、王侯の食卓で使われたという。

〈中国（清）の貿易〉

日本のもう一つの貿易相手国中国では、明の時代、鎖国政策がとられていたが、一五六七年私貿易が免許化された。倭寇が活動していた地域を商人が貿易で行き交った。倭寇とともに中国などの沿岸で略奪を働く中国人は、略奪者のアジト・隠れ家に住みついていた。また清の始まった頃、抵抗勢力や戦禍を嫌う人々が、台湾、フィリッピン、南洋へ渡った。ポルトガル・スペイン・オランダが東南アジアへ乗り込んで来た頃、中国の人々はすでに東南アジア各地に居を構え、貿易で海を往来していた。「一六〜一七世紀、アジア海域の通商事情は、ヨーロッパから続々と参入して来たガレオン帆船、カラック帆船等の大型商船をまじえて、かつてのアジア内貿易の図式から抜け出し、胎動期の世界経済の網の目に組み込まれて行くという、重要な移行期の中にあった。」［斯波　一九九五：七〇］

日本の醤油が海外へ出て行くのもそのような時代背景においてであった。江戸時代、日本にも多くの唐船が来た。「唐船の渡来は、一七世紀であったが、年毎に二〇〜三〇隻から一〇〇隻に及ぶ数が平戸・長崎を訪れ、一六八八年にはピークに達し、一九三隻にいたる。長崎にきた唐人は九一二八人にのぼった。……一六八九年には唐人屋敷が置かれた。」〔斯波　一九九三：一一三－一一四〕というように、海禁令（一六六一～八三）にもかかわらず、オランダ人よりはるかに多くの唐人が訪れ、貿易に携わった。

〈江戸時代　醤油の海外輸出〉による醤油貿易

山脇による「江戸時代、醤油の海外輸出」〔山脇　一九九二〕には、江戸時代の醤油の輸出について詳しい報告がなされている。その論文によると「オランダ東インド会社」は、一六四七年日本の醤油を始めて台湾経由で一〇樽輸出している。それ以降一六五二年南京（現ハノイ）、台湾、一六五七年にはシャムへ大樽を送っている。その頃はまだその地に日本人町が残っていた。一六五九年にはバタビア向け、一六六五年にはマラッカ・カンボジアへ、一六六六年にはコロマンデル・ベンガル向け、一六七〇年にはセイロン向けに醤油が輸出されて行く。セイロンへはバタビアについで多くの醤油・酒が毎年送られた。こうして一六九三年までにはアジア全域に醤油が送られて行く。その後『長崎商館仕分け帖』によると一七六一年七〇樽、以下、一七九三年まで計二四回二二九二樽を運んだ。これらは会社荷物として扱われた醤油輸出であるが、この他記録に残っていない脇荷物として商館長、商館員の行なう輸出があった。その取引高は一七三六年までは制限が設けられていたというが、会社取引より多かったという。

鎖国令を出した徳川幕府は、オランダ・中国とのみ交易を行なった。醤油についての輸出でいうなら、「オランダ東インド会社」によるものより、中国船による交易の方が多かった。中国側の記録は見当たらないが、オランダ関係の日誌によると、中国船が、一六六九年二〇樽、一六七七年六〇〇樽、一六七九年三四四樽、一六八〇年一一一六樽、一六八一年一六一八樽（『バタビア城日誌』醤油・酒、香の物含む）、それぞれバタビアへ醤油を輸出している。日誌に記録されている中国船による貿易高は『唐蛮貨物帖』によると一七一一年七艘によってカラパ、寧波、広東、台湾へ向かう計六三四樽、一七一二年には一九一樽が同様の地域へ、一七一三年にも主として中国向けに計三八八樽輸出されている。『長崎商館日記』によると一九世紀の化政期に中国船で輸出した醬油は、一八〇四年から一八二九年の二六年間で、計一七回、計二九六二樽である。輸出される醬油は、京都で生産されるものが上物とされ、堺で生産される醬油も取引された。

以上は東南アジアへの醬油の輸出であったが、オランダ本国への輸出も行なわれた。『長崎商館仕訳張』によると一七三七年長崎からバタビア行きの醬油大樽七五樽のうち三五樽がオランダ向けに仕訳されており、それ以降一七六〇年まで二一回、計五三〇樽（一五・五キロリットル）が輸出された。防腐用の処理が考案されて、肥前有田で焼成されたケルデル壜に詰められて送られた。長崎商館医務職員スウェーデン人ツンベルクの『ヨーロッパ・アフリカ・アジア旅行記　一七七〇〜一七七九』をもとにした『日本帝国一七七五年〜一七七六年』によると「オランダ人は、醬油に暑気の影響を受けしめず、またその発酵を防ぐ確かな方法を発見した。オランダ人はこれを鉄の釜で煮沸して壜詰めとし、その先に瀝青を塗る」〔山田　一九四一：四六三〕とあって、醬油の劣化を防ぐ方法を開発して輸出をはたしたのである。

この頃、ヨーロッパの知識階級にも醬油情報が伝わり、一八世紀には、ディドロ編の『百科全書』に醬油の項目が現れている。たびたび書物に登場するのが、一七七五年来日した医学者・植物学者ツンベルグで、ツンベルクの旅行記をもとに『ツンベルグ日本紀行』が著され、「日本の醬油は支那の醬油に比べてはるかに上質であり、多量の醬油樽がバタビア、インド、ヨーロッパに送られている」と記されている〔山田　一九四一：四六三〕。また一七七九年には長崎出島の商館長となって来日したティチングは、一七八一年『酒の醸造と醬油の醸造』の著作を著し、出版している〔科野　一九九三：一三六〕。

日本からの醬油が江戸時代このように中国、台湾、東南アジア、インド、セイロン、オランダまで運ばれ、取引されていた。魅力ある商品としての醬油が、この時代すでにグローバルな動きを見せていた。中国は巨大文明の歴史を持つ国であり、オランダ、ヨーロッパは、当時世界に台頭しつつある世界史の中心であった。ヨーロッパが世界へ乗り出す動きとその現れである「オランダ東インド会社」は、醤油のグローバル化にきわめて大きな役割を果している。また中国の人々の移住とともに醤油の浸透が進んでいるらしいことも見逃してはなるまい。その意味で醤油のグローバル化という時、時代背景そして「オランダ東インド会社」をも取り上げ、グローバル化を生み出した状況を考える必要がある。

およそ二〇〇年の活動の後、「オランダ東インド会社」は閉鎖され、醤油の輸出も途絶えた。その原因を考えると、通信などの未発達で本社－支店間の経営がシステムとしてうまく機能しない、経営の基礎となる会計の未熟、時代の変化・進展に会社・国が対応できない、あまりに地理的に遠く、オランダからバタビアまで一サイクルの商売に二年半かかり、それをカバーできる通信制度なども発達していない等、あげられよう。世界的な企業活動をするには、航海術、通信技術、経営技術など未熟で、経済・経営システムも十全ではなかった。またある研究者が英蘭戦争の敗北を最大の原因に挙げているように、貿易活動に最も大きな影響を与えたのが国家間の戦争で、商業活動が決定的な悪影響をこうむったことが分かる。英国と世界の覇権を争ったその戦争は、オランダが時代の先端をいく趨勢に乗り遅れたことを示しているかもしれない。

江戸時代、醤油のグローバル化は、以上のようであった。文化としての醤油がグローバルであるには、時代の条件、組織の運営システムとも十分でなかったといえる。

明治時代から第二次世界大戦まで、二回目のグローバル化

〈野田醤油株式会社〉

日本は明治維新以後、本格的な西欧的産業革命の時期に入った。国営の軽工業・繊維工業に始まって、政府の政策による工業化が始まった。この時期、西欧的近代産業とあいまって資本主義・株式会社制度も盛んに導入されるようになる。キッコーマンは、西欧化に最も影響を受けない伝統的な地場の産業であった。醤油造りのノウハウは西欧の技術にはなく、まさに内的発展した日本の自前の産業であった。その意味で自分の言葉で語り得る数少ない産業の一つであった。しかし資本主義による株式会社制度は新しい時代に適応するために取り入れる必要があった。資本主義・株式会社という経済制度は、国によって始められた国営会社が民間に渡される頃には、一般の経済活動家にも認識され、株式会社化の動きが始まる。キッコーマンは明治の後期まで、茂木七家がそれぞれ醤油生産を行なっていたが、一九一七（大正六）年、一族の努力が実り七家合同で株式会社設立に成功した。野田醤油株式会社の始まりである。資本金は各家の資産、ブランド力を考え、査定されたが、当初七〇〇万円で始まっている。

産業資本主義と同時に日本のとった明治政府の方針は、強兵であった。西欧列強は同じ地理的空間、社会・文化的背景、共有の戦争と平和の歴史を持ち、宗教的には分裂と調和の歴史を共有していた。歴史を共有できなく、異質で西欧の中に入りきれない日本は、西欧列強と同じ道を進むことで自国の立場を強化することを望んだ。「大東亜共栄圏」というのが日本のとった政策であった。

〈野田醤油株式会社のアジア進出〉

日本は、明治末より日清、日露戦争を重ね、領土を拡大し、朝鮮半島を植民地とした。その頃から醤油の外地での生産も始まっていく。キッコーマンが株式会社化されて間もない一九二五（大正一四）年には、朝鮮支店が設置され、京城工場、仁川工場が設立される。一九二六（大正一五）年には、朝鮮支店奉天出張所が設立される。そのうち昭和に入り、戦時色が強まって、軍は出兵し、日本が占領した地に、企業は国策として、東アジア、東南アジアに進出することとなる。キッコーマンも国内で最大のメーカーとしてアジアに進出した。戦時体制下では、政府は多くの醤油醸造メーカーを格付けした。それによって不足する原材料の配給に優劣をつける施策を取った。中小メーカーは合併・合同によって配給の確保を図った。四大メーカーがその時決まったが、多くの配給を得るとは戦時体制に協力することに他ならなかった。

『キッコーマン醤油史』、『キッコーマン株式会社八十年史』によってキッコーマンのアジア進出を概観すると次のようである。一九三一年には満州事変が起こり、一九三二年には満州国が建国された。日本は戦時色を強めることになるが、五・一五事件、二・二六事件が、一九三五年、三六年に相次いで起こり、日本陸軍内部で戦争強硬論が強まった。一九三七年日華事変が起こり、中国との戦争が不可避の状況下で、「野田醤油股分有限公司奉天出張所」は拡張された。日本国内の商況は不振であったが、一九三九年には、政府は産業報国運動を起こし、企業に協力を求めるとともに 醤油生産を国家の統制下に置いた。自由販売制から割当販売制へ移行したのもこの時期であった。軍納醤油が増加した。一九四一年には、キッコーマンも政府の新体制に応えるため外地部を設け、朝鮮半島、満州、華北の事業統括をし、北京東郊黄木廠に工場建設をする。この年太平洋戦争が始まる。一九四二年には、満州国東満地域の牡丹江省寧安県海林村正陽屯の国策会社東満殖産株式会社の醸造部門を担当する。日本軍は、南方進出し、軍政をしく。醤油・味噌の現地生産に協力するよう要請があり、銚子醤油（野田醤油が株式保有）がマニラに工場建設をする。シンガポールに味噌ソースの工場建設。一九四三年には、インドネシア・スマトラにメダン工場建設、シンガポール昭南出張所、クアラルンプール・シボルアに味噌工場建設と、各地に工場が建てられた。

以上のように見てくると、この時代の醤油はグローバル化とはいっても、戦争と共に拡大し、生産物は主に軍に供給された。平和な時代に醤油が人々の生活に入っていくように、一般の人々、現地の人々に入っていったわけではない。その当時日本国内の人々は、統制経済下で原材料の支給が大幅に制限されたため、粗悪な醤油を使わざるを得なかった。日本の敗戦で戦争が終わり、植民地下の会社・国策会社としての醤油工場を、全て資産放棄することになり、焼け野原から会社を起ち上げることになった。キッコーマンが、戦災を免れ、かなり工場を残したこと、戦後の食料が他の地域に比べ豊かであったことは、大変な幸運であった。

二　キッコーマンの海外進出

助走―醤油の輸出

〈醤油の輸出からＫＩＩ－ＪＦＣ－ＫＦＩによる拠点の確立まで〉

醤油のグローバル化の現象が地球大的に起こるのは、第二次世界大戦後である。キッコ—マンは、輸出から始め、戦後三〇年近く経たところで、醤油生産工場を世界各地に設立し始めた。工場建設は、アメリカ、シンガポール、ヨーロッパ、そして台湾、中国など世界各地七カ所におよぶ。ここでは初めて海外進出したアメリカにおける醤油のグローバル化をみたい。

第二次世界大戦の終戦四年後の一九四九年に日本はアメリカに向けて醤油の輸出を始めた。当初一一六〇キロリットル、六年後の一九五五年までに平均一六五五キロリットルが輸出された。キッコーマンは、そのうちの一二二九キロリットル（年平均）で七四・二パーセントを占めていた。一九五六年にキッコーマンは米国醤油販売会社であるＫＩＩ（Kikkoman International Incorporated）をサン・フランシスコに設立する。アメリカ社会では、日本からの醤油輸出が途絶えている間に、現地産のアミノ酸醤油が日系人の家庭にも入りこんでいた。すでにアミノ酸醤油に慣れた人々に醸造醤油の味を知ってもらうために、キッコーマン・マンたちは努力を重ねる。ＫＩＩは一九六五年までにロス・アンジェルス、ニュー・ヨーク、シカゴに支店を開設し、六〇年代前半までにハワイ、アラスカ、を含むアメリカ西部一三州の醤油市場を開拓して行く。

戦前キッコーマンと取引関係にあった「太平洋貿易株式会社」（カリフォルニアの日系人に日本食品を提供）を母体としたＪＦＣが設立され、ＪＦＣInternationalとしてサンフランシスコに事務所を構えると、キッコーマンは一九六九年その株式を取得し、経営参加する。この貿易会社はその後、日本食品のみならずアジア食品の輸入を手がけ、カリフォルニアに入ってくるアジア系の移民をマーケットに、拡大して行く。一九七三年にはウィスコンシン州ウォルワースにＫＦＩ（Kikkoman Food Incorporated）が設立される。ＫＩＩ、ＪＦＣ、ＫＦＩの三社が、緊密な連携のもと醸造醤油のアメリカでの浸透を計ることになる。ＫＦＩは醤油を醸造し、ＫＩＩがその醤油を販売する。ＫＩＩはオリエンタル市場へはＪＦＣを中心とする問屋を通し、メイン・ストリームへは直接販売開拓していった。流通のシステムが両者で異なっていたからである。

ＪＦＣ、ＫＩＩは、販売でともにＫＦＩ発展の大きな力となった。ＪＦＣインターナショナルは、日本食品のみならず東洋食品を売りこむノウハウをすでに作り上げており、ＫＩＩはＫＦＩによって生産された醤油を、アメリカ市場の販路を開拓し売りこんでいく。オリエンタル向けは東洋系の問屋から小売店、レストランに入り、主流向けは西海岸最大のフード・ブローカー会社「マイラート・アンド・シュミデール社」という食品ブローカーを通してスーパーに入った。キッコーマンがアメリカ進出を時期を待ちつつ、国内事情にも圧されて着々と歩を進めたことは、経営力と言ってよい。一九四九年の輸出開始から八年を経て米国販売会社を一九五七年に設立、十数年を経てＪＦＣ、一九七三年にＫＦＩを設立、その間二五年がかかっていた。

ＷＩＰ（ウィスコンシン工場）の建設

〈ＫＦＩ設立の経緯〉

キッコーマンのアメリカ工場建設までの経緯を見ると、輸出→アメリカでの専門販売会社の設立→アメリカへのコンテナ輸送→アメリカでのボトリング生産→アメリカでの工場建設へと進んでいる。決して一気にアメリカへ走ったのでなく、国内事情、世界で置かれた日本の状況など勘案されている。

一九六四年当時、日本は高度経済成長の最中で、「国際通貨基金」の八条国へ移行し、国際収支の悪化を理由に為替取引きを制限することが認められなくなっていた。同年「経済開発協力機構」（ＯＥＣＤ）に加盟し、先進資本主義国へ仲間入りする。それは開放経済体制に組み込まれることを意味していた。当時国内的には政府は「中小企業近代化促進法」に基づき、中小企業メーカーの構造改革をすすめていた。一九六三年より始まったＪＡＳ規格は数度の改変があり、品質の改良のため、群小の工場を協業化、共同化、業務提携を推し進めた。旧通産省による「工業統計速報」によると醤油事業所は一九七七年には一三三一事業所（三一三五工場〔食糧庁調べ〕）であったが、一九八六年には九七九事業所（二五〇八工場〔食糧庁調べ〕）であった。統廃合された醤油工場は良質の醤油を生産し、大企業もその競争力を認めるほどになっていったのである。中小企業という地元に密着した企業が、激しい生き残りの競争ののち、力をつけて売上を伸ばしていたといえる。キッコーマンは大企業の国内で置かれた状況からの活路を求めて、アメリカへの進出を図ったといえる。

アメリカでのボトリング生産は、Made in America と認められ、税が安くなって価格を下げることが出来、業績があがった。アメリカ生産の損益分岐点を九〇〇〇キロリットルと考えていたキッコーマンのＡＰ委員会（America Plant 委員会）は、アメリカ生産の実現性を模索した。

キッコーマンがアメリカに工場建設を決めた時、依頼した調査会社は、六〇〇カ所の候補地を挙げた。ウィスコンシン州ウォルワースに決まったのは、『キッコーマン株式会社八十年史』（二〇〇〇）によると①原料産地に近い②国道一四号、ミルウォーキー鉄道が近く物流に便利③勤勉で良質な労働力がある（北欧系）④平和なコミュニティである⑤豊かな自然がある　という理由によってであった。その地域の人々の語るところでもあるが、畠山総支配人は、「ウォルワースは札幌―ミュンヒェン―ミルウォーキーといわれる世界の名醸造地の線上にある。古来カナダまで先端を延ばしていた氷河が、ウィスコンシン北部で伏流し、南部に美しい湖沼地帯を生み出した。キッコーマン工場のある地は、豊富な地下水があって醸造に適している」と語る。この地に醤油の工業用地を確保するため、町議会での説明、住民との対話、農家訪問説得と地道な活動を続けた。ついに郡と町の賛成を得て、ウィスコンシン州知事から「キッコーマン歓迎」のメッセージが送られ、ＷＩＰは年間生産量が、醤油八〇〇〇キロリットル、Teriyaki ソース九〇〇キロリットルの工場として始まった。

競合—マーケティング　人の移動と醤油

〈アミノ酸醤油との競合〉

醸造醤油は、現代の技術では仕込んでから半年発酵を待って諸味をつくり、搾り、火入れし、壜詰される。アミノ酸醤油は大豆を塩酸処理することで一〜二日で醸造醤油の発酵部分が了る。この製造工程で安価な製品が出来あがる。キッコーマンの醸造醤油がアメリカに入っていった時、すでにアミノ酸醤油が市場にあった。アメリカ中西部を拠点として製造されるそれらの醤油は、「LA CHOY」、「CHUN KING」等である。この醤油との競合でキッコーマンは「安いだけで満足ですか。キッコーマンは本ものです。」と消費者にアピールした。キッコーマンが取った方法は『キッコーマン株式会社八十年史』によると左記のようである［キッコーマン　二〇〇〇：二五三―二五七］。

①・ラベル—一九五六年、「サンフランシスコ・クロニクル」紙に醤油が“all-purpose-seasoning”と評しているのを、輸出用ラベルに取り入れた。

・家庭婦人雑誌の「Good House Keeping」の“Good House Keeping”の保証シールのマークを一九六四年よりラベルにつけた。

②・アメリカ人の嗜好にあわせた商品の開発—一九七三年は二品目、一九九三年には一二品目。

・アメリカ人の好む醤油を使った料理法の開発。そのために『Kikkoman Cook Book』を発行「Teriyaki Sauce」は大ヒット商品であった。

③・ディズニーワールド、ディズニーランドの出店スポンサーとなる。

④・ＡＢＣネットでキャラクター、グラハム・カーに醤油を取り上げてもらう。

・オピニオン・リーダーへの働きかけ　新聞・雑誌に醤油を取り上げてもらう。

このような多角的で地道な努力の結果、キッコーマン醤油は全米九九パーセントのスーパー・マーケットに納入された。醤油の販売量は、一九七三年二〇〇〇キロリットル（半年間）→一九七四年七二〇〇キロリットル→一九九七年には七八二〇〇キロリットルと伸び、二四年後には二年目の一〇・九倍へ拡大した。大量の醤油がアメリカ市場へ流れ込んだ。競合相手と競争し、値段が安いことに慣れ、それまでの味に馴染んだ消費者を変えることは難しかったに違いない。アメリカのスーパーを廻るとキッコーマン醤油とともにアミノ酸醤油が同じ棚に同じ程のスペースで並べられている。しかし高級なスーパーを訪れると、キッコーマン醤油が品揃えも豊富に並ぶ。キッコーマンの状況を象徴する場面であるが、アミノ酸醤油は、見た目は黒く、香りはなく、しょっぱい。醸造醤油のうま味、かおりはない。

〈中国人の来米〉

アミノ酸醤油が、ゴールド・ラッシュ時の中国人のアメリカ移住によってアメリカへ入ってきただろうことは前に触れた。一八四八年、アメリカの西海岸では、ゴールド・ラッシュが起こり、一攫千金を夢見る多くの人々をひきつけた。その中に中国人もいた。一八四八〜四九年に四〇〇人がわたり、一八五〇年代に六万五七五八人、一八六〇年代には三万四九三三人の広州南部人が渡米した。［斯波　一九九五：一四八〜一五二］。一八七〇年にはそのブームも去るが、一八六三年に始まったアメリカ大陸横断鉄道の建設に、珠江デルタから一万二〇〇〇人の人々が集まった［斯波　一九九五：一五二］。中国の福建、広東では、多くの人口をまかなえるだけの農地がなく、国は禁じていたが、海外へ押し出されるように出稼ぎに出る人々がいた。一九世紀後半には、列強の労働力を求める圧力に押されて清朝は鎖国政策を改めた。アメリカに渡った人々は、当初アメリカの最下層労働者として働いた。やがて勤勉な労働の成果として得た実りを中国レストランに投資し、経営者になるか従業員になって働く人々が現れた。現在多くの中華料理レストランが、アメリカの隅々にまである。レストラン事業は、中国人が好んで進出した職業・事業分野であった［游　二〇〇〇：一九八］。中華料理向け食材、調味料の需要があったと当然考えられる。斯波は、その間の状況を次のようにまとめている。「シスコのチャイナタウンの場所は、『四九年開拓者』が幌馬車を止めて寝泊り・飲食・遊興し、金の掘れない冬を過ごすベースキャンプの広場として起こった。四九年暮れにはここの広州飯店に中華会館第一号が誕生し、一八五九年までに三邑、四邑、中山、客家などの細分をとげた六大会館が出来て、中小の県人会や、宋親会をまとめる体制がなり、分化した秘密結社の支部『堂会』の数々も顔をそろえた」〔斯波　一九九三：一五〇〕。ゴールド・ラッシュをきっかけとして中国人社会が生まれつつあったのである。しかし中国人の醤油についての調査は、今後の課題である。食物を中心としたアメリカ社会への浸透についても、この小論では触れることが出来ない。

醤油の味については、地域に合わせて味を変化させることを聞いていたので伺ってみた。「もともとキッコーマンはそのような意味での多様化をあまり考えていない。米国ではアミノ酸醤油との競合関係にあるが、本醸造醤油として差別化を計ることに意味がある。台湾ではもとから醸造醤油があったので、ある程度現地の人の味に合わせたことを聞いている。醤油は自然の風味を引き立てる。材料の味を引き立てる良さがある。クリーミーなソースに加えて味をアップさせることも出来る。アメリカの醤油の将来性はまだまだある。浸透率は半分はいっていない。単純な使い方なら家庭、レストランにもっと入って行く。加工食品用は、パケージ食品、レトルト、スナック、ビーフ・ジャーキーなど、現在浸透しているがもっと増えよう」（ＫＦＩ、畠山総支配人）。

三　キッコーマン醤油の浸透

地域と分野

〈醤油の入っていった地域〉

ＪＦＣの榎本社長によるとサン・フランシスコやロス・アンジェルスを中心にカリフォルニアは全米で最も醤油需要が多く、ついでニュー・ヨークが多いという。シカゴを中心としたアメリカ中西部は入りにくい。深南部は需要の少ない地域であった。カリフォルニアは、日系人が多いということがあって醸造醬油が最初に入った地域である。この地域では70年代に入って急激に移民が増え、中国、韓国、ベトナムの人々そしてメキシコ系の人々等が入りこんだ。アジアの人々は醸造醬油を受け入れ、醬油販売量は伸びた。ニュー・ヨークも多くの民族の共存する地域である。その民族の中でも醬油を受け入れる人は、教育レベルが高く、教養があって、専門職につき、自分の属する文化と異なる文化を受容できる人々であった。ユダヤ系の人々が醬油を受け入れるということが言われるが、上記の理由のほかに食材に対する宗教的なタブー理由が大きいかもしれない。これらの人々を突破口に一般の人々にも醬油は入っていった。

他方オハイオ、ミシガン等アメリカ中西部では、一日働いて家に帰ると昨日の夕食は「meat and potato」、今日の夕食も「meat and potato」の世界である（ＫＩＩ　荻原社長）。食の多様さに関心を示さず、保守的であった。これ等の人々には新しい文化である醸造醬油は入りにくかった。この地はアミノ酸醬油の製造地であるとも語られる。以上のような地域、階層による醬油受け入れの特色を示しつつ、ＫＩＩの荻原社長によると一九八三年、キッコーマンはアメリカの市場シェア四六・八パーセントを確保し、トップに立った。一九九四年にはシェア五〇パーセントを越え、業務用加工用市場では六〇パーセントに上っている。家庭浸透率では年間を通じて二五パーセントの家庭が購入している。家庭用には二五〇ミリリットル壜、三〇〇ミリリットル壜が販売され、工場ではその壜詰が壜詰工程に並んでいる。

家庭用については、ＫＩＩの荻原社長は次のように述べる。「『Teriyaki』を販売するようになって爆発的に醬油はシェアを伸ばした。醬油だけの販売は多くの方法を使っても難しかった」。醬油を料理に使うという生活に密着した文化を変え、定着させることは、難しかったといえる。しかし「アメリカの生活で醬油が入りこむ糸口はあるはずである」とＫＩＩは考えた。「アメリカでは四月から九月頃家庭で二日に一度は戸外でバーベキューをする。そこに登場するのは肉、ハンバーグである。「Teriyaki」はここに入っていくことを狙った。ただぬるだけ、それで今までよりはるかにおいしい肉が焼きあがる。この簡便さがアメリカの生活スタイルとマッチした」という。

〈需要分野〉

需要分野も時代の変化にしたがって変わりつつある。醤油需要は家庭用・業務用・産業用に分類できるが、「Teri-yaki」以外に醤油の需要を伸ばしたのは、業務用・産業用の大口需要である。アメリカの多くの家庭では特に都市部とその周辺ではゆったり料理を楽しむほど、人々の生活は時間的に余裕がない。共働きの家庭では、外食をし、インスタント食品・冷凍食品・レトルト食品等、手早く食事できる方法を家庭に用意して、食生活の簡便化を図っている。これらは産業用として製造される食品である。業務用と分類されるレストランの食事には醤油味の食事が提供される。「全米には五〇万軒のレストランがあり、そのうち中華料理店は四万軒、日本料理店は九千軒ある。中華料理店の七〇パーセントはキッコーマンを使っている」（KII　荻原社長）、その他チェーン惣菜店でも醤油味の料理が販売されている。

『キッコーマン株式会社80年史』には需要の構造変化として産業用需要について何度も触れている。近年産業用の伸びが著しい。KFIの二村工場長とまわったWIPでは、五五ガロン入りのドラム缶、四八〇〇ガロン（二〇キロリットル）のタンクローリー、二万ガロン（八〇キロリットル）のレールカー貨物用が輸送用に使われる、と説明を受けた。これらは産業用向けであろう。産業加工食品に、醤油味が様々に使われている。醤油味の食料として加工・製品化され、これ等全てがアメリカ人の胃袋に納まっていく。意識するとしないとに関わらず、アメリカ人は醤油味に触れ、醤油味が食生活に入りこんで行く。

製造と経営

〈経営〉

一九七三年に建設のWIPは、拡張を重ね、二五年後の一九九七年には七万八二〇〇キロリットルの生産量に達している。当初WIP建設時には、アメリカのほぼ中心で全米への物流に便利と考えたが、カリフォルニアに運ぶにはトラックで四日、鉄道で八日を要した［キッコーマン　二〇〇〇：五八二］。カリフォルニアでの消費量の増大、物流の利便、競合相手、これらを考え合わせて、新たな工場建設への要請が高まった。一九九三年には「ヤマサ醤油」がオレゴン州セーラム市に工場を建設し、そこからはサンフランシスコに一日の距離であった。二つの醤油醸造メーカーがアメリカ進出を果したわけである。

カルフォルニア工場（CAP、以下同様）の起ち上げに大きな役割を果されたのが、現WIP工場長二村氏（二〇〇三年八月現在）である。醸造学を専門とする二村氏は、現在製造部門を統括しておられる。WIPが建設される時、当時の茂木啓三郎社長は挨拶で「この工場はキッコーマンのアメリカ工場でなく、アメリカのキッコーマン工場である。」と語ったことに象徴されているように、「経営の現地化」を経営の基本方針とした［キッコーマン　二〇〇〇：三一九］。玄関前に星条旗、人事部長に現地の人、七名の日本人は分散して住んだ。経営管理は原則としてアメリカ流と定められた。しかしレイオフしない、意思決定ではグループの意思を尊重する、という点で日本的手法を取り入れた。二村氏によると「日本的経営手法です」という。「そのためにはCAPでは、米国人の従業員を採用する時、キッコーマンの職場風土に合うかどうか面接を何度も行って適任者を選んだ」。WIPでは、当初、一つの理由としてよい労働力の得られるところということでウィスコンシンに工場を定めた。

二村氏は醤油醸造について次のようにいわれる。「WIPの酵母は野田の酵母と同じもので、よいもののみ選んでいる。これがキッコーマンの伝統のコアである。醸造醤油を作るには製造技術が大切だが、野田の技術を守って身につけることで継承されていく。継承されたことを次の人に伝えていく。このように仕事を続け、工場を守っていくうちに愛社心も生まれる」。キッコーマンのアメリカ工場の経営はアメリカ的なやり方と日本の経営方法のバランスよい混交の上に成り立っている。野田の伝統のコアと醸造ノウハウの伝統をウィスコンシンとカリフォルニアにもたらしている。

〈管理〉

管理というと様々な管理がある。グローバル化の問題に則して取り上げると標準化－特に品質や製造環境の標準化が取り上げられよう。これは適正な品質管理・製造管理に与えられる認証で、アメリカ発である。この点でのグローバル化は国際規格に適応することである。取引をする相手は国際規格を取得した企業であれば信用できるし、商売することになる。日本では国際標準化機構が制定する「ISO 9000」シリーズや環境については「ISO 14001」が取得対象になっている。

アメリカでは「ＨＡＣＣＰ」が有名で、キッコーマンはこの認証を一九九八年に取得し、継続している。「ＨＡＣＣＰ」は食品衛生の観点から、「清潔であるか、ルールに従っているか、製造工程で異物は混入していないか等を、日常的に管理しているか、厳しく審査する。クリアするのはなかなか大変である」（畠山総支配人）。「ＨＡＣＣＰ」を継続するとは審査を定期的に受けいれることで、これをクリアする必要がある。そのため広大な工場内は整然と整備され、清潔である。資源リサイクルも行なわれている。工場内では醤油かすは飼料に、ダンボール、新聞、プラスチック、ビンは分別し、回収する。こぼれる諸味や醤油を掃除し、清潔に保つ。白いユニフォームも白が一番汚れが目立つためである。この「ＨＡＣＣＰ」によって衛生管理はレベルアップした。

筆者は毎日午前の二時間をかけて工場内を巡回される二村氏に伴い、工場内を見学した。広い工場内で白いユニフォームを着て働く一四〇名のワーカーたち。彼等に一人一人名前を呼んで声をかける工場長の二村氏。赴任した時は写真と首っ引きで従業員の名前を覚えたといわれる。挨拶を交わし、工場内で全てが順調にいっているか、問題はないか、目を配る。女性従業員は出来あがった諸味のペーハー（乳酸発酵の目安）を確認するため、実験室様の部屋でチェックを受けている。品質の確認が、毎日のルーティン・ワークとして定着している。

アメリカ社会—その変容

キッコーマンがアメリカで本格的に活動をはじめて三〇年あまり、その間アメリカ社会も変化を経ている。キッコーマンのグローバル化と関わるところでその変化を追ってみよう。

アメリカ社会は様々な国からの移民で成り立っている。移民は出身地の食文化を携えてやってくる。ここではアメリカに長年暮らし、会社を育ててこられた方達の生の声でアメリカ報告をしたい。荻原氏はキッコーマンを販売する立場からアメリカ食文化を見てこられた。このアメリカ食文化の語り部は次ぎのように言われる。「アメリカの人々はいろいろな食文化に触れ、吸収してきた。それはアメリカ人の懐の大きさを示す。世界大戦後、朝鮮戦争後、ベトナム戦争後、兵士たちはそれらの国々の食を持ちかえった。またアメリカン・ドリームに魅かれて移民もどんどん入ってきた。入ってきた人々によって従来の文化も刺激を受けた。それら外来の食文化の中に醤油もあった。醤油は最もパワフルだったということだ。アメリカで受入れられるということは、他民族に受入れられるということで自信につながる。大切なことは醤油自身の力—においも色も味を引き出す力も—も魅力だったということだ。会社の三五〇年の歴史も尊敬の対象だ。日本食については七六年頃より、寿司は気持ち悪いから寿司は健康によい、に変わった。カリフォルニア・ロールは裏巻きで、アボカド、マグロのはいった巻き寿司だが、これも定着した。動きを加速させたのは、米国社会の健康志向である。一週間に二回ジムに通ったり、ジョッギングする。それまでの脂肪分の多い食を見直し、健康的な食として日本食が見直された。そして醤油も注目され始めた。クリームやマヨネーズから醤油へ切り変えて行くという動きも出てきた」。

この健康志向と関係があるが、本物志向がある。食でいえば添加物の多い食品を見なおし、より自然に近いものを料理に使うというように。「カリフォルニアではアリス・ウォーターによる新鮮で良質な食材、生命力を与える食材を見なおし、料理を考える動きがあって、食に対する関心が高い。カリフォルニア・キュイジーヌの動きは真剣に食を考えるシェフたちを惹きつけ、研究会を行なっている。新しい考え方を身につけた料理人が世界に散った。醤油もこれ等の人々が取り入れ、料理に用いている」。

ＪＦＣの榎本社長はアジア系の食品販売会社の立場から次ぎのように言われる。「キッコーマンが醤油だけでなく、食材の販売会社の経営権を得て、その組み合わせで本格的活動を始めたのはよい判断だった。一九七〇年代以降、多くのアジア系の人々が移民してきた。これ等の人々を対象に商品が広がり、ＪＦＣも拡大した。ＪＦＣでは、現在一万種類のアイテムを販売している。醤油はメイン・ストリームへ入って行くことが課題だが、進め方としては、一〇年二〇年の大きなスパンで考えて、間接的なやり方でやるのがよいのではないか。長い期間かけて消費者にどういう影響を与えるか、どういう普及の仕方をするかを考えるのがよい。醤油が空気のように感じられて、無いと始めて意識する、それが本格的な浸透である。初めの頃はアメリカの主婦たちが「今日は醤油を買った」ことを食事時の話題にし、そのうち抵抗なく醤油を使うようになって商売は成功といえる。そのレベルから見るとまだまだである。現在、三〇〇ミリリットル入りが一般的である。レストラン、スーパーでも日本食はどんどん増えている。しかしアメリカにも食文化があり、これを尊重することが大切である。アメリカ進出を成し遂げたというより、良いものだから使ってみたら、という心がけが大切だ。アメリカの食文化の一つに加えられる、という気持ちが大切だ」。

四　要約と結論

経済システムと醤油のグローバル化

醤油は、一度ならず世界へ進出しようとしている。「オランダ東インド会社」がインドネシアのバタビアに拠点を構え、アジアの二九カ所に商館を設置した頃、ヨーロッパは資本主義・株式会社制の萌芽の時期であった。ヨーロッパにおける経済的諸事情と航海技術の発達は、アジアでの貿易へオランダを押し出した。共同で資本を持ちよることで、船団を組んで出帆し、商取引によってもたらされる利潤については、資本家たちに配当された。株式会社の始まりである。会社は、日本における取引の当初から一七世紀を通じて、金・銀・銅、特に銀による支払いで多大な利益を得た。一七世紀中葉から一八世紀になって日本で軽工業が発達し、生産品が商品として取り扱われるようになると、「オランダ東インド会社」の利益は急速にしぼんでいく。この時期、日本の陶磁器や酒、醤油といった商品が、中国船やオランダ船に積み込まれて出て行く。

「オランダ東インド会社」の取扱商品であった醤油は、完成品として世界へ出て行った。江戸時代の発展の一翼を担った醤油産業は、資本を投下してものを作るという過程を経た商品であった。西欧において発展した株式会社という形の資本主義ではないが、資本が動き、余剰は新たに産業を拡大するために用いられた。日本の場合、イエが分家として新しいイエを生み出す形で、資本が生かされている。こうして産業化された優れた文化である醤油が国外に出て行く時、資本主義の初期のシステムによって押し出されて行った。しかし地理的・政治的・経済的・世界史的状況に制約されていた。「イギリス東インド会社」は、インドから多量の綿を買い取ったが、それらは自国の産業の原材料として必要不可欠のものであった。その原材料が産業を成り立たせ、出来上がった製品で他国との交易を可能にしていた。醤油はその点、ウオラーステインののべる世界システムとしてイギリスに組み込まれたインドと違って、物の売り買いという取引に過ぎなかったといえる。

日本では明治維新を迎えた時、西欧列強の近代的資本主義システムへ繰り込まれていった。経済のシステムのみならず、西欧の諸制度―議会制民主主義、官僚制、近代的軍事制度を一気に取り入れていった。キッコーマンは一九一七年（大正六年）、株式会社となった。そして次第に求心力を高め、株式会社としての体裁を整えて行く。一九二七年には長期に渡る労働争議を経験し、新しい人間観に基づいた人事管理について高い代償を払って学んだ［キッコーマン　二〇〇〇：一〇一］。株式会社化し、新しく歩み始めたキッコーマンに襲いかかった次の波は、戦争を始めた国に協力することであった。

醤油のグローバル化の現象は、このように日本の側からみると、江戸時代には資本主義の勃興、植民地化の動きと共に起り、明治時代以降は、資本主義が定着し始め、諸国間で起る戦争と共に起っている。植民地化や戦争というもっとも世界が動乱状態にあり、破壊と流動の時、醤油も動いた。しかし最終的には、資本主義と株式会社が成熟し、それを支える政治・経済システムが十分な発達をみた時、醤油は醤油自身の持つ力を十分発揮し、世界へ浸透していった。

人の移動とグローバル化

江戸時代におけるオランダのアジア地域での活動は、ヨーロッパの諸国間関係に勝ち、生き残るための商業活動であった。南アジア、東南アジア、東アジアにやってきたヨーロッパ人の間の商業活動は、それ以前からその海域で活動していた中国人と競合していた。オランダは、福建・広東からの移民の技術や能力を活用しながら「オランダ東インド会社」の経営にあたっていた〔斯波 一九九五：七七 - 八〇〕。中国人が現地の妻を娶り、メスティソ(フィリピン)、ペラナガン(ジャワ)、ババ(マレー)と呼ばれる半中国風、半現地風の中間階層をつくり、現地人よりも優遇されたことも記述されている〔斯波 一九九五：九八〕。移民して定住したり、貿易という形でアジア各地で取引する中国人がいた。中国人は貿易で醤油を扱い、中国人の下に醤油を送っていた。現在、甘味のある醤油様の調味料が東南アジアで生産されていることを見ると、現地の調味料と何らかの影響を与え合っていることが想像される。

移民の国アメリカで、一八四八年代に始まる中国人の移住が醤油をもたらしたことは間違いないだろう。現代に目を移すと、一九六五年、アメリカの移民法の改正後、移民の平等割当制度へ切り替わって、家族呼び寄せが緩和される。一九七〇年代、アジアから多くの移民が米国へやって来た。国別に見ると本土中国・香港・台湾から二〇〇万人、韓国系は一二〇万～一三〇万人、フィリピン人一五〇万人～一六〇万人、ベトナム人一〇〇万人以上であった。一〇年単位で見るとアジア系人は倍倍で増えていったのである［村上　一九九七：二一一―二一七］。カリフォルニアの東洋食品の需要は高まり、醤油もその中に含まれていた。人の移動は、物の需要を呼び起こす。こうして商品が動く。

アメリカにおけるキッコーマン

〈その運営〉

キッコーマンのアメリカ進出は、会社内の最高の意思決定機関によってなされた。日本が一九六四年加盟したOECDは、先進国が世界的な立場から国際経済全般について協議するための機関であるが、主要な目的は世界貿易の自由で多角的な拡大である。この機関の働きは、高水準の経済成長の維持、開発途上国の経済発展の援助　貿易拡大への貢献等、諸国が経済的発展を計ることである［『現代用語の基礎知識』二〇〇四］。すなわち資本主義経済が浸透していくことを意味している。日本は、加盟の時点で規制によって守られる立場から、経済的に一人立ちし、誰にも頼らず、自由な経済活動を目指す世界のルール（欧米の考え方が中心となった）へ入っていくことにした。

こうしてキッコーマンは、国際的なルール、資本主義経済下で力を思う存分発揮することとなる。しかしキッコーマンがアメリカへ進出するとは、アメリカの法、アメリカの政治・経済・社会下の文化システムの下で、経済活動をすることである。流通分野はそれまでに開拓したアメリカにおける流通ノウハウで行ない、生産は日本の醸造技術者が、アメリカの従業員指導のため一年間滞在して醤油生産のノウハウを伝えた。製造の技術の核はどの社会にあっても共通のものだが、それを担い、協力して仕事を進めていくのは、アメリカの文化・行動様式を持った人々である。日本からやって来て技術指導を行なった技術者は、協力して共にがんばった初期のウィスコンシン・プラントの人々との交流が印象深く、帰国後自ら製作した御輿を贈った。御輿を担ぐようにみんなで力を合わせて工場を支えようとアピールする御輿は、工場の正面玄関に飾られている。

このことに象徴されるように、日本に根ざした株式会社運営のノウハウが、さらにアメリカのシステムと接合され、新しい運営ノウハウのもと醤油を生産している。醸造の知識技術の継承、それと一体になった工場運営のノウハウが、ここでは生きている。こうしてキッコーマンの味を守る核心といえる伝統が、日本的な業の継承の考え方に守られて、異国の地で育っている。資本主義下の株式会社制度が、日本に伝播され、接合されて、再び株式会社の発展のルーツを共有する米国へ持ちこまれ、移植されようとしている。醤油のグローバル化と同時に醤油生産のための生産方法のグローバル化がなされている。こうして醤油醸造の核に関わる部分は、日本の会社運営の考え方が貫かれる。日本的である必要のない周辺事項はアメリカ的である。

〈キッコーマンの浸透―その社会的背景〉

家庭の中へ、レストランへ、そして工業製品の中へと醤油の進出は驚くべきものがある。しかしＫＩＩの荻原社長は、「家庭での消費量は日本の家庭の一〇分の一です。家庭用のみでは限界があります」という。スーパーの棚を見ると分かるように、日本なら一リットルビンが中心であるところ、二五〇ミリリットル、三〇〇ミリリットルボトルが中心を占めている。日本では何の料理の味付けにも用いられる醤油の味付けも、アメリカでは食材が同じでも醤油を使う発想が生まれるかどうか、主婦であれば容易に想像がつく。

醤油の多様さは、醤油自身の味を変えることなく、醤油をベースにさまざまな商品開発をすることで生まれた。その最大のヒットが「Teriyaki」である。醤油のグローカリゼーションが起っているといえる。また産業商品の調味料として醤油が使われていることは、売上げが多いだけに、なおアメリカ社会へのインパクトが強いのではないかと思われる。このような醤油味の浸透をもたらした社会的な要因の一つは、女性の社会進出であろう。

キッコーマンがＷＩＰ建設をした一九七三年頃、アメリカの女性の全平均有業率は、四三・三パーセント、一九九七年には五九・八パーセントで、男性は七五パーセントである。女性の労働力率は、当時Ｍ字型を示していたものが、緩やかな上昇に転じ、一九九七年頃には八〇パーセント近くに上り、Ｍ字型から男性と同じような台形のカーブを描いている［柴山他　二〇〇〇：一〇一－一〇三］。女性のそのような社会参加は、家事は女性のものと考えている男性が多い中で、家事労働にしわ寄せがいったことは十分考えられる。それに呼応するかのように外食産業が盛んになり、多いに利用され、簡単に手を加えれば食べられる食品、レトルト食品、冷凍食品、缶詰、スナック菓子等が普及し、醤油はこの波にも乗ったのである。

アメリカ人が強く意識し始めた健康志向も、醤油の普及に力を貸している。アメリカ人の食事の脂肪分の多さ、甘いもの好きは驚くべきものがある。アメリカ人の肥満については、政府も問題として取り上げるほどで、一般の人々の健康に対する関心は高い。カロリーの高いバター、マヨネーズやクリームを避け、健康によい日本食を選び、醤油味を選ぶ。

このように三〇年あまりのうちにアメリカのメイン・ストリームに入り込んだ醤油だが、どの地域でもうまくいったわけではない。都市と田舎、多民族、文化的伝統の歴史が長く食の体系がしっかりしているところ、そうでないところ、醤油と合うところ合わないところ等、さまざまな地域があり、さまざまな民族の中にわけ入ったのである。営業をするために考えられるあらゆる方法を取りこんで活用し、「少ない資源でやりくりしながらここまでやってきました」（ＫＩＩ　荻原社長）。ＮＨＫのディレクターが「プロジェックトＸ」番組製作のために「何かトピックスになるようなことはありませんか」と聞かれても、現場では「毎日毎日のたゆまない努力があるだけです」（ＪＦＣ　榎本社長）。こうしてグローバル化は進んだ。

キッコーマンは長い歴史を生き延びてきた。江戸時代開業して後、様々な困難を乗り越えてきた。株式会社化を成し遂げ、国策会社として東南アジア、東アジアに工場を建設した。戦後アメリカに進出した時、後になると布石として手を打ったように見えることも、その当時は、成功するかどうか未知数であった。慎重な現在の状況の検討と決断と努力、その連続でここに到った。

自然の営みを観察することにより生まれた醸造は、経験知を重ね、明治時代には醸造研究所が作られて、より良い酵母の発見に努め、発酵のメカニスムが研究された。野田の味を守るということが、醤油造りの核となる酵母だということは、もの作りの中心に自然の営みがあるということである。その最もよいものを選び出すことで良き伝統、味を守ることに繋がる。グローバル化は、個別の文化に力が無ければ叶わないが、日本の湿潤な気候が作り出したこの文化は、乾燥した大地の作り出した遊牧を基礎としたミルク・バター・クリームをベースとした味文化と文化的接合を成し遂げる段階にある。

おわりに

この小論をまとめるため日本の「キッコーマン国際食文化研究所」の平山所長に大変お世話になった。計画の段階から相談に乗っていただき、おかげでキッコーマンのアメリカ事情を頭にいれながら調査に臨むことが出来た。アメリカ現地では、それぞれの事業所・工場で、大変親切なご案内をいただいた。サンフランシスコからお会いした順にお名前を挙げるとＫＩＩの荻原大社長、ＪＦＣの榎本社長、ＫＦＩのＷＩＰの畠山総支配人、二村工場長、いずれの方々ともその分野ならではのお話が伺えた。感謝と共にお礼を申し上げる。

キッコーマンはアメリカの他にシンガポール、ヨーロッパ・オランダ、中国・台湾等にも工場をもっている。それらの工場で生産される醤油は、その地域の消費者の下に運ばれ、今や全世界的に広がりつつあると言っても良い。今回はアメリカのみの調査で終ったが、機会があれば、他の地域の醤油事情について食との関係にウェイトをおいて調べたいと願っている。

参考文献・資料

石毛直道他編『食文化入門』講談社、一九九五年。

石毛直道他編『発酵と食の文化』ドメス出版。

大塚　滋『食の文化史』中公新書、一九七五年。

大塚久雄『株式会社発生史論』（大塚久雄著作集第一巻）岩波書店、一九六九年。

片桐一男『江戸のオランダ人』中公新書、二〇〇〇年。

加藤治子『食べるアメリカ人』大修館書店、二〇〇三年。

可児弘明編『僑郷華南華僑・華人研究の現在』行路社、一九九六年。

可児弘明・斯波義信・游仲勲編『華僑華人』東方書店、一九九五年。

キッコーマン株式会社『キッコーマン醤油史』一九六八年。

キッコーマン株式会社『キッコーマン株式会社八十年史』、二〇〇〇年。

小泉武夫『醗酵　ミクロの巨人たちの神秘』中公新書、一九九四年。

國學院大学日本文化研究所編『グローバル化と民族文化』新書館、一九九七年。

国際連合編『世界の女性』日本統計協会、二〇〇〇年。

科野孝蔵『栄光から崩壊へ』同文舘、一九九四年。

ギュイヨ、ギュイヨ　池崎一郎他訳『香辛料の世界史』白水社、文庫クセジュ、一九八七年。

斯波義信『華僑』岩波新書、一九九五年。

柴山恵美子他編『各国企業の働く女性たち』ミネルヴァ書房、二〇〇〇年。

土井敏邦『アメリカのユダヤ人』岩波新書、一九九三年。

中島成久『グローバリゼーションの中の文化人類学案内』明石書店、二〇〇三年。

永積　昭『オランダ東インド会社』講談社学術文庫、二〇〇〇年。

前川啓治『開発の人類学』新曜社、二〇〇〇年。

前川啓治『グローカリゼーションの人類学』新曜社、二〇〇四年。

村上由見子『アジア系アメリカ人』大修館書店、二〇〇三年。

山田珠樹『ツンベルク日本紀行』奥川書房、一九四一年。

山脇悌二郎「江戸時代、醬油の海外輸出」『野田市史研究』第三号、一九九二年。

游　仲勲『華僑』講談社現代新書、一九九〇年。

Roberts, J.A.G *China to Chinatown : Chinese Food in the West*. Reaction Books, 2004.

ジェームズ・ワトソン編　前川啓治他訳『マクドナルドはグローバルか』新曜社、二〇〇三年。

I・ウォーラーステイン　川北稔訳『近代世界システムI』岩波書店、二〇〇四年。

I・ウォーラーステイン　川北稔訳『近代世界システムII』岩波書店、二〇〇四年。

『現代用語の基礎知識　2004』自由国民社、二〇〇三年。

通商産業大臣官房調査統計部『工業統計速報』一九五九年度、一九六二年度、一九六五年度、一九六八年度、一九七一年度、一九七四年度、一九七七年度、一九八〇年度、一九八三年度、一九八六年度、一九八七年度、一九九二年度、一九九五年度。

中小企業庁編『昭和六二年度　中小企業白書』『昭和六三年度　中小企業白書』。

第Ⅲ部　現地化をめぐって

第八章　日系子会社における会社文化
――近代合理化の儀礼・儀式のグローバル化

高木裕宜

はじめに

会社文化の海外移転とは

本章は、欧米社会に端を発し、近代化のための儀礼・儀式や祝祭として創られた日本の文化諸事象が、会社文化として海外子会社に移転されていることについて、創造された歴史や企業社会に導入された経緯をふまえて、考察しようとするものである。ここで分析の対象とする会社文化とは、日系子会社内で行われる、ラジオ体操や朝礼、統一的な制服の着用といった日常の管理におけるものから、社内運動会や慰安旅行など、現在の日本国内では行われなくなりつつある会社内の各種の祝祭的な行事などである。これら一つ一つの事項が、なぜ日本国内の会社に存在していたのかは、いろいろな歴史的事情によっているが、後に述べる先行研究を手がかりにしていえば、欧米や日本社会での近代化、特に労働者の身体を近代産業にあわせて創り変えるために導入された経緯がある。例えば、ラジオ体操や運動会などについての個々の創出過程については、日本社会の近代化との文脈で解明されてきた。すなわち、合理化が進展すると考えられてきた近代国民社会で、儀礼性や象徴性を持つ文化装置が国民の身体に作動する過程について、文化社会学や社会史などの研究によって明らかにされてきている。これらは、現に存在する伝統が、実は近代に入って創られたもの（invention）であることを明らかにした、ホブズボウムらの「伝統の創造」論などをもとにしており、近年の日本では、「～の誕生」といったかたちで、個々の事象の創出過程について解明が進んだ分野といってよいであろう。このような、規律・訓練であり且つ儀礼・祝祭的なものが創造されたところは、学校、軍隊があげられ、特に先にあげた運動会のように、教育の場での創出過程についての分析が進められることが多い。しかしながら、フーコーの言うような、身体への合理化、規律・訓練社会の生成という意味での近代化が進展する場としては、工場についても考慮されるべきであるが、研究が少ないのが現状である。また、欧米でいう近代社会では、労働以外の領域で行われる、慰安行事、レジャーなどは、本来、私的領域に属するものであり、企業のなかで積極的に推進されるものではないはずである。さらに、朝礼や制服を着用することなどは、軍隊で用いられる、規律または儀礼・儀式であり、表象の一種である。日本の会社内では、これらが混在しており、現在では、日本企業の海外進出によって、子会社においても波及している。そのため、これまで解明されてきた事象についても、ここで会社文化として、あらためて取り上げ、また、会社特有の事象についても分析することによって、日本の会社に独特といわれてきた、伝統的な諸行事・慣行の意味についての一端を明らかにすることができるのではないだろうか。

本章で紹介する子会社は、発展途上国のケースのいくつかと、比較のために先進国に所在するケースを取り扱っている。これらのケースでは、各々の会社文化の事項について施行程度に差が生じており、日本本社において消滅したようなものもある。会社文化の移転とは、会社自体の違いや、海外での取り巻く環境の違いなどによって違いが生じていると考えられる。しかしながら、これら儀礼・儀式や祝祭といえる事柄が、社会の近代化という次元との関連においてあることを考えれば、現在の日本や先進国で実施されていないものが、近代化されていない発展途上国にある海外子会社において実施されていることは、日本での経験が再度繰り返されているといえるのではないだろうか。結論を先取りしていえば、日本企業が移転した、またはしつつある会社文化は、日本の近代化において学校や軍隊で創られ、第二次大戦以降の総力戦下に用いられた従業員への規律・訓練と儀礼・儀式の装置であり、発展途上国の近代化という文脈において、異なる社会・文化的背景を持った人々が集まる日系子会社のなかで、あらためて用いられていると考えられる。

ケース企業（日系子会社）の紹介

ここで対象とする海外子会社は、まず三重県に本社を持ち、旧財閥系Sグループの一角を占める企業であり、自動車用ワイヤー・ハーネスを中心に製造するS電装の海外子会社であり、その香港現地子会社であるHK電装有限公司と中国（広東省・恵州市）に所在するK電装製作所である。S電装の海外展開は、二〇年以上の歴史を持ち、北米、ブラジル、ヨーロッパ、インド、東南アジア、オーストリアなど、多くの地域に進出を果たしている。現在、海外に約四〇社あり、従業員数でみると、日本国内約五千人、国内関係企業を含む一万人であるが、海外は約三万人強であり、売り上げ約二千億円のうち約半分を海外生産によっている。

香港進出は一九八六年であり、一九八九年より中国恵州市へ、現地企業との合弁事業として進出（九二年当時中国の法規により合資、合弁の形をとる）し、工場を完成させている。この恵州工場は、香港中心地より車で三～四時間ほどの距離に位置し、OA機器用ケーブル（プリンター・コピー機）を中心に、現地の日系電器メーカーへ供給している。恵州工場では、HK電装からの委託加工のかたちで生産を行っているが、設立時の資金、技術は日本本社から提供したものである。売り上げは約二億香港ドルである。

現在、生産設備は、恵州へ移転しているので、HK電装では、経理、輸出業務などの事務部門が中心となっている。香港においての操業では、進出当初の香港人採用は五〇人であり、ピーク時には約一〇〇名程度となったが、その後、恵州進出とともに、管理面での人材を除いて縮小しているが、HK電装で育成した作業現場での管理スタッフは、そのままK・電装で働いている。香港の工場機能（ベルトコンベアなど）が完全に恵州へ移転したのは九八年である。K電装の設立まで、日本から香港へ、また恵州での合弁という段階を経て進出を果たしているが、このことは、日本本社が現地子会社を直接コントロールするといったかたちをとることがなく、現地での会社文化についても多少複雑な影を投げかけていると考えられる。

現在のK電装の従業員数は、約七〇〇名強である。従業員のうち、四割程度が広州出身者であり、そのほか各州からの出身者であり、ラインでの現場作業員は、一八歳から二二歳を中心とした女性が九割以上を占め、工場の横に建つ寮に全員入居し生活している。ここでは、現地子会社社長や数名のトップは日本人派遣社員であり、現場の管理スタッフは香港人、作業員は女性中国人という構成になっている。日本人派遣社員はもとより、香港人と中国人の違いは文化的に大きく、また中国人のなかでも広州以外に各州からの出身者がいることで、中国国内の各州出身者の文化的背景の違いを考えると、同社は複雑な構成であり、文化的状況として興味深い対象であるといえる。

一九八九年以来の恵州への進出動機は、生産コストの問題、特に賃金の問題によるものである。ケーブル生産は、現在でも人手による生産という部分が大きく（これは日本本社工場においても同じである）、労働集約的な生産形態を取っている。このため、香港進出後、一年で他の進出先をさがしていたということである。労働集約的な産業に従事する多くのメーカーがそうであるように、人件費の削減を求める上で、現在までの中国での低賃金は魅力となっている。また、その他の進出動機としては、日本の自動車メーカーであるH社の中国進出を意識した先行進出も当初本社では考えられていたが、自動車用ワイヤー・ハーネスの生産は他の子会社とへ移転している。

また、もう一つは、愛知県に所在する工業用機械刃物を中心に製造するK社の海外子会社として一九八六年、ジャカルタに合弁会社として設立されたK・インドネシアである。K・インドネシアの進出経緯とは、もともと、東南アジアは、材木関連の産業が盛んであり、最初、K・日本本社は、インドネシアにおいて合板用刃物の販売を行っていた。しかし、現地での機械用刃物の現地生産、販売の強化のために、もともと神戸にある機械メーカーが一九八〇年に進出したものを、インドネシアの機械メーカーとの合弁で現地子会社を設立した。現在、K・インドネシアは、ジャカルタ郊外にあるS商事が造った工業加工区に位置し、インドネシア現地企業が一〇パーセント、もとの企業が一〇パーセント、残り八〇パーセントをK本社が所有しており、合板（ベニヤなど）刃物を中心に生産し、売り上げが約一億円ほどで、従業員が約一二〇名で、現場作業上の必要から、現地従業員のほとんどが男性であり、この工業団地まで通勤している。

次に扱う会社は、愛知県に所在する自動車用ばねを中心製品としたT製作所がアメリカに設立した海外子会社であるT・アメリカである。T・アメリカは、ミシガン州、コールド・ウォーター市に所在する。コールド・ウォーター市は、人口八〇〇〇人程度であり、ノルウェー系、ドイツ系、フランス系、一部のアメリカ原住民で成り立っている。T・アメリカの現在の従業員数は、約一八〇人、売り上げは、約二四〇〇万ドルで、本社の十分の一程度である。製品製造、主要製品については、日本本社とほぼ変わらず、取引先については、本社と同じ取引先（アメリカ進出した日系企業）と、吸収前に取引であったF社、G社などの主要なアメリカ自動車会社である。

T製作所のアメリカへの進出は、もともとアメリカのばねメーカーであるQS社に出資し、その後一〇〇パーセント出資のかたちで吸収したものである。QS社は、T製作所が日本でばね生産に乗り出す同じ時期、一九四〇年に設立され、変圧器メーカーであるK社によって一九六四年に買収されてが、当時QS社は、一部の特許製品以外に特別な利益を上げる製品がなく品質管理などの現場管理が、日本に比べて遅れていると見受けられたので、その建て直しのために、T製作所へ進出の打診が行われ、一九八七年七月よりK社との五〇パーセント・五〇パーセント出資の合弁会社として出発する。その後、一九九三年にT製作所の一〇〇パーセント出資の子会社となる。

T・アメリカの発足時の問題としては、生産技術、計画等々、生産における「近代化」（日本人派遣社員談）がなされていないと感じられたことから、現場管理上のT社の会社文化が持ち込まれている。これは、「現場重視」という日本での取引先であるトヨタ自動車の生産指導のなかで生まれた考えをもちこんで、「現場のなかもセールス」という理念を浸透させるべく、工場内レイアウトの変更から、後に述べる5S活動、ユニフォームの制定などが実行に移されている。

一　会社文化の海外波及――日系子会社での会社文化とその起源

近代的産業身体

ここで扱うラジオ体操や運動会といった会社文化が実施されているのは、従業員の健康増進や慰安、さらにはチーム一体となった集団主義、「和」を保つためといった理由が一般には考えられる。しかしながら、こういった目的をもつ行事や作業現場での管理ツールといえるものとは、規律・訓練的な意味をもち、且つ日本以外の会社にはあまりみられない儀礼・儀式として実施されている。これらは、近代産業での労働において、近代的な時間感覚を獲得することや効率よく合理的な動作を可能にする身体が必要であったため、欧米社会から移入され、且つ一種の儀礼・儀式的として日本社会において創られてきた経緯がある。

近代産業において、合理的な身体動作を可能にする規律・訓練、その結果として合理的な産業身体というものが必要であることについては、洋の東西を問わず近代化という文脈で通底した歴史の流れをもつ。しかしながら、近代工業では合理的な産業身体を必要としているが、近代産業の興る以前から、そのような諸身体があったわけではない。近代西洋から始まった産業身体は、日本社会の近代化において移入され、さらにいろいろなかたちで創りあげられていく。

近代的な身体の成立について、泣きかた、笑いかた、行進、舞踏など人間の表情や動作の変容を通じて明らかにする三浦雅士は、近代化の歴史のなかで、身体への関心、まなざしの高まりが身体の近代化への起点となり、そのなかで産業的身体というべきものをもたらしてきたとしている［三浦　一九九四］。日本人の歩き方やその他の身体動作も、明治期以降の近代化とともに形成されたものである。近代的な歩き方、身体動作は、欧米社会からもたらされ、変化し、つくられてきたのである。さらにいえば、日本人の身体動作は、近代的工業という生産様式にあわせて変化し、身体自身をもつくり変えてきた、つまり産業身体ともいうべきものをつくりあげてきたといえる。

日本人の身体が変化せざるをえなかったのは、明治期以降、日本では西洋式の近代化が緊急の要件となったためである。その当時の日本人は、西洋式の集団的な行動にまったく慣れていなかったのであり、「集団が集団にあわせて整然と動くということは簡単でなかった」のであり、「かつての日本人は習わなければリズムにあわせて歩くことができなかった」のである［三浦 一九九四：一二八］。このことは、日本人の身体所作が近代化によって変化したことを「ナンバ」という近代化以前の歩き方を例に引くとわかりやすいであろう。最近では、江戸時代までの日本人の歩き方である「ナンバ」が、スポーツなどにおいてあらためて見直されることによって知られるようになってきているが、ナンバというのは、簡単に言えば、右足と同時に右手が出、左足と同時に左手が出る歩き方である。正確に言うと、ナンバは、右・左の手足が同時に出る歩き方ではなく、腰を落として、腰から下だけで前進し、上半身の揺れを最小限にとどめるような歩き方であり、芸能では能の運歩にみられ、剣道などの古来からの武術にみられる動きである［三浦 一九九四：一三二―一三六］。ナンバは、水田耕作という農耕生産上の身体所作として理に適っているという。逆に言うと、農耕に適した身体所作が、芸能や武術の動きをつくっていたわけである。

しかしながら、明治期に入り日本社会の近代化が始まってから、身体をめぐる事情が大きく変化する。進んだ西洋諸国に追いつく富国強兵のためには、西洋の技術を学ぶ必要が急務となり、そのために西洋の機器を扱うことや、西洋的な集団行動を行う身体動作が必要とされるようになる。日本人の古来の歩き方である「ナンバ」は、「強兵」のための軍隊での整列行進に向かず、さらに戦闘に必要な機敏な動作にも向くものではなかったのである［三浦 一九九四：一三二］。そのため、明治政府は、集団で歩調を合わせて行動するためには、現在の修学旅行のはじめとされる行軍旅行を行ったり、一斉に同じ行動を行うための兵式体操を浸透させるなど、学校教育の場で

「徹底した身体管理」を行っていくことになる。そのなかで、伝統的な身体所作が失われてゆくと同時に新しい身体所作が獲得されたのである〔三浦　一九九四：一三七－一三八〕。さらに、「富国」のために兵式体操の施行したのは、必ずしも兵士を育てるためだけでなく、「組織だった行動になじむ身体と心性を育むため」でもあった。つまり、近代的産業の進展にともなう、農耕的身体から近代的産業身体への変換が行われたということができる。

ラジオ体操と朝礼——近代的リズムへと時間への同調

産業身体を創り出す技術は、学校教育での兵式体操からさらなる発展形態のひとつとして、海外の日系工場の作業場においてもよく行われているラジオ体操も創り出されてくる。そこで、海外日系工場における厚生文化としてのラジオ体操の波及についてインドネシアのケースによってみてみることにしよう。

合板（ベニヤなど）刃物を中心に生産するＫ・インドネシアの工場は、ジャカルタ郊外にある工業団地にあり、その団地内の日系企業のほとんどがラジオ体操を行っているとのことだが、同工場では、進出後、最初の二年ほど、日本と同じラジオ体操を行っていた。しかし、作業場で、インドネシア人従業員（ほとんど男性労働者）の動きを観察していると、どこか日本のラジオ体操にテンポがあわないということが判明してきた。そこで、一人の女性現地従業員の発案によって、インドネシアのある体操に変えたところ、現在まで定着しているとのことである。上インドネシアにおいて、日本の近代的産業身体を創りあげたひとつであるラジオ体操があわなかったといえる。上にあげた三浦が指摘するように、民族には、農業には農耕の身体といった、その生産段階と様式にあった民族特有の身体所作をもつ。後述するように、日本においても、ラジオ体操は明治期以来ながい歳月をかけて完成された身体所作である。日系子会社内でインドネシアの体操を採用することは、ラジオ体操の普及というより、現地での変容、適応であるが、インドネシアにおいて、何らかのエクササイズがすでに存在していることは、欧米的な体操がすでに導入され、現地の民族的なリズム感覚にあわせた健康法が存在しているということもできる。しかしここで問題になることは、ラジオ体操自体の目的を考えると、健康のためにあるということよりも、工場内において、朝の作業前に、全員一斉に同じ時間と同じ動作を行うことにある。

ラジオ体操の創造過程について、近代日本の国民の身体の動作や時間感覚の近代化に関わる問題として詳細に研究した黒田勇によれば、ラジオ体操は、一九二九年代に簡易保険事業の一環として、衛生環境の向上をめざして始められたものである［黒田　一九九七］。ラジオ体操が創られてゆく背景としては、近代化にともなう保健衛生思想の普及が存在している。この身体の健康への関心は、規律・訓練的な権力とともに、現代の厚生や福祉社会につながる起源を探求したフーコーのいうような、対象である人々の生を積極的に増進する「生かす権力」であるといえる［フーコー　一九八六］。現在の潔癖ブームまでつながる日本人と衛生、清潔の関わりについて分析する小野芳朗によれば、明治近代化以降の日本での清潔への希求や衛生観念は、衛生博覧会などの啓蒙活動によってかなりの広がりをみせていたとされる［小野　一九九七］。これら病気予防や健康維持への関心が高まるなかで、「生活のなかで合理的な対策を立てるべきであるという言説が普及していた」［黒田　一九九七：二三］のである。ラジオ体操が始まった時代は、保健思想の考え方が背景にあるとともに、「人間の身体あるいは身体への動きへの関心が生まれた時代」であり、「それまでとは違う身体観・身体文化が一般の人々に生まれた時代」であった［黒田　一九九七：四九］。こうした身体への近代的なまなざし、合理的な関心は、ラジオという最新の近代的な機器との結びつきがはかられることで、新しい科学的な儀礼を生み出してゆく。ラジオ体操は、「文明の進歩にしたがった科学的・合理的な健康法であり、かつ健康を純粋に身体そのものの問題ととらえ、身体を訓練することによって健康が達成される」［黒田　一九九七：五〇］手段として成立していく。そして「新しい身体観・身体文化を反映して生まれた」ラジオ体操は、一旦新しい近代的儀礼として成立すると、逆に「人々はラジオ体操をとおして新しい身体観を身につけていく」ようになるのである［黒田　一九九七：四九］。

さらに、ラジオ体操には、健康のための身体の鍛練以上の意味がある。ラジオ体操とは、予防や健康維持への合理的な対応とともに、欧米列強に伍していくための富国強兵のために、「個々の身体の鍛練とともに、集団の規律を内面化させる」[黒田　一九九七：三二]という役割をもっていたのである。もともと兵式体操も、号令のもとに集団で一糸乱れず同じ動作を行うことによって集団規律を身につけさせるものであった。ラジオという新たな文明機器によって、さらに同時に、同一の情報に対して、同一の行動をもって体操を行うことになる。この時間の同時性が、「ラジオという新しい媒体の機能を象徴するもの」である。つまり、ラジオという機器によって、「身体そのものへの矯正」から、「近代的時間への同調」を可能にしたのである[黒田　一九九七：九]。

日本における近代的な時間感覚の生成について述べる橋本毅彦らがいうように、一日の時間を細分化したり、区切った時間のなかでスケジュール化した行動をとることは、一種の近代的な制度である[橋本他編　二〇〇一]。もともと、人は社会上決められた時間単位にしたがって生活していたわけでなく、自然の移り変わりと共同体の時間感覚にしたがっていたのである。近代的な時間制度は、西洋においては、機械時計の導入とともに、一七世紀に工場や学校で実行される。日本でも西洋的時間感覚への変更は、近代的軍隊制度、官僚制度、工業生産などを組織運営するには必須の要件となる。そのため、明治期以降に学校、工場などの近代制度によって、近代的時間感覚の変更、訓練が進められていくことになる。そこで、この近代的な「時間厳守」、「時間の有効利用」といった規律と、日本の農村に存在していた農作業の規範としての「早起き」の奨励と結びついたものとして、朝のラジオ体操が利用されるようになる[黒田　一九九七：九七－一〇〇]。

さらに、ラジオ体操は、「朝起き」のために利用されるだけでなく、その動作内容そのものが近代的生産様式に身体そのものを同調させる目的をもっている。ラジオ体操は、一定の時間内に細分化された各種運動の連続で構成されている。近代的時間との同調という問題は、ラジオ体操が朝の定刻に行われることだけにあるのではなく、その内容自体が規則正しいリズムによって行われ、近代的生産様式のリズムを象徴していたということである。つまりラジオ体操そのもののなかに、「近代的時間の同調装置」が含まれていたのである。チャップリンの有名な映画

『モダンタイムス』に描かれているように、機械の作り出す正確な流れ作業のリズムに同調することは、人間本来のもっている固有なリズムではない。ここでいう「リズム」「リズミカル」という言葉自体、時間を極細分化して展開する工場のリズムを象徴しているのである〔黒田　一九九七：一一四－一一五〕。この意味で、近代的時間への同調装置としてのラジオ体操は、「時間と個々の身体をダイレクトに結びつけることで、新しい社会制度へと人々を従属させる毎日の儀礼」〔黒田　一九九七：一一五－一一六〕ということができる。

ラジオ体操のような機械への同調装置のほかに、工場の作業現場において直接的に動作や時間の合理化を促進していくものが、アメリカで一八八〇年に発明されたテイラー・システムである。よく知られているように、科学的管理法あるいはテイラー・システムのいう時間・動作研究とは、作業をいくつかの単純な動作に分解し、各々の動作について科学的に測定された標準時間を設定することによって、最短の労働時間で最大の生産効率をあげるために労働の合理化をはかろうとするものである。これは、労働者の身体動作・時間への合理的なまなざし、科学的に把握するという意味で、まさに「労働時間の数量化の発見」〔三浦　一九九四：二四二〕ということができる。

このようにラジオ体操とは、新しい科学的な儀礼であったが、その他に日本の工場では、朝の作業前に同じ場所で全員いっせいに一致した所作を行うものとして、日本の会社の独特の慣行といわれる朝礼という儀礼も存在している。通常、工場内の朝礼とは、その目的として、作業場における情報の共有化がはかられることがあげられる。つまり朝礼で伝達する内容とは、朝一番の作業前に、その日の作業内容や目標について通達したり、作業上の注意を従業員へ与えることである。

しかしながら、朝礼の起源を探ってみると、情報伝達といった効果を狙うことから異なる側面も発見できる。筆者が現在の日系子会社で実施されているような会社内の近代化の儀礼・儀式について歴史的な経緯を調べたところ、日本の会社内で現在も行われている毎朝の朝礼が、日本全国の会社内で行われるようになったのは統制経済下にあった日中戦争以降である。当時の朝礼は、作業開始時の体操をとともに、一日の作業を精励することを誓うという儀式であり、軍艦旗掲揚式や、国旗の掲揚、宮城遥拝、戦没将士の英霊への黙祷など、軍隊で行われていた儀礼・儀式を職場の規律として導入したものである［高木　二〇〇三］。すなわち、日本の会社内で行われる朝礼とは、軍隊とのアナロジーによって成立したものであり、情報共有化という目的以前に儀礼・儀式としての起源をもっているということができる。

海外の日系工場においても、朝礼を行うことは作業場での慣例としてよくみかける。先述のK・インドネシアにおいても、朝礼が毎日行われている。伝達事項については、昨日の生産実績についてや、今日の生産目標、事故についての注意など、日本とほとんど変わらない内容のものである。毎朝の行事ではないが、その他にミーティングは週二回ほど行われている。T・アメリカにおいても、朝礼について日本本社と同じく、一〇人程度ごとにグループを組み、行われている。また、毎朝の会議ではなく年行事としての会議は、四半期（年四回）ごとに全体会議（employee meeting）を開いている。この際には、全従業員、ホワイトカラーとブルーカラーを取り混ぜて出席し、業績報告や今後の取り組み課題などを議題として取り上げているとのことである。中国でのK電装においても朝礼は行われているが、その内容は日本と同じではない。日本では仕事内容に即した伝達以外のインフォーマルな情報伝達も行われているが、ここでは伝達事項の通知のみ行われているとのことである。

制服――統一の表象から身体の規制へ

近代的生産様式への身体の適応は、身体動作だけでなく、労働者の身体へのまなざしによるものとして、労働者の見た目、つまり表象としての衣装の問題も含まれる。産業における制定された制服の着用は、日本の会社において、もっとも浸透しているといえる。海外日系工場においても、ホンダ・アメリカの白い作業着は有名になっているが、多くの会社において自社制のユニフォームを作って従業員一同に着せることが多い。

K・インドネシアでは、ユニフォームとして本社とは異なるものを、独自に制定しており、現地で調達している。しかし、そのユニフォームにつけるロゴマークは、日本本社において一九九三年に、CI（Corporate Identity）活動の一環として制定したものを、現地でも使用している。ちなみにロゴマークは、会社のレター、ポスターなどでも使用している。T・アメリカのユニフォームも、日本本社と異なり独自に制定したものである。ユニフォームを制定する際には、一三種のなかから五つを従業員が選択することになっているが、色や長袖、半袖など要求が多かったため、日本本社と比べ種類も豊富である。また、作業現場だけでなく、管理スタッフにも、オフィスで着用するブレザーなどの制服を制定している。この際には、ホンダの白の作業着や、他の日系メーカーのポロシャツ・タイプのユニフォームなどが参考にされた模様である。制服制定の際には、現地従業員の間で、若干の抵抗があったが、現在では定着しているとのことである。中国のK電装工場でも、本社などとは別に、恵州工場独自のユニフォームが決められ着用されている。このように海外の工場においても、現地子会社が制定した制服を現地社長から、日本人派遣社員、現地従業員一同までともに着用している。日本の会社では、現地社長が工場内を見回るときも、作業着を着ていくことは慣行であり、従業員一同が同じ制服を着るということは当然のこととして受け止められている。

また、日本の会社内の作業場において全員が既成の統一した制服を着て労働を行う起源について言えば、朝礼や体操、後述する運動会と同じように、統制経済下にあった第二次大戦中からである。中国K電装の親会社であるS電装では、この時期に男子従業員には制服、制帽、女子には上っ張りが制定されるなどしている。しかしながら、時局がすすむにつれ、物資不足のためか、作業場で常時着用するというより、会社行事や団体行動の場合に着用していたようである。この時期の労働統制として、作業場で統一した作業着を支給したことは、会社従業員を、戦時下、日本の職場を護る銃後の「産業戦士」として、「職場もまた戦場」であるという認識から、「産業人の軍隊化」を推進するためとされていた［高木　二〇〇三］。

欧米社会でも、産業革命以降に生産に適した衣服を選ぶようになっているように、労働のために働きやすい衣服を着ることは、近代化以前にはそれほど自明なことではない。身体動作に適した衣装をまとうことは、ヨーロッパ社会で始められたものである。先述の身体の近代化について述べる三浦によれば、統一された制服が制定されたのは、一六世紀、近代に入ってから軍隊へ導入されたのが始まりであり、兵士という身体に対しての規格化・標準化を促したとされる［三浦　一九九四］。制服の発祥とは、軍服にさかのぼることができるが、これは、もともと戦闘に適した衣装を選んだというより、当時高価であった衣装を絶対君主の威信と権力を誇示するための装飾として採用された。しかし、軍服が制服として採用されるとほとんど同時に、それが転じて身体動作の利便性ためのものとして、また大規模な戦闘では敵味方を区分けする「内的統一の外的表章」といった、集団的行動のためのものとしてとられるようになっている［三浦　一九九四：二〇三］。

一方で、産業に与えるインパクトして、軍隊の重要性は、制服のみならず、兵器の規格品、標準化という意味で大きい。一八世紀後期から一九世紀初期にかけて兵器の標準化と量産化から、規格品の大量需要が生まれ、これが、後の大量生産に発展したのである。また、標準化した制服、標準化した各種兵器などの大量需要・消費も大量生産に貢献している。この意味で、軍事こそが大量生産の源である。

さらに、「大量生産における製品の規格化、標準化は、兵士の身体の規格化、標準化をうながさずにはおかない」のである［三浦　一九九四：一九七］。つまり、兵士の身体そのものを規格化、標準化すること、身長や体重を瞬時に変えることはできないが、兵士の身体所作をある一定の形式にはめることはできる。そして特定の形にはめられた身体所作は、やがて同じような身体をつくっていくのである［三浦　一九九四：一九八］。

このように「衣装は身体を規制し、思想を規制する」ことが可能であり、ヨーロッパにおいては、「衣服がどのようなものであるべきかというモデルを提供する」ことで、労働者の身体へも影響を与えるようになる。結果として、労働の衣服も、労働にふさわしいものになり、着やすく働きやすい衣服という考え方が成立する。ヨーロッパにおいて、「労働服」を採用することは、それにふさわしい身体を採用することになる。つまり、産業的な身体が成立するのである［三浦　一九九四：二〇四－二〇五］。
欧米社会では、ビジネス・スーツや労働着など、身分・階級にふさわしい衣装を身につけることになったが、現在まで、監獄内の作業場といった例外を除いて、工場内の作業着として軍隊のような統一した制服を着用することは一般的ではなく、工場内に足を踏み入れる場合、社長以下の経営者まで作業着を着用することはあまりみられない現象である。先に述べたように、日本の会社のなかでは、「労働にふさわしい」衣装から、さらに軍隊のように統一された制服を着用するようになる。まさに、作業場の戦場化であり、「産業戦士」の誕生である。この意味で、海外に日本の会社が進出し、統一した制服を制定し着用を義務付けていることは、欧米社会から日本へ移入した制服による身体の近代化が、日本において衣装による「産業戦士」化として強化され、さらに海外に再移転していることになる。

慰安行事

ここまで述べたラジオ体操や朝礼のような作業場での日常的な儀礼・儀式とともに、日本の会社内では、非日常的なもの、年行事として従業員が参加する慰安旅行や運動会という行事も存在している。従業員への慰安事業として日本国内で行われる行事は、海外においても行われているが、中国の日系子会社で日本人派遣社員が述べていたように、「ひとにやさしい」福利厚生事業と考えられ、参加した現地従業員にも歓迎されている様子である。

では、海外日系子会社での運動会や旅行といった慰安行事について、中国と先述のインドネシアの工場のケースでみてみよう。

中国の工場では、運動会及び慰安旅行が進出当初から行われている。慰安旅行や運動会を行うにいたる経緯は、現地社長などの日本人スタッフが発想のもととなっている。運営に関しては、現地従業員が委員を務め自主的に、目的地、内容などを設定し、最終決定は、予算などを考慮して、現地社長が決定している。今までの例として、慰安旅行の内容については、バス一五〜六台に分乗して、全従業員が参加し、広東省内のテーマ・パークや温泉地、動物園などに行っている。運動会としては、例えば、海辺において、九〇パーセント以上を占める女子従業員が外出用の服を着て、玉入れ、棒倒し、綱引きなどの競技を行っている。この海辺で行われている中国での運動会は、競技内容は日本本社からきたものであるが、専用の体操着を着用するわけではなく、整備された運動場において組織化され、競技種目を整然と行うようなものではなく、後述する明治期の運動会の創出過程にあるような、内容、形式とも整備されない時期の日本の学校教育における運動会の原初風景をほうふつとさせる。

この他に関連する従業員へ慰安行事についていくつか紹介すれば、年二回のバス旅行、新年会、卓球大会、綱引き大会、クリスマス会、カラオケ大会などが行われている。この中で、クリスマス・パーティについては、クリスマスを行事として認知している日本の影響と、イギリス領であった土地柄の反映か、香港進出初期から盛大に行っているとのことである。パーティは、レストランで行われるが、漫才、ダンス、カラオケなど、グループごとに出し物があり、順位を決め、賞品を出すことになっている。パーティには、従業員は家族連れで出席してもよいが、その際、日本人スタッフ側としては、名簿を作って出席者を管理しないと、従業員以外の他人が入り込むことがあるので、注意を要したそうである。しかしながら、香港では、年々参加率が低下していったということであり、現在では約半分の従業員が参加しているとのことであるが、出し物などについても、かつてほど熱心に準備をしなくなっているとのことである。新年会については、旧正月において、恵州市内のレストランを使い、全従業員出席の上、盛大なパーティ形成において行われる。その際には、いくつかの表彰式を行っている。生産現場での業績評価としての社内賞与は、皆勤手当て、品質管理賞、最優秀オペレーター賞、総合優秀賞などがある。この旧正月会においては、業績評価としての賞与の他に、お年玉も給付しており、赤い袋（red pocket）に入れた、多くて半月分ほどの賞与を支給していることである。これは、休暇中、実家に戻ることによって、辞めてしまうことが往々にしてあるので、離職率低下をねらい、帰省後に会社へ戻ってきてもらうために実施しているとのことである。またその他には、親睦のため、副指導員クラス（日本本社での班長クラス）との食事会が、月に一回恵州市内のレストランにて行われており、一年で全員にわたるよう配慮されている。

インドネシアの工場においても、慰安旅行や運動会などの慰安行事が行われている。慰安旅行を考えたのは、日本本社から出向してきた発足当時の現地社長である。全社をあげての慰安旅行は、現地子会社設立以来行われている。内容は、家族も同伴して、バスに分乗し、日帰りの一種の「遠足」として、山へのハイキングや動物園、公園などへ行っている。行き先、バス予約などは現地社員が行っており、費用はすべて会社が負担している。

また、全社をあげての運動会についても、日本からインドネシアへ伝播している。同工場では、過去四回ほど行われ、競技種目は、パン食い競争やリレー競争といった日本で行われるものと変わらないものであった。競技内容が日本と変わらないのは、インドネシア研修生が日本本社へ研修にいった際に日本本社の社内運動会で覚えたものを、そのまま現地子会社で行っているからである。しかしながら、この運動会は、現在は行われていないとのことである。その理由は、運動会の運営を現地社員に任せていたが、時間進行などの面で、日本で行われているほどうまくいかないことが原因として考えられている。例えば、現地社員が、日本人学校で行われていた運動会を実見したところ、あまりの「整然」とした運営に感心したという話があり、時間の効率的利用という意味での近代的時間感覚の面で問題を有しているようである。そこで、日本で行われているような、全社をあげての社内運動会は、現在行われていないが、課対抗のサッカー大会やバトミントン大会が行われている。

これらの発展途上国にある二社に比べて、T・アメリカでは、後に述べる5S活動のように日常的な管理の面では多く導入されているのに対して、会社が主導となったり、日本から移転するような行事は、あまり導入していないようである。現在まで、社内の行事としては、クリスマス・パーティもしくはピクニック、ゴルフ大会などが行われている。クリスマス・パーティもしくはピクニックは、毎年、八月頃に社内で投票をして、一二月にクリスマス・パーティをするか、次年の六月頃にピクニックをするかを決定されている。その際には、資金集めとして、

「50・50ラッフル」と称して、当選した従業員には、チケット収益の五〇パーセントをもらうことができるくじ付きチケットを販売している。また、ゴルフ大会は、年一回、顧客、仕入先を含め、ビール、ホットドッグなど参加従業員が準備し、従業員主体に行われる。これは、費用は会社持ちである。これらの催しは、T・アメリカ設立以前、合併する会社の時代から存在していたものである。

その他、T・アメリカが費用を出して全社的に催される行事は少ないが、地域へのボランティア活動や募金活動などは盛んである。まず、"UNITED WAY"募金活動は、実行委員を人事担当と組合ボランティアで結成し、目標金額を達成すべく、全社的に募金活動を展開している。UNITED WAYは、ボーイスカウト、ガールスカウト、識字教育グループなど、同社が所在する地域で活動する二九の団体が結成した機関である。同社としても、地域貢献の一環として、毎年社内的イヴェントとして募金を呼びかけ、寄付を行っている。また、アメリカ癌協会が主催する、四八時間歩け歩け大会（寄付収益活動）"REAL FOR LIFE"も、全社をあげての募金活動であり娯楽である。これは、地域の有志企業が会場公園にブースを設けて、会社内有志によって四八時間リレーを行うものであり、夜通しのイヴェントとなるため、有志がキャンプをしたり、一種のお祭りのように楽しむものである。このイヴェントのために、約二カ月ほど、人事担当、事務有志、組合有志が実行委員を結成し、パイ投げゲームや、お菓子販売などの募金集めの企画をし、募金を呼びかけている。

運動会の創出

世界に類を見ない日本独特の行事とされる運動会は、明治以降の学校教育の場で創出されたものである。運動会のみならず博覧会などの近代社会の祝祭について文化社会学的な分析を行っている吉見俊哉によれば、運動会とは、学校教育の現場において、近代的な身体への規律・訓練システムという空間と、近代化以前の民族的記憶としてのマツリの時間を重ねあわせた象徴的・儀礼的な文化装置として働く場であったされる［吉見他　一九九九］。

近代社会における国家的儀礼・儀式の創出（invention）について指摘したホブズボウムらによれば、例えば、ふるくからの伝統として考えられてきた、イギリスの君主国家が演出する、儀式的な、数々の公的なページェントとは、長い年月をへたものとして考えられているが、これらが、実際に創り出され、構築され、形式的に制度化されたのは、近代に入ってからであるとされる［ホブズボウム他　一九九二］。すなわち、近代は、マツリ、祝祭を消滅させるのではなく、を発明してきた。また、そういった伝統とは創られるものであるということができる。

先に、国民身体への規律・訓練化という意味で、明治国家が兵式体操を重要視していたことを述べたが、運動会も兵式体操という身体的規律・訓練技法を淵源に持っている。ラジオ体操とは、兵式体操を淵源にもちながら、近代的な儀礼のひとつとして創出されている。運動会もまた、兵式体操から発して、その他の日本的伝統とクロスしながら創出されたものである。つまり、マツリとして演出していく過程において、いくつかの日本の伝統と接合されていったのである。それらは、江戸時代から受け継がれた、村のマツリとしての伝統であり、児童の集団的遊戯の伝統である。

最初、運動会は、「体操会」と呼ばれており、学校内の運動場が整備されていないため、兵式体操を外で行うために、校外の海辺、河原、神社の境内などで行っており、「遠足」や「徒歩行軍」と区別できないものであった。そして、その場では、演習として行っていた兵式体操も、地域の人々の見世物となっていた。競技内容も整備されておらず、江戸期の寺子屋の「お花見」へ出かけて遊戯を行ったのと同じような感覚で受け止められていた。しかし、これらは、徐々に競技内容が整備され、軍事演習としての色を濃くしていくとともに、地域の見世物的側面は、国民の祝日などと重ねて行われるようになり、村々の集合的な日常感覚のなかに深く根づいていた村祭りと接合されるようになる［吉見他　一九九九］。すなわち、ラジオ体操が、「朝起き」の習慣と結びつくことによって創られたように、兵式体操という近代化という合理的な規律・訓練が進む一方で、それ以前の文化を利用することで新たな文化が創造されていたのである。

運動会とは、前述のように近代的身体への馴致について祝祭として統合したものとして顕れる。この意味で「日本人の集団的無意識が顕現する場として、国民身体をめぐる戦略がもっとも集約的に発動されたもの」といえる［吉見他　一九九九：九］。そして、ラジオ体操や運動会のような新たな儀礼・儀式、祝祭とは、近代社会において前出のフーコーのいうような規律・訓練的な権力によって抑圧、排除されるだけであったわけでなく、伝統を取り込み、再編成することで、創造されてきたということができる。

会社によるリクリエーション・慰安・娯楽

日本の会社においては、慰安・娯楽の一環としての運動会をブルーカラー、ホワイトカラーの区別なく同じ職場の人々が行うなど、一種の平等主義が貫かれている。日本企業の民主化と労使の一体化について指摘する白井泰四郎によれば、実際に日本の会社において平等化が完成されたのは太平洋戦争後である［白井　一九九二］。しかしながら、作業現場での平等化とは、日中戦争以降の統制経済下において導入されたものである。それ以前の工場内の作業員、現在でいえばブルーカラーにあたる人々、当時「職工」と呼ばれた人々についての実態を述べる有馬学によれば、職工とは、例えば一九二〇年代に始まった社会調査のまなざしの下では、日本の「社会の下層民」とみられており、職員、いわゆる現在のホワイトカラーといわれる人々と比べ、会社内での階層差が歴然と存在していたとされる［有馬　一九九九］。それが、日中戦争以降、統制経済が始まるとともに、同じまなざしのもとに社員として取り扱われるようになる。そのために、同じ社員として慰安行事に参加するべく、運動会や慰安旅行といった行事が会社内に導入されることになる［高木　二〇〇三］。ここで扱っている慰安行事でいえば、工員や職員のため慰安行事を行う慰安会、親睦会は、この時期までは、別々の組織に所属するのが一般的であったものが、この時期から、両者が同じ慰安行事や親睦のための行事に参加するようになり、両者の親睦会や慰安会も同一のものに一本化されるようになっている［高木　二〇〇三］。慰安旅行について、先述のS社の例をあげると、統制経済下の昭和一四年には、車中泊を含んだ、二泊三日の東京旅行が催されている。その内容は、「武運長久祈願」と「観光」をかねたもので、社長以下一六四人が参加し、靖国神社を参拝し、国防館、絵画館を見学、明治神宮、乃木神社、泉岳寺、震災記念館を訪れ、最後に浅草に遊んだとある。昭和一五年には、産業報国慰安会として、全従業員が皇紀二六〇〇年奉祝のため、橿原、大阪、宝塚方面に旅行を行っており、大阪城、中之島公園等の市内見物、参加人数の一四二二人の過半数を占める女子従業員のための宝塚大劇場での歌劇鑑賞を行っていた［高木　二〇〇三］。

現在の日系子会社には、このような全従業員が参加し、労使一体となった日本企業独特の行事としての慰安旅行が存在している。こういったレジャー（娯楽）とは、労働との関係で言えば、レクリエーション（re-creation）として行われるものである。レクリエーションとは、字義に表されている通り、労働力の再生産のために行われるものである。もともと欧米社会において大衆的なレジャー（娯楽）とは、工業化の進展と密接に関係している。アメリカの大量生産方式の形成について詳細な分析を行ったハウンシェルによれば、大量生産方式がひろまるにつれ、アメリカの余暇の過ごし方というものが現れたこと、また合衆国における大衆スポーツと大衆娯楽の出現は、労働者が大量生産によって被った緊張を解き解すためのレクリエーションの方法として出現したとされる［ハウンシェル　一九八四］。さらに、大衆的な娯楽のひとつである観光旅行・行楽とは、大量に旅客を運ぶ近代の鉄道といった交通網の発達とあいまっているが、近代社会においては、それ以前の行楽から異なった景観の意味が生じている。これは、鉄道の発達によって人々が容易に観光地へ出かけることが可能になったという量的な意味だけでなく、例えば、都市での環境悪化に対して、空気の清浄さなどの健康で衛生的な郊外というイメージが付与されたように、質的な意味での変化をともなっている。衛生観念とは近代の産物であることがからわかるように、人々が楽しみ消費する近郊など観光地への行楽は、あらたな近代の景観を発見したことからはじまっているといえる。また、このような近代社会での「風景の発見」について、フーコーのまなざしの概念をてがかりに、近代の観光について、ツーリストの視線とその対象を歴史的・経済的などの様々な角度から分析したアーリによれば、近代の社会は、それ以前の特権的視覚体験を、あらたな科学技術によって大衆化し、また商品化することに成功したとされる［アーリ　一九九五］。つまり、近代社会にはいっての観光とは、近代以前においては、きわめて特権的な人々によって占有されていた知覚体験、例えば塔の上から下界を眺めるようなパノラマ的知覚体験を、代金を払って鉄道旅行し、入場料や拝観料を払うことで体験可能にさせ、経済的取引の対象として成立させたということができるのである。

日本の会社における慰安旅行が浸透したのは、先に示した朝礼や制服と同じように、統制経済下においてである。その導入の目的は、健全な娯楽を労働者に提供することによって、それ以前の「職工」の悪風に染まらないようにすること、銃後の「産業戦士」として育成することであった［高木　二〇〇三］。ここで、当時の資料にある「悪風」という言葉を使ったが、大阪砲兵工廠について研究する三宅宏司によれば、統制経済以前の職工といわれる人々の就業形態とは、親方・子方といった徒弟修業を行うことや、技能取得のため親方の紹介で転職を行うなど、現在の日本の労働者の就業イメージとずいぶん違ったようである［三宅　一九九三］。このような就業習慣は、日中戦争を境に大きく変化する。現在までの日本の経済システムの源流を日中戦争以降の統制経済にみる岡崎哲二らによれば、当時の戦需経済による重工業化によって作業にも高度な技能が必要とされたことや、戦場からの帰還兵士を元の職場へ復帰させることなど、転職を繰り返す職工から一企業に定着する後の終身雇用への端緒がひらかれることとなる［岡崎他　一九九三］。こういったなかで、会社による従業員への一種の囲い込みの一環として、慰安行事までも職工・職員区別なく参加する職場の一体化や平等主義も始まるのである。

レクリエーションとは、労働者個々人が、仕事の後に余暇として個々人の時間において行うものである。しかしながら、日系子会社では、慰安旅行のように会社内でレクリエーションが行われる。本来、個々人が選択し、行うレクリエーションを企業が提供するということは、労働の娯楽への浸透または一体化ということができるであろう。

海外における5S活動

ここまで、会社内での近代合理性にもとづく規律・訓練的な儀礼・儀式のいくつかを扱ってきたが、このほかにも、日本の会社のなかには、同じように保健衛生思想といった近代的意味をもち、且つ文化的な背景をもっている現場管理の手法である5S活動（運動）というものがある。5Sとは、「整理・整頓・清潔・清掃・躾《しつけ》」という各項目の頭文字をとって名付けられた標語である。実際に会社で考えられている5Sの目的は、職場の安全・品質・納期・生産性を高めることとされ、日本の工場における生産管理の必須ツールとして実施されている。

経営コンサルタントなどが推奨する5Sの実利的効果は、日本企業の得意技である生産における徹底した「ムダ（無駄）」の排除や作業場での安全確保とされている。つまり、仕事の最中に物を探したり、仕掛品の管理による運搬の際のムダの減少、指示の徹底による、仕事のムダの減少をはかることである。また、材料間違いのムダの減少、図面、仕様書管理によるムダの減少による、品質の向上、作業場での通路の確保による安全や、作業表示の徹底による安全の確保が可能とされる。情報整理による指示の明確化や、現品管理の徹底による統制の向上、工程管理による督促の徹底によってムダの減少をはかり、納期の確保がはかられる。さらに、しつけによる時間管理、服装、あいさつの徹底による勤務態度の向上が可能であると考えられている［工場管理編集部編　一九八六、平野他　一九九七、他］。

この5S活動は、日本の工場の作業現場やオフィスではひろく常識となってお

表　5S

整理 seiri	いらないモノを捨てること
整頓 seiton	必要なモノをすぐに使えるようにしておくこと
清掃 seisou	ゴミを片づけ、きれいにすること
清潔 seiketu	きれいな状態を保つこと
躾　situke	決められたことを、正しく守る習慣をつけること

（出所）会社によって内容が若干異なることもあるが、工場管理編集部編や、平野他から作成した。

り、企業調査を行う研究者にもよく知られているものである。国際経営を専門とする吉原英樹は、日本の工場内で、静かで清掃が行き届き整理整頓されていることについて、海外の経営者や研究者が日本の工場を見学して強い印象を受けていること、その規律の厳しさやクリーンなことの鍵は、日本の工場内で行われる、この5S活動というものに見出さるとする［吉原他　一九九八：一二八］。こうした見解は、日本国内の工場のみならず、海外に進出した日本企業の作業現場においてもみられ、5S活動は、途上国、先進国をとわず、海外の日系企業においてもよく行われている。そのため、日本企業の管理手法として、一種の国際的普遍性を有するともいわれている［吉原他一九九八］。つまり、異なった文化的背景を持つ人々が、自発的に細心の注意をもって仕事をするようになる機微について、浸透させる方法は異なるが、しつけや整理・整頓といった5S活動に見出されているのである。

では、海外日系工場における5S活動を発展途上国の例として前出の中国、先進国の例としてアメリカの工場のケースからみてみることにしよう。

現在、恵州現地子会社における5S活動の実施程度は、日本と同じくらいのレベルで実行されていると考えられている。この5S活動は、香港において先に実施された経験が生かされているためか、同社の海外子会社、例えばインド子会社においては、なかなか理解されないと感じられていることに比べて、中国子会社では浸透していると考えられる。実施の仕方ついては、工場長（香港出身）の強い権限のもとトップ・ダウン式に実施している。日本本社でもよく見られるような工場内の壁など、目につくところはいうに及ばず、トイレにも張り紙がしてあり、日本本社以上に「口やかましく」実施をせまっているといえる。例えば午後五時終了の五～一〇分前に掃除を始め、整理整頓し、班ごとに全員整列の上、解散を行っており、日本本社工場より整然としている印象を受ける。この場合、男性が多い香港人の管理者、命令者と、命令受領者が中国の女性従業員という図式が成り立っている。この意味で、トップ・ダウンの強さや垂直的な命令系統をみても、聞き取り調査での日本人派遣社員が言うように、「まったくの軍体調」でもって管理が行われているといってよいであろう。

このように中国の例では、5S活動は抵抗なく実施され、浸透しているようにみえる。日本の工場の場合、クリーンで整理整頓されているのは、「社長、役員、工場長、現場の監督者、さらに作業者までが工場をクリーンにし、整理整頓することに、長期にわたって、懸命な努力をつづけている」［吉原他　一九九八：一二九－一三〇］ためであるが、アメリカでの例では、こういった本来の業務以外の仕事、特にブルーカラーとホワイトカラーとの仕事の違いを越えた労働を強いることは、現地での労働慣行、ひいては労働協約上の問題が生じるようである。また、こういった場合は、ブルーカラーというよりホワイトカラー層の方が、拒否しがちである。

そのため、アメリカの工場では、5S活動の導入を定着させるため、5Sを「コンテスト」形式をもって、明確にその効果を従業員に示すことで、認識させ、動機付けを行っている例がある。一九七九年から組み立てラインを立ちあげているカラーTVと電子レンジ工場の場合、ラインの「クリーンコンテスト」を行うことで5Sの定着をはかっている。ここでは、組み立てラインごとにクリーンの程度を採点し、そのデータと組み立てラインの生産性や不良率のデータとの相関関係を割り出し、この相関関係から、クリーンであるほど生産性が高く、不良率が低いことを、ライン従業員全員に示すことで、5Sの重要性をはっきりと認識させ、成功したことを示している［吉原他　一九九八：一三〇－一三一］。

また、前出のT・アメリカでは、同じように「四半期ごとの5Sコンテスト」を行って効果をあげている。この5Sを実施する前提として、工場内のレイアウトの変更や全体の清掃などが行われている。T・アメリカの発足当時の工場内は、設備自体も老朽化し、メンテナンスなども満足に行われていない状態であった。例えば、「トイレもシャワーになる状態」であり、食堂も満足な状態でなく、全体の会議を行うところもなく、「社長室のみ立派だった」ということである。そのため、工作機械部門が一番よい場所を占拠していたのを、生産の流れを考えて、ブロックごとに、二～三年かけて変更を行っている。この際には、床に備え付けられていた工作機械を動かし、床を磨く、塗装するなどを、従業員全員で行い、スペースを作り、八〇人以上は入れる会議室も新設している。また、オフィスにおいても5S活動が実行されている。発足当時は、女性現地従業員をリーダーに指名して、推進したとのことであり、全員で三〇〜四〇年の汚れを落としたとある。5S導入は、日本本社からのアイデアであるが、日本本社と異なり、現地子会社では、動機づけのための「四半期ごとの5Sコンテスト」として賞与を与えている。これは、5S実行委員による毎週実施する5S監査の成績を、四半期ごとに集計し、上位の部門、部署の全員に賞金を出すものである。この5Sコンテストのための監査形態や賞与体系は、日本本社にはなく、現地子会社において開発したものである。現在では、5Sミーティングは、毎水曜日に行われ、製造現場、オフィスなどで、音楽をかけながら掃除を行うまでになっている。

現在では、5S活動などの成果のおかげか、土曜日に出社して工場外の掃除を自主的に行うまでになっていたり、従業員が休日に家族連れで会社を訪問したりするようにまでなっている。また、また同社は、合併した以前の会社から数えて五〇年からの歴史があり、地元出身の退職した従業員が現在の工場を見学に来ることもあり、記念品を授与しているとのことである。

この海外にも波及している5S活動から抽出できる原理や、その背景にある思想についてみると、まず「清潔」「清掃」という工場内での衛生思想・観念の存在が確認できる。また、「整理」「整頓」のみならず、5S全体を通じての効果としては、トヨタ生産方式で有名なジャスト・イン・タイム（JIT）、カンバン方式といった生産システムに通じる、ムダの排除と、その効果としての生産効率、品質の向上という生産管理手法である。ムダを削減することによって生産性を向上させることは、まず生産に要するモノのムダの排除、合理的利用にある。そのためには、トヨタ生産方式における「目に見える管理」というように、「整理」「整頓」「清掃」を通じて、モノの置き方など、すべてのことが目で見て一目で分かる、誰にでもわかるように「目に見える」かたちでのムダを排しなければならないのである。つまり、このような合理性にもとづく近代的生産を可能にするのは、まなざしによる管理といえる。また、ムダの排除による生産資源の合理的利用には、生産効率の向上が目的とされているが、そのためには、生産に要する物質的な面のみならず、探すムダな動きの排除といった、作業上の身体動作自体の合理化も要請され、このなかには作業に要する時間の合理的管理も含まれる。

さらに5S活動の特徴とは、「整理」「整頓」「清潔」「清掃」という4Sを実践するための「躾」という日本的な規律のあり方によって、この合理化が統合されていることである。

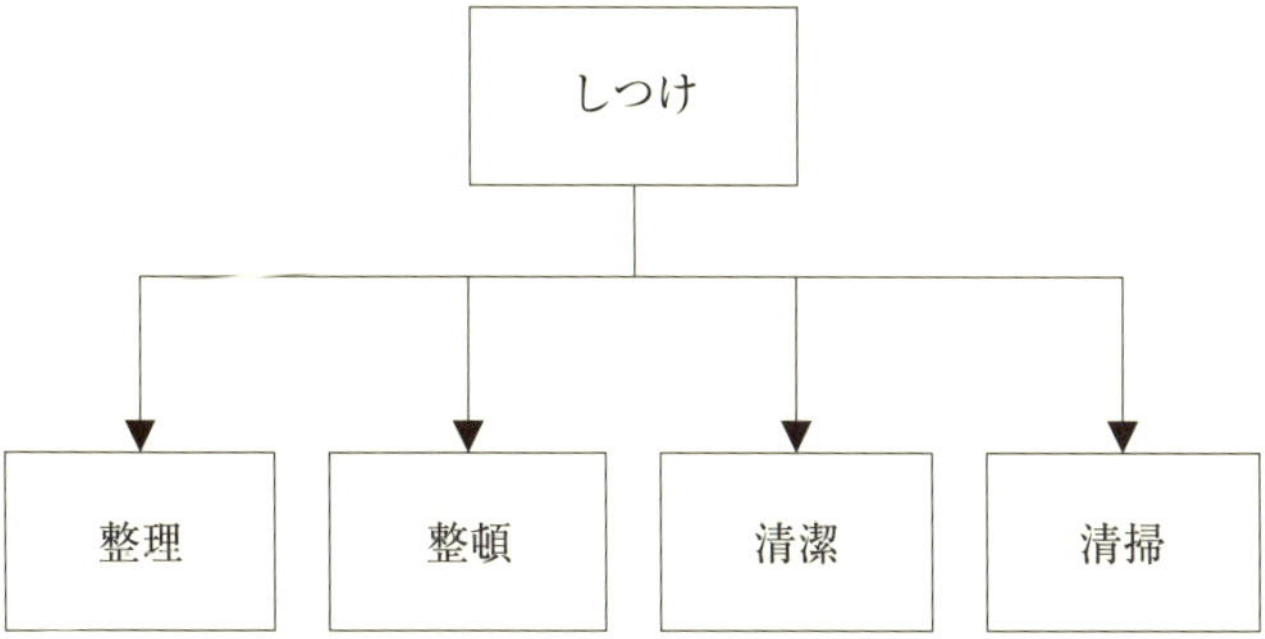

「しつけ」が自然に守られる職場では、他の4Sを徹底でき、生産性や品質の向上がはかられると考えられている。日本の「躾」について研究する広田照幸によれば、「しつけ」とは、もともと、上流家庭を除いて、労働の「しつけ」として厳しく行われていたものであり、それが、明治期の近代的学校教育が始まるとともに全国的な傾向として児童に対する教育としての「しつけ」が行われるようになったとされる［広田　一九九九］。つまり、「躾」とは、漢字自体が和製漢字（身＋美）であることからわかるように、日本の伝統とされる労働上の規律である。会社におけるこの規律のなかには、生産資源の効率的配分のみならず、無遅刻、無欠勤などの近代的時間の管理や、朝夕の挨拶といった礼儀作法、作業服の着用などの服装の規正にまで発想が及んでいる。5Sのなかでも、しつけを重要視することは、日本的経営（特に生産管理面）の基礎的な理念として「躾」が存在しているということができる。また5Sの実践においては、先述した第二次大戦以来の、ブルーカラー、ホワイトカラーの区別のない、平等主義が貫かれているといえる。

二　おわりにかえて——近代化と会社文化

以上、本章では、会社文化のなかでも、儀礼・儀式や祝祭として創造された産業身体への近代合理化に関わる諸事象を主な対象として、それらの近代欧米社会での起源と、日本の会社に導入された経緯から、海外進出によって他国へ波及していることの意味について指摘した。これらの会社文化は、制服や5Sのような作業場での日常的管理に関連するものは、先進国、途上国をとわず比較的熱心に実施されている。それらに比べて、運動会のような慰安・娯楽行事は途上国で好まれているといえる。アメリカという先進国のケースでは、祝祭的要素の文化として、市民社会への関わりである募金活動、ボランティア活動が行われる一方で、日本的な会社内での祝祭文化は直接導入されていない。同じ途上国に位置していても、中国でのケースでは定着しているようにみえるが、インドネシアのケースでは、体操のように、意義は変わらないが、かたちを変えて定着する場合もあり、運動会のように他のものに取って代わられることもある。これは、個々の子会社の持つ条件として、海外での取り巻く環境、地域的条件の違いによって変化が生じていると考えられる。つまり、発展途上国という条件のなかでも、会社自体のパフォーマンスや生産技術の違い、全寮制であるか、従業員の通勤、住居形態の違いや、国家体制など、いろいろな状況やとりまく環境によって、日本的祝祭文化がそのままでは定着しないこともありえる。しかしながら、会社内の従業員の持つ文化的な背景を問えば、前述のように、インドネシアの子会社に比べ、中国での子会社は、集まった従業員、日本人派遣社員など、より文化的に複雑な状況にあることが、一層の会社文化の強化につながっているのではないだろうか。

さらに、海外子会社のみでなく、日本本社についても考慮に入れると、近代化が終わった段階にあるといえる現在の日本では、これらの会社内でレクリエーションや慰安に関する行事は行われなくなりつつことは注目に値する。これらの従業員の慰安・娯楽関連の行事、いわゆる福利厚生に関する行事は、かつての日本の会社においては盛んに行われていたものである。しかしながら、日本本社での調査で判明したことであるが、本社では現在このような行事は行われていない。また、筆者が行った、本章で扱ったケース会社に類する愛知県を中心とした中堅企業への調査においても同様な傾向が判明している［高木　二〇〇〇］。調査対象企業のうち、これらの行事については、ほとんどの会社がかつては実施していたということであるが、社員旅行や全社的な運動会を実施している会社は現在存在していない。さらに、同じ傾向は日本国内の多くの会社のなかでもみてとることができる。企業の福利厚生を調査・研究する労務行政研究所による日本全国の企業に対する調査をみてみると、社内の慰安・娯楽のための社内旅行、社内運動会、宴会などの行事が行われていないか、否定的な見解を持っていることが判明している［労務行政研究所編　一九九〇－二〇〇〇］。つまり、このことから、かつての近代化のために創造された文化が、日本においては消滅しつつも、他の国や地域において掘り起こされ継承されているということができる。

日本の会社では、しつけなどの文化によって、日々の業務なかでの従業員身体へまさに合理的な身体動作や観念を持つようにされている。その上で、運動会などは、楽しみ（レジャー）のなかに、集団的な規律・訓練を顕現させるよう配備されていた。すなわち、運動会などの祝祭的会社文化とは、非日常的な空間や時間において、近代合理的な身体を顕せるように用意されているのである。日系子会社では、先進国に位置していても、日常の作業場では、しつけや制服などの身体への規制が強化されている一方で、さらに近代化途上にある国や地域へ進出した際に行われている会社内の行事とは、異文化的状況、異なる社会文化的背景を持った人々の集まりのなかで、日本の会社の伝統を利用しつつ、近代化のための儀礼・儀式的な戦略として再編成されているということができるのではないだろうか。

〈付記〉

本論文は、以下の参考文献にある拙稿と、大阪・国立民族学博物館（二〇〇四年七月九日）における発表原稿をもとに作成したものである。拙稿の執筆や調査においては、多くの方に多大なご協力をいただいた。ここに謝意をあらわしたい。

参考文献

J・アーリ（加太宏邦訳）『観光のまなざし―現代社会におけるレジャーと旅行』法政大学出版局、一九九五年。

岡崎哲二、奥野正寛編『現代日本経済の源流』日本経済新聞社、一九九三年。

小野芳朗『「清潔」の近代―「衛生唱歌」から「抗菌グッズ」へ』講談社、一九九七年。

黒田勇『ラジオ体操の誕生』青弓社、一九九九年。

工場管理編集部編『5Sテクニック―整理／整頓／清潔／清掃／躾』日刊工業新聞社、一九八六年。

白井泰四郎『現代日本の労務管理』東洋経済新報社、一九九二年。

髙木裕宜「組織文化の形成と変容―中部圏中堅企業を事例にしてその発生から国際展開まで」名古屋大学大学院国際開発研究科博士学位論文、二〇〇〇年。

髙木裕宜「日本企業内厚生文化の創造―大日本産業報国会と独逸労働戦線」『名古屋短期大学紀要』四一号、二〇〇三年。

D・ハウンシェル（和田一夫他訳）『アメリカン・システムから大量生産へ』名古屋大学出版会、一九八八年。

橋本毅彦、栗山茂久編『遅刻の誕生―近代日本における時間意識の形成』三元社、二〇〇一年。

平野裕之、古谷誠『5Sのはなし』（生産管理ポケットブック）日刊工業新聞社、一九九七年。

広田照幸『日本人のしつけは衰退したか―「教育する家族」のゆくえ』講談社現代新書、一九九九年。

M・フーコー（田村俶訳）『監獄の誕生』新潮社、一九七七年。

M・フーコー（渡辺守章訳）『知への意志―性の歴史Ⅰ』新潮社、一九八六年。

E・ホブズボウム、T・レンジャー編（前川啓治梶原景昭他訳）『創られた伝統』紀伊国屋書店、一九九二年。

三浦雅士『身体の零度―何が近代を成立させたか』講談社、一九九四年。

三宅宏司『大阪砲兵工廠の研究』思文閣、一九九三年。

労務行政研究所編『福利厚生事情』労務行政研究所、一九九〇〜二〇〇〇年。

吉見俊哉他『運動会と日本近代』青弓社、一九九九年。

吉原英樹、林吉郎、安室憲一『日本企業のグローバル経営』東洋経済新報社、一九九八年。

第九章　ＭＢＫにおける日本型経営の適用と適応
――ヤマハ発動機のフランス子会社再生過程

出水力

はじめに

ヤマハ発動機は日本楽器（現在のヤマハ株式会社）から独立し、二〇〇五年の七月で創業五〇周年を迎えた。創業者の川上源一は、超ワンマン社長で知られ、日本楽器とヤマハ発動機（以下、「ヤマハ」と記述）の社長を兼務していた。ヤマハブランドは、楽器の世界では音叉を三本組み合わせたロゴマークで、知名度は高かった。二輪業界はまだ三〇社近い競争が続いていた頃で、後発参入のヤマハ・モーターサイクルの知名度を上げるため、川上は二輪レースの勝利を宣伝に利用する計画を立てた。

一九五五年に業界にデビューと同時に第三回の富士登山レースに参加し、並み居るライバルを破って一位はもちろん上位を独占することで、第一号車「ＹＡ－１」（一二五㏄）の優秀さを証明し愛称の赤トンボは業界に知られることになった。同じ年の第一回の浅間レース、一九五七年の第二回と二連覇することで、ヤマハ発動機はトップメーカー・ホンダの最大のライバルになった。

この余勢をかりてヤマハは、「走る広告塔」たるモーターサイクルを、早くも輸出目指す海外戦略の中に組み入れた。モーターサイクルの愛好者の多いアメリカの西海岸を中心とした地域に、モーターサイクルを売り込むためには、レースでその優秀さを証明する手段が国内同様に取られた。一九五八年ロサンゼルス沖のサンタ・カタリナ島で開かれるカタリナグランプリに参戦し、伊藤史朗の駆る市販車YD－1の改造マシンは欧州の二輪に引けを取らず、ヤマハのアメリカ市場進出に弾みをつけた[1]。

一九五〇年代末から六〇年代初頭にかけて、国産二輪企業は海外輸出に積極的に乗り出す体制が取られ、同時に二輪の本拠地ヨーロッパの二輪グランプリレースに、ホンダを先頭にスズキ、ヤマハの参戦が相次ぎ、国産二輪が常勝となる時代の幕が開けられた。この結果、アメリカ、アジア地域など海外各地に販売の現地法人が設立され、主な欧州の二輪メーカーを市場から駆逐した。そして、販社のみならず技術提携、合弁あるいは独資の現地法人の形態で海外生産に進み、日本最強の産業であるモーターサイクル生産のゆるぎない地位が確立したのである[2]。ヤマハは現在までに七二拠点を開設、進出先は三九カ国を数え、技術援助の形態から対等合弁・マジョリティ合弁に一九八〇年代後半から徐々に移行し、最終的に一〇〇パーセントの子会社化の道を辿っている[3]。また、現地の実情に応じ意思決定のスピードを上げ、最大のビジネス効率を求めて、ヨーロッパ、アメリカ、日本、アジアに本部を置く、世界四極体制が導入されている。

ヤマハが、ヨーロッパへの輸出を開始したのは一九六〇年ごろからで、時期的にはアメリカ市場の開拓と踵を接しての行動である。当初はアメリカ輸出と同様に親会社であった日本楽器系列のインポーターを通して販売網を開拓するという方法で市場を広げていった。ヨーロッパでは、まだヤマハのモーターサイクルの認知度が低く、輸出の主体は船外機だった。モーターサイクルは販売網の整備に取り組み始めたばかりで、十分に商品を提供できる状況ではなかった。生産も各国の法規制に合わせた対応ができず、自ずと輸出する台数も限られていた。ライバルのホンダは、一九六二年に早くもベルギーに生産工場を立ち上げ、モペット生産に乗り出すが、様々なヨーロッパ諸国間の法規制の違いや文化摩擦など予期せぬ問題が多く、思うように売り上げを伸ばせずに二〇年近い赤字経営が続いたように、ヨーロッパはハードな市場であった[4]。

一　二輪の先進地にヨーロッパ本部の発足

一九六四年四月から二カ月間にわたってヨーロッパ各国を視察した常務取締役（後に二代目社長）の小池久雄は、市場として非常に有望との見通しを示し、「ヨーロッパでは日本車に対する評価は高く、それだけにその進出は非常に警戒されているから、コマーシャリズムを押し出した売り方をしないで、技術を売るといった態度でやっていきたいと思う」[5]と販路拡大の可能性を評価していた。モーターサイクルの先進地で、後発の日本のメーカーが「売らんかな」の姿勢で売り急げば反発を招き、ヨーロッパのモーターサイクル文化を学ぶ謙虚な気持ちで、あくまでも技術力をもとに徐々に販路を広げていく戦略に徹することにした。

このころ、ヨーロッパにおける日本製モーターサイクルの評価は高まり、一九六一年のホンダ、六二年のスズキと足並みを揃えるように、ヤマハも六三年にベルギーGPで優勝を飾り、続く六四年には二五〇ccクラスでメーカーチャンピオンになったことなどがインパクトを与えていた。またヨーロッパ各地のローカルレースでは、「赤タンク」と呼ばれた市販レーサー「TD1」が圧倒的な強さで勝利を収め、ヤマハの二ストロークエンジンに対する信頼は、絶対的なものとなっていた[6]。

一九六八年一〇月、ヨーロッパでの販売体制を強化するため、オランダのアムステルダムにヨーロッパ本部として現地法人「ヤマハ・モーター・ヨーロッパNV（Yamaha Motor Europe N.V./YMENV）」を設立した。YMENVはヨーロッパ各国のインポーターを統括する販売の拠点として機能したが、アムステルダムは地理的にヨーロッパの中心に位置し、流通などのインフラが整備され、税制面での優遇措置で外資の導入に積極的なことなどが、この地を選択した理由である。オランダに進出した日系企業では二番目という早期の現地法人の設立だった[7]。スタート当初のYMENVは日本人が五人、現地採用のスタッフが五人という顔ぶれであった。二輪は、スペイン、イタリア、オーストリアなどで輸入規制が厳しいという事情もあって、扱う商品は船外機とスノーモビルが主体となった。

そうしたなか、YMENVは、地道にサービススクールを展開し、オートループ機構[8]などモーターサイクルの「ヤマハの技術」を地元代理店に理解してもらうことに努めた。国ごとに異なる法規制に対する対応、オイルの選定などについてもきめ細かく代理店の相談にのり、販売政策の基本ポリシーは、コマーシャリズムを押し出さず「技術力で売る」ことにこだわり、ヤハマのモーターサイクルは徐々にヨーロッパ市場に浸透していった。

ヨーロッパの二輪車メーカーが生産していたのは、二〇〇万台市場といわれたペダル付きモペットが主体で、当時の大手はフランスのモト・ベカーン、ヴェロソレックス、シクロ・プジョー、オーストリアのプッフをあげることができる。この市場に切り込むため、法規制をクリアする必要性から「FS1」（五〇cc）にペダルを付けて「スポーツモペット」として販売した。[9]船外機市場は、ヨーロッパのメーカーが少なく、アメリカ製のマーキュリー、ジョンソンなどの船外機が主流になっていた。ゼロからのスタートだったが、高性能・高品質のヤマハ船外機への評価は高く、オランダなどでは米国製よりもクレームが少ないとして、代理店から発注がくるなど徐々にヨーロッパ市場への浸透も進んだ。

一方、スノーモビルは、フインランド、スウェーデン、フランスが重点市場となった。主な需要先は北極圏に住む放牧民族ラップ人のトナカイ放牧用、あるいはホテルやスキー場での娯楽、連絡用などが主だったが、こちらもすでにアメリカ製スノーモビルが進出し、厳しい競争を強いられた。一九七五年になると、YMENVの体制も、日本人一四人、現地スタッフがオランダ人、ベルギー人、イギリス人、フランス人、スペイン人など四〇人に増え、カバーする範囲も一二カ国に広がり、売上構成もモーターサイクルが七〇パーセントで、次いで船外機二〇パーセント、その他一〇パーセントとなった。

ヨーロッパ市場の拡大とEU発足による新しい市場環境に対応、より迅速なサービスの実現を目指し、販売・物流網の再編成とヨーロッパ本部機能強化の一環として、九三年一月、オランダに新たにヨーロッパ物流センターを

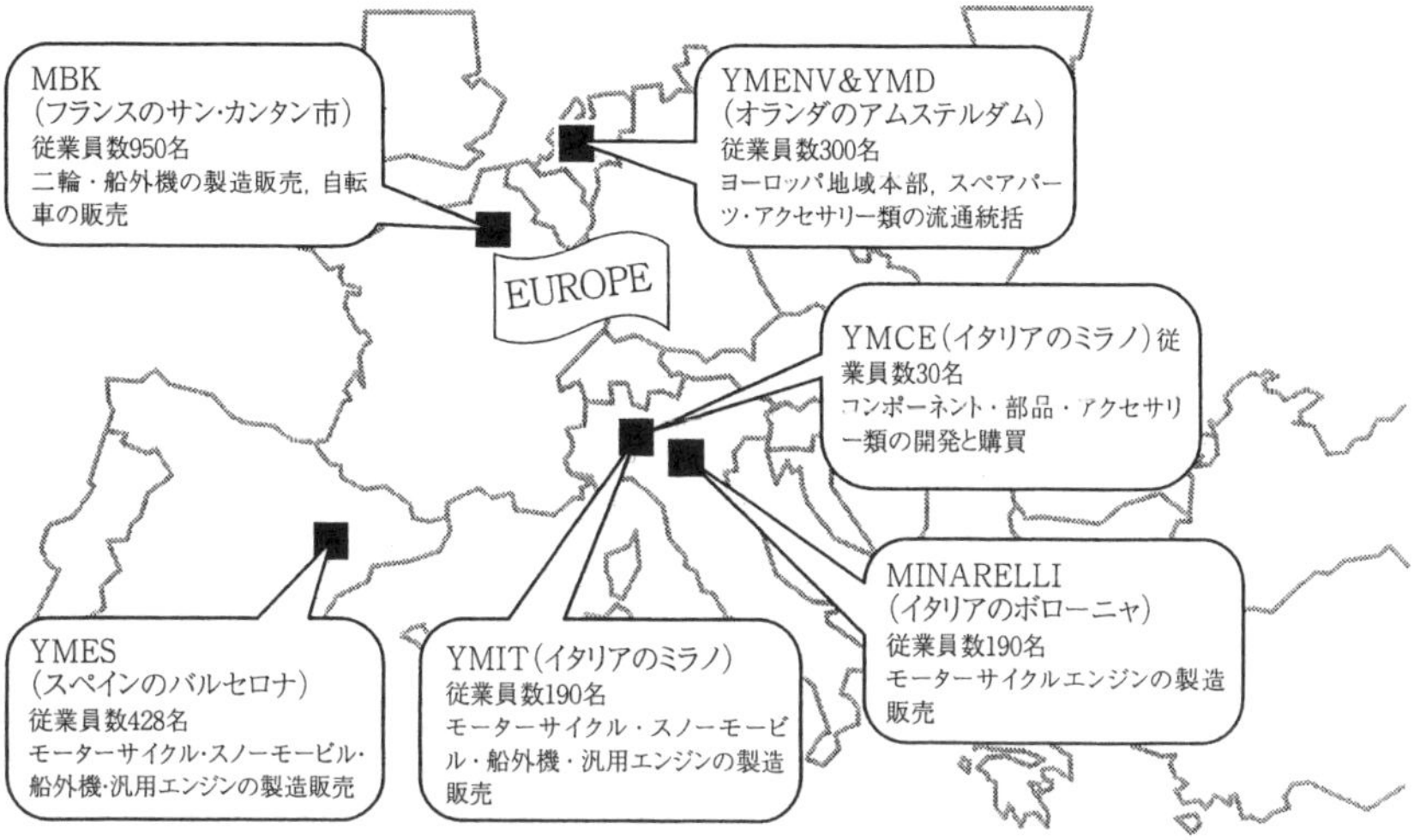

図－１　ヤマハ発電機関連会社のEU拠点（全て100％出資の子会社）

建設し、稼働させた。この物流センターは、アムステルダム郊外のスキポール国際空港に隣接しており、敷地面積四万七〇〇〇平方メートルの中に事務所（一六〇〇平方メートル）と倉庫（二万五二〇〇平方メートル）を建設したものである。物流センターが稼働したことにより、これまでヨーロッパ一六カ国、二四カ所の輸入代理店に分散して行われてきたヤマハ製品の補修部品やアクセサリーの販売・在庫および配送をすべて統合した。

また、同センターでは一〇万種類の部品を管理し、一日八時間の稼働で二万五〇〇〇点の受発注処理を行うことができるようになった。販売店からの注文が各国の輸入代理店を経由して、センターのコンピューターに入力され、発注を受けた部品は直接注文した販売店へ出荷・発送されるシステムの構築が、人手を大幅に低減し何より配送ミスが少なくなった。

このシステムによる部品の受発注サービスは、オランダ国内のほか、まずベルギー、デンマーク、ドイツで開始され、その後、九三年にイギリス、イタリア、スペイン、九四年にはフランスへと順次エリアを拡大していった。ヨーロッパ全体での部品在庫量の圧縮・適正化と顧客サービスのスピードアップをこれにより実現できた。同時にヨーロッパ市場を統括する目的で六八年にオランダに設置したヨーロッパ本部（YMENV）も、その機能をさらに強化し、業務の効率化を推進するため、九三年、センターの敷地内に六階建ての新本部ビルとR&Dセンターを建設し、移転を完了した。

ここでヤマハ発動機のEUにおける事業展開の流れを示すため、図－1にEUにおける主な活動の拠点を示した。

二　ヨーロッパ各地に生産工場の展開

二輪生産工場の立ち上げコストは、工場規模にもよるが、四輪工場の一割程度に満たないとされ、リスク負担が小さいことも、海外に工場進出を容易にしている。ヤマハはEU五カ国に七工場が稼動しており、EUグループの年間売上高は二一〇〇ミリオン・ユーロで、従業員数は二八〇〇名を数える。ヨーロッパ全体の二輪市場は一八〇〜二〇〇万台で安定して推移しており、二輪の市場占有率は日本の四社でヨーロッパの半分以上を占め、中でもホンダ、ヤマハの割合が高い、そのうちヤマハグループは約二〇パーセント以上を確保して、モペット、スクーター、モーターサイクルを合わせた年間売り上げ台数は約四〇万台に達している。ヤマハのEU工場に共通していることは、いずれも商売上の取引、あるいは銀行との金融関係からローカル企業との合弁、現地政府の要請による企業再生に協力するための資本参加などの再スタートであり、全くゼロからのスタートではない。そのため「ゼロからのスタートでなく、もともと社員も設備もあるところへの参加だけに、変革に大変なエネルギーが必要だった」[10]。経営の安定化にいたる道筋は必ずしも順調ではないが、それでも二〇年余りを経て自己資本一〇〇パーセントの子会社化に成功し、経営を採算ベースにのせている。このような長期的な視点で事業を展開することは、欧米企業では稀なことで日本的経営の成功事例ということができる。

ヤマハ・モトール・エスパーニャ（ＹＭＥＳ）の設立

ヨーロッパに最初に手がけた現地工場は、スペインのバルセロナである。一九八一年一〇月、ヤマハはスペインの有力銀行バネスト社（BANESTO）との共同出資（両社五〇パーセントずつの出資）により、合弁会社「セムサ（Sociedad Espanola de Motocicletas.S.A./SEMSA）」をバルセロナに設立した。セムサはバルセロナ市郊外の工業団地の一角に位置しているが、既存の工場を買い取って改造し、従業員も旧サングラス社や旧モトトランス社などの二輪メーカーで働いていた約一七〇名を引き継いでスタートした。

バルセロナは首都マドリッドに次ぐスペイン第二の都市で、温暖な気候に恵まれ、一年を通じて二輪を楽しむことができるため、スペイン市場全体の三〇パーセントを超す需要がある。約一年にわたる生産準備活動の後、八二年九月、第一号車となる「ＤＴ80」をラインオフし、日産六〇台の目標で生産を進めた。

SEMSAの設立後、合弁パートナーである持株銀行のバネスト社からセムサの株式一〇〇パーセント取得について要請を受けていたが、八七年、スペイン政府の認可が下りた。そのため、同年三月には社名を「ヤマハ・モトール・エスパーニャ（Yamaha Motor Espana S.A./YMES）」と改め、再スタートを切った。なお、資本金の出資比率はバネスト社の持株五〇パーセントをＹＭＥＮＶが取得し、ヤマハとの同率出資となり、ＹＭＥＳをヤマハグループの一〇〇パーセント子会社とした。

一九八六年のスペインのＥＵ加盟後は、業績が一段と伸張した。八八年には生産の合理化と増産体制を確立するため、バルセロナ郊外のパラウ・デ・プレガマンス市の工業団地内に新工場を建設した。しかし、スペイン進出一〇周年という矢先の九一年、火災により工場、配送センター、パーツ倉庫などが全焼というアクシデントに見舞われた。翌九二年に復旧工事が完了し、本格稼働を開始した。

フランスにＭＢＫの設立

スペインに次いで一九八四年にフランスのモペット界の老舗であったが、経営危機でフランス政府の管理化にあったモト・ベカーン社に資本参加、ＭＢＫとしてグループ企業化し、最終的にヤマハ一〇〇パーセントの子会社になる道を取った。ＭＢＫについての記述は、本論のコア部分であり、項を改め詳述することにする。

イタリアに「ＹＭＩＴ」、「Motori Minarelli」を設立

一九八四年五月、イタリアのボローニャにある小型エンジンメーカーとして伝統あるミナレリ社（Motori Minarelli）とヤマハは、一二五ccクラス「DT 125 L/C」の現地組立に関して技術援助契約を結んだ。さらに八五年五月にはミラノ北部の二輪販売代理店のベルガルダ社とも技術援助契約を結び、八六年五月、ベルガルダ社の工場で生産をスタートさせ、第一号機「DTR 5 L/C」がラインオフした。

ベルガルダ社には八九年にＹＭＥＮＶが四〇パーセントの資本参加をして、ヤマハ発動機グループの一員とした。九二年になると、イタリアがＥＭＳ（ＥＣ各国による通貨協定）を脱退したのを機にリラ安に見舞われたことから、ベルガルダ社は大打撃を受けた。そのため、九三年、ＹＭＥＮＶは出資比率を八〇パーセントに上げ、六六〇ccのモーターサイクルの生産に着手した。〇四年、ベルガルダ社はＹＭＥＮＶの出資が一〇〇パーセントになり、「ヤマハ・モーター・イタリア（Yamaha Motor Italia S.p.A/YMIT）」に社名変更した。

〇四年現在、ＹＭＩＴはヤマハ製品の販売およびモーターサイクルの開発・生産をしており、同社の敷地内には、購買とコンポーネント開発機能を持つ「Yamaha Motor Components（Europe）s.r.l/YMCE」、欧州製スクーターのデザインを受け持つ「ELM Design Europe」、Moto GP の本拠地 Yamaha Motor Racing B.V.（YMR）、欧州製モデル・用品・レーシングキットの開発を担当する YEC Europe（YECE）などの各グループ会社があり、フランスのＭＢＫ、スペインのＹＭＥＳと並び、ＥＵでの生産・販売拡大そして現地対応モデルの開発に貢献している。

一方、Motori Minarelli は、〇二年一月、YMENVの持ち株比率を四九パーセントから八三・五パーセントにまで引き上げてグループ会社の一員とし、〇三年には資本比率を一〇〇パーセントとして、完全子会社化した。Motori Minarelli の現在の業態はエンジンサプライヤーに徹し、EU域内においてオートバイ、スクーター、モペットなどのエンジンをヤマハグループ外に、一〇社近くもOEM生産・販売している。(11)

トルコに「Beldeyama Motorlu」社を発足

この会社は地元企業と合弁で一九九七年に発足したが、生産しているものはモト・ベカーン社以来の古典的なペダル付の二ストロークエンジンを搭載したモビレットである。マーケットは現地需要分のほか、アフリカ市場向けに、年間六〇〇〇台ほど輸出している小規模なものに過ぎない。最近になって新型モペットも立ち上げたが、ノックダウン生産で、すべてを合わせても生産量は知れている。その背景にトルコは自転車文化の無い国つまり、自転車が普及していない。中国の爆発的なバイクの普及は、その前段に莫大な自転車ユーザーが存在していたことでも明らかである。地元企業に若干の資本参加をしていた斯界のリーダーのホンダは、トルコのバイク生産から撤退し四輪生産に集中している。(12)

三　MBK Industrie への経営参加

MBK Industrie（以下はMBKと記述）の前身のモト・ベカーン社（Motobecane）は、一九二三年にパリで創業され、一七五 ccのモーターサイクルの製造販売を始めている。当時のモーターサイクルは、自転車にエンジンを取り付けた程度のレベルに過ぎない。第二次大戦後の一九四九年に二ストローク五〇 ccのペダル付きモペット「モビレット」の販売に乗り出し、それ以降はモペット市場で、ヨーロッパで最大手の企業の地位を確立していた。(13)一九

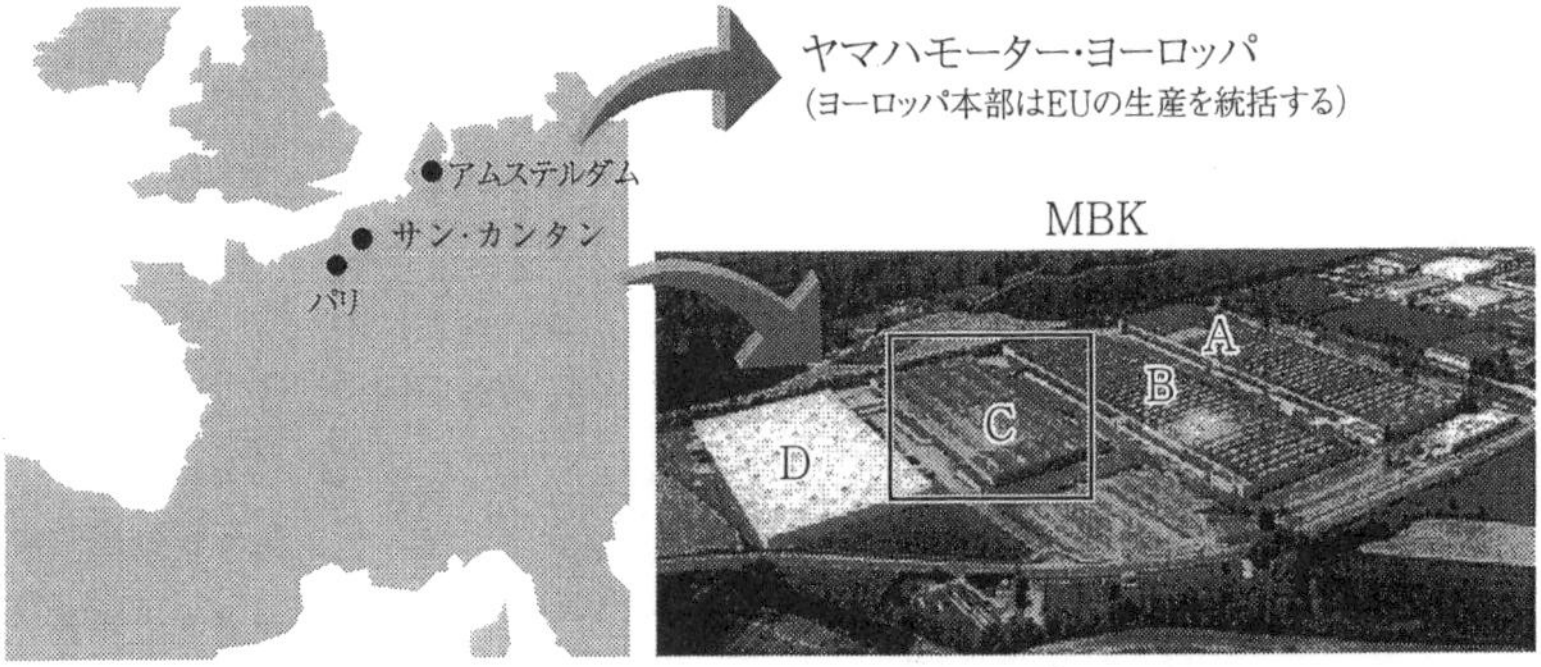

資本金　：40 M euros
資産　：110 M euros
売上高　：300 M euros
従業員数：950 persons

敷地面積：338,000㎡
建屋面積：141,000㎡
(4 Building)

図－２　MBKの工場のあるサン・カンタン（C工場の２階に管理棟）とヤマハ発電機のヨーロッパ本部のあるアムステルダム

五一年には工場の拡大とフランス政府の要請で、図－２のようにパリから一七〇キロメートル北東にあるサン・カンタン市に本拠を移した。サン・カンタン市は人口約七万人を有し、ピカルディー地方の農業地帯にあり、ジャガイモ、ビート、グリーンピース、小麦などの農産物の生産量が高く、フランスの農産物輸出の二五パーセントを占めている。北部の工業地帯にあるトヨタのバレンシェーヌ工場から南に一〇〇キロメートル、ベルギーのブリュッセルから一八〇キロメートルの距離に位置している。

一九七四年には「モビレット」年産七五万台の記録もあるが、それを境に日本車のヨーロッパ進出やイタリア車などの追い上げに対抗できず一九八三年に倒産に至り、フランス政府の中小企業庁の傘下におかれた。一九八四年モト・ベカーン社は社名をＭＢＫに変更され、九月にヤマハはフランス政府・産業復興委員会の要請により、一〇パーセントの資本参加と技術援助契約を締結した。ＭＢＫは更生会社となっていたモト・ベカーン社を再建するために設立された新会社であり、フランス政府はモト・ベカーンの負債を棒引きした上で、日本の経営手法と技術援助により同社の業績回復に取り組むこととなった。同じ一九八四年一〇月にホンダは、ＭＢＫのライバルであったプジョー・モーターサイクルと資本提携を行い二五パーセントの株式を保有している。プジョーは一九世紀末に自転車メーカーとして創業され、その事業の延長上にモーターサイクル、乗用車が生産されており、現在ではフランスの代表的な乗用車企業となり、自転車、モーターサイクル部門は同じプジョーでも系列会社の仕事になっている[14]。ミッテラン政権が二期目で、落日のヨーロッパに対して「Japan as No.1」ともてはやされた時期で、社会主義的で保守的なフランス政府の方針は、企業の競争力をつけることより、何よりも雇用確保が優先された。

もともとヤマハはMBKの前身のモト・ベカーン社とは、八二年四月に技術・製造・販売面での業務提携を結び、ヤマハ製小型二輪車の生産を進めていた。当時はファミリーバイクの人気を背景として、日本のメーカー各社がそれまで輸出を控えていたモペットや五〇ccスクーターの分野へ「現地メーカーとの提携」という形でヨーロッパへ進出し始めていた。ヤマハとモト・ベカーン社との提携もその流れに沿ったものだった。

一九八六年になるとフランス政府や株主から経営支援への要請がさらに強まり、ヤマハ側もこれを受けて、社内にMBKの調査プロジェクトが立ち上げられた。調査担当の持田弘一の回顧では、「様々なフィジビリティ・スタディに取り組まれ、そこから得た結論は原価管理がなっていない、設備機械は古い、商品は陳腐化、デッドストックも多い、工場の管理能力も低いなど限りない問題があること[15]」を江口秀人社長の前で二回報告した。

更にこれに加えて古いヨーロッパの伝統ともいえる日本的経営と異質な労働運動があった。日本では企業内組合のシングルユニオンであるが、ヨーロッパは複数ユニオンであり、社会党系、共産党系、アナーキスト系と多様であり、組合のストライキは日常の茶飯事であった。フランス政府からも要請に応えるか、応えないかで、飴とムチの政策が行われることを示唆する「ツール・ポワチェの戦いの例え[16]」が出された。この二年余り前に日本製のビデオデッキの輸入が槍玉にあげられ、通関を荷揚げした港でやらずに税関吏が一人しかいないポワチェまで搬送させられ、輸入されたビデオデッキの滞貨が続き商売にならない状態が、短期間であるが生じていた[17]。この事件の記憶がまだ生々しい頃で、フランス政府の脅しにも近い要請が出されていたのである。

最終的に江口社長が出した結論は、今より事態が悪くならない、関税障壁とシュリンクしたヨーロッパのモペット市場を取るには必要な投資というものであった。また、九〇年にEUが発足するとヤマハはMBKを通してインサイダーとして経済活動を行える立場になる見通しも、選択肢の一つにあった。八六年にMBKに六〇パーセントを出資して過半数株式を取得、ヤマハの傘下に置くことになった。資本金は五〇〇〇万フランであった。八九年には一〇〇パーセントを出資（ヤマハ四三・一パーセント、YMENV五六・九パーセント）して子会社化した。二〇〇一年からはYamaha Motor Holding Financeの一〇〇パーセント出資となっている。

再建に当たって、ヤマハでは八七年四月から「MBK研修」と銘打って、一〇数名のマネジャークラスを日本に派遣、生産システムや品質管理、TPM（Total Productive Maintenance）、工場改善などの三カ月にわたる職場実習を実施し、MBKの工場改善について側面からもバックアップした。五つある組合からも委員長と会社の人事担当マネジャーを日本に招き、日本の労使関係を理解させることに努めた。一方、経営情報のオープン化は、従来のMBKの企業体質にないもので、これらの成果が着実にMBKの工場現場に浸透したことで、一九八七〜八八年に頻発した山猫ストも次第に収束していった。

それ以前は現地従業員の低い労働意欲、加えて工場内に管理職組合を含め五つの組合対策は、ヤマハからの駐在員には重い仕事で、それでも現在はヤマハのいわゆる5S、QCDを中心に据えた日本的経営はかなり浸透している。(18) また会社再建の途中で二〇〇〇人から一気に一一七〇人までのリストラのインパクトが、残された従業員に危機感をあおったことも大きいように思える。

八九年からは設備の予備保全を行うTPM活動も導入され、5Sを中心とした改善が進んだ。TPM活動は九一年から全社的に実施され、グループでの改善を図るため、相互のコミュニケーションも頻繁に図られるようになり、個々の社員による作業場の改善や治工具の作成などもできるようになった。言葉の面ではインターネットが普及するまで、ヨーロッパにおけるフランス的中華思想が災いしてか、英語を話すのに積極的でなくコミュニケーションの厚い壁が存在していた。ＥＵのスタートによる通貨の統一、ソ連の崩壊とベルリンの壁が崩れ、国の垣根が低くなり、共通語としての英語の重要性が増してきた。また世代交代も進み一九九七年には経営会議が英語で行われるようになり、文化の違いを乗り越えて、現地社員とヤマハ側スタッフとのコミュニケーションもよくなってきた。

四　ＭＢＫの製品開発、経営組織とＴＰＭマネジメント

ヨーロッパの市場ニーズは地域によって異なり、大別すればラテン系、ゲルマン系、その他に分類できる。二輪のカラーリングの好みを取り上げても、原色やシックな色を好むラテン系、ブルー、グリーンなどを好むゲルマン系、北欧系のグレー好きまでの幅がある。使い方もラテン系はオフロードが多く、ドイツではアウトバーンを走るロードレーサータイプが売れ、地域によってはストリートバイクと、実に多様なユーザーニーズが存在していた。

フランスでは一四歳から無免許でモペットに乗れ、九〇年にヤマハがＭＢＫで最初に生産した五〇 ccのスクーターは、角型ヘッドライト、太幅タイヤのJOG－Rで、先行して日本で生産されたモデルであるが、日本では人気なく生産停止になっていた。このモデルをヨーロッパで売り出すと、期待以上の人気を博し、適切なマーケティング戦略の重要さを肌で感じる結果となった。スクーターは同一機種で、「BW'S（ヤマハブランド）」と「BOOSTER（MBKブランド）」という二ブランドが採用された。フランス国内とモト・ベカーン社時代からの販売地域であるベルギーにはＭＢＫのロゴマークを付け、この他のヨーロッパ各地にはヤマハ・モーター・ヨーロッパを通し、ヤマハのロゴが付けられ、全域に配給されていた。

九三年二月には生産累計一〇万台を達成するヒット商品となり、欧州市場におけるスクーターのカテゴリーとして独自の地位を築くまでに成長した。今ではＭＢＫとヤマハブランドの割合は、前者が三〇パーセントで後者が七

○パーセントになっている。このほか一九九〇年から九八年まで、二輪の需要を促進するロタマチョーネ（減税政策）が時限立法としてイタリアで実行されていたことも、好調な売り上げ増につながったみることができる。ここでヤマハがMBKに参画以後の売上高の推移を図－3に見れば、売上高で二～二・五倍に増加している。内訳を見るとフランス国内販売は、80Mユーロでほとんど変化せずに推移しているが、EU域内を中心とした輸出が四～五倍に増加していることが特徴となって現れ、ヤマハブラドの強さが、その要因にある。MBKの製品企画は、パッスルからヤマハ一〇〇パーセントの子会社であるエルムデザインが担当しており、輸出品はインポーターの要求仕様に合わせた変更が加えられている。EU域内でも国ごとに、細かな規制の違いが存在するので、それに合わせた部品の管理など煩瑣な仕事が増加する要因になっている。

MBKの組織は図－4のように、日本人社長を含め取締役会は日本人二名そのうち一名は正式には上級総務部長で厳密には取締役ではない、フランス人三名、スペイン人一名で構成されている。その下に五の部門がおかれ、四つの部門長は常務取締役を兼務し、その下に一一の課があり、四三の係から構成されている。二〇〇四年の年間売上高は図－5のような内訳で、三〇〇ミリオンユーロのうち七〇パーセントが輸出され、残りがフランス国内のマーケットにながされる。このうち一〇パーセントを占める船外機は年産三万五〇〇〇台で、その半分がアメリカやEU域外への輸出に振り向けられている。主力製品はスクーターで売り上げの半分を占め、これにモーターサイクルを加えると七五パーセント以上がモーターサイクル関係の仕事になる。

会社の資本金は四〇ミリオン・ユーロ、資産は一一〇ミリオン・ユーロで、従業員数は八七〇人を数える。この従業員数は二〇〇三年一一月に、新製品投入の遅れから売り上げ低下の赤字を招き、財務諸表基づく経営健全化のため三〇〇人をリストラした後の数である。組合の協力で達成されたもので、その後の立ち直りで経常利益が回復され、組合から利益配分の要求が出されている。従業員の平均年齢は四〇～四一歳、工場の組立ラインの従業者の平均年収は一万八〇〇〇ユーロで、一四歳で働き出し五六～五七歳で定年を迎え実働年数は四二年になる。

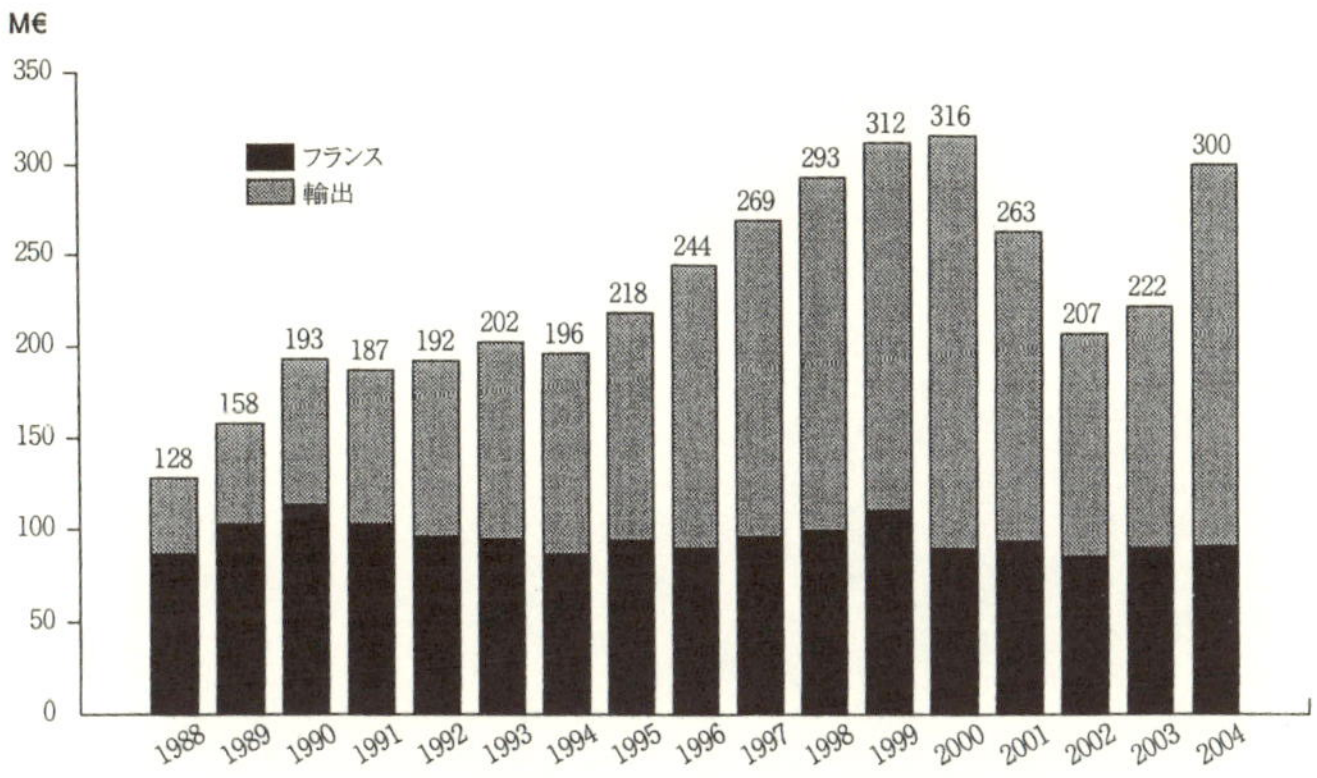

図－3　MBK のフランス国内と輸出の売上高

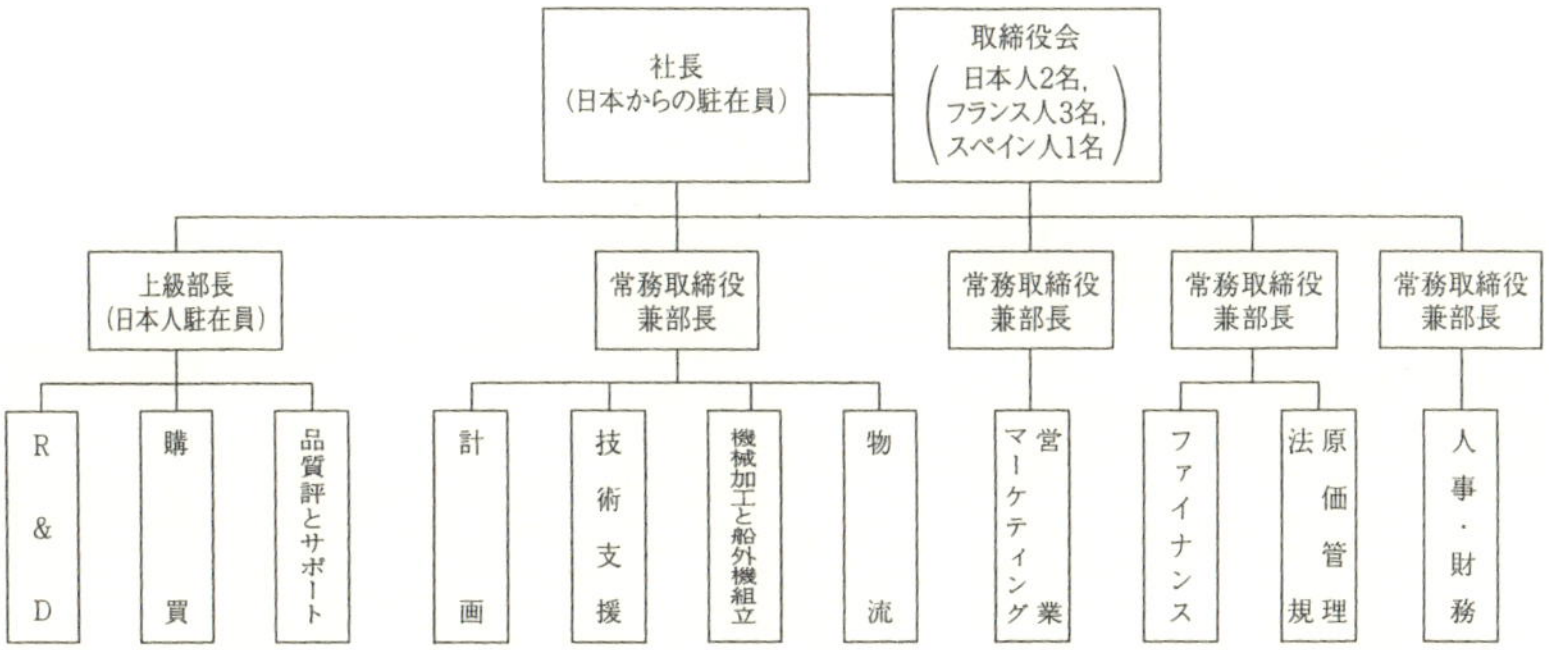

図－4　MBK の組織図

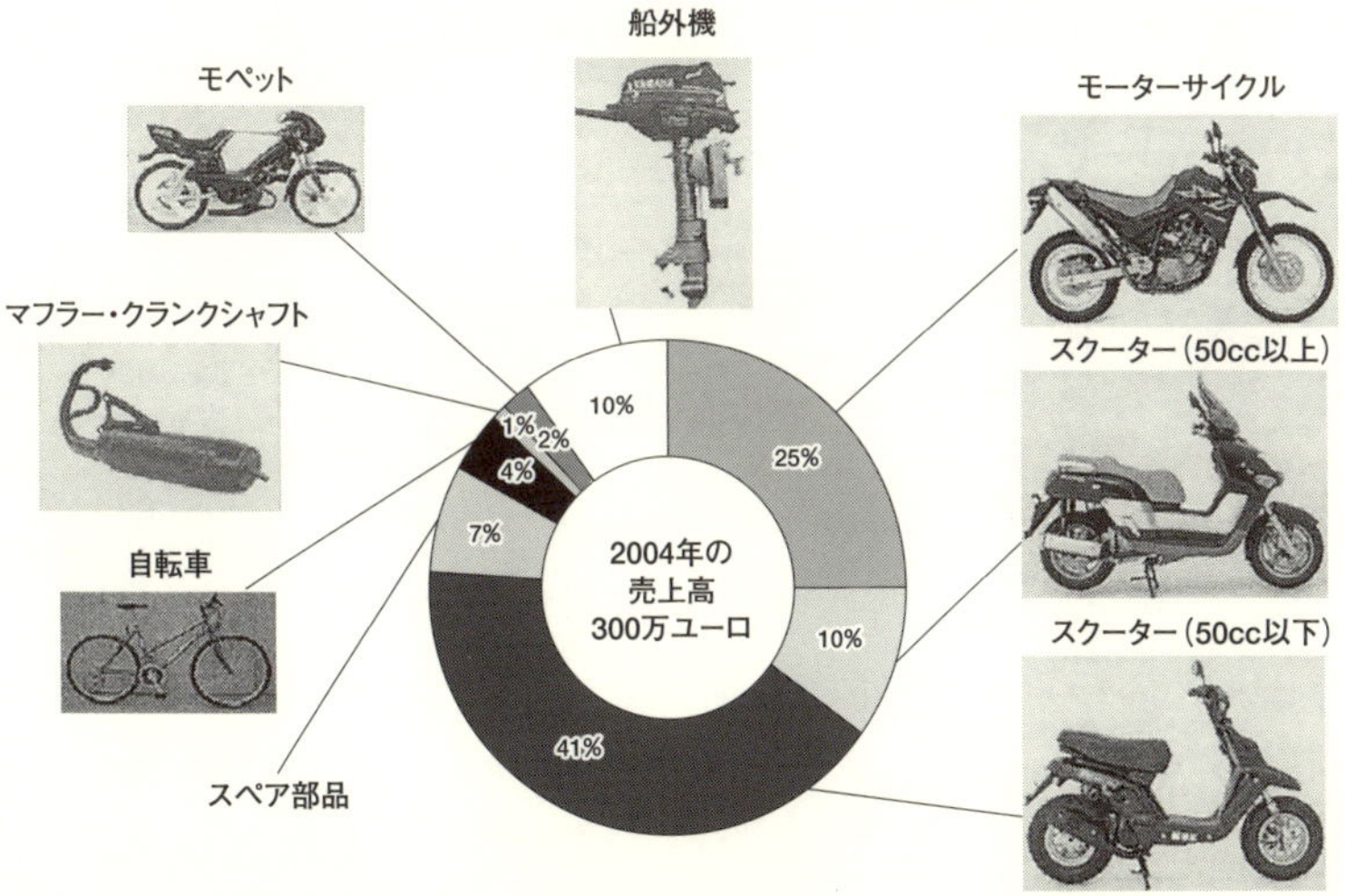

図－5　売上構成

これに対してマネージャークラスの人は、大学を卒業してからのスタートのため実働年数は同じであるから定年は六五歳となる。年間の実働時間は法定休日と休暇を除き、一六〇〇時間内に定められている。通常の一日当たりの勤務時間は商品需要に合わせ七～八・二時間の間に適宜調整してトータルで一六〇〇時間内に納まるように設定され、二月から稼働時間が増え始め七月がピークとなる。八月は夏休みで九月以降は稼働時間が少なくなる。給与は年間を通して月給として、労働時間の変動と連動せずに定額が払われるシステムである。

この間に品質を教育するためヤマハの日本人スタッフが持ち込んだ技術経営（ＭＯＴ）の手法に、ＴＰＭマネジメントがある。すなわちモノづくり経営のスタンスから技術（Technology）・製品（Product）・市場（Market）のサイクル活動を効率的に行うため、技術と市場をつなげた全体最適化はどのように達成されるのかを会社を上げて推進することで、ＱＣＤに至るモノ作りの意識改革が行われた。同時に品質教育も並行して進められ、その成果は九四年のＴＰＭ優秀賞、二〇〇一年にＴＰＭ継続賞を得たことで、証明されている[19]。

ヤマハグループの中期目標は、世界第一級の会社になることだが、ＭＢＫもこれに呼応して、三つの中期目標が掲げられている。ヤマハの海外展開のリーディング工場、製品開発の先導とニューモデルの生産、高い国内マーケットシェアの維持である。日本もフランスもモノづくりには変わりはない、ＱＣＤすなわち品質・コスト・納期を最優先した日本的経営に基づき、トヨタ・ウエイに近づける取り組みが行われている。また、ＭＢＫのワーカーは商品需要に合わせた作業が出来るように、人事配置の柔軟性の観点から、マルチ・スキル化が進められ、塗装・溶接・組立が出来る人が多い。八〇～九〇年代のヤマハはＨ・Ｙ戦争[20]の後遺症で、経営企画の段階で市場シェアは問われなかったが、九〇年代に入ると模様が変わりシェアが問われるマルチな戦いに入った。また九五年頃からアングロサクソン的な評価が一段と進み、格付け、連結決算、透明性、ＩＲなどが問題とされるようになってきた。

五　工場生産の流れとサプライヤーについて

工場敷地は三三万八〇〇〇平米、工場建屋は四棟からなり合計して一四万一〇〇〇平米になる。それぞれの工場建屋のレイアウトは、図－6のようにA工場はダイカスト、プレス加工、溶接、機械加工と工具管理部からなる。スクーター・モペットのメインユニットであるエンジンはイタリアのボローニャにある子会社・ミナレリから配給されたものを使い、MBKで内作しているのはフレーム、マフラーなどの排気系、ガソリンタンクの三つである。そのほかの小物部品はHECKLER&KOCHなどマシニングセンターを中心とした機械加工による内作と、一部はMBKの近くにある企業にアウトソーシングしている。ダイカストマシンは八〇〇トンと三二〇トンと、四輪にくらべ小型のもので、主にクランクケース、船外機部品類などの生産に使われている。

プレスはドイツのMüllerとRaskinの三〇〇トンプレスが五台タンデムに配置され、ガソリンタンクなどの容器類を薄鋼板から三工程で絞り加工されていた。特に深絞りのガソリンタンクでは材料は日本から調達したもので、品質保証を考慮しての選択された方式である。また五台のプレスのうち三台で加工を終わらせるのは、日本で考えられた効率的な作業標準に基づき、MBKでもこれに順じて導入されている。フレーム本体（フレームコンプリート）は、合わせて一〇〇部品のパイプ類などを溶接により接合して作られ、接合過程で主要部位を五つのモジュールに分けユニットで工程保証する検査規格を設けている。タンク、排気系部品も同様にアーク溶接による接合だが、日本でもよく見かけられる安川電機の商品名「モーターマン」のロボットが利用されている。

B工場は加工部品の塗装と船外機、スクーターの組立ラインが設けられ、外注部品などの受入れ倉庫と隣接している。塗装ラインは四つに分けられ、フレーム、マフラー、アクセサリー類が処理され、材質によってプライマー（下地塗装）が異なるため鉄・アルミ系が二ライン、プラスチック（樹脂部品）が二ラインの構成である。塗料は有機溶剤を使用しており、水性塗料でないので、塗装ラインをカバーする長いトンネルから排出される雰囲気ガス

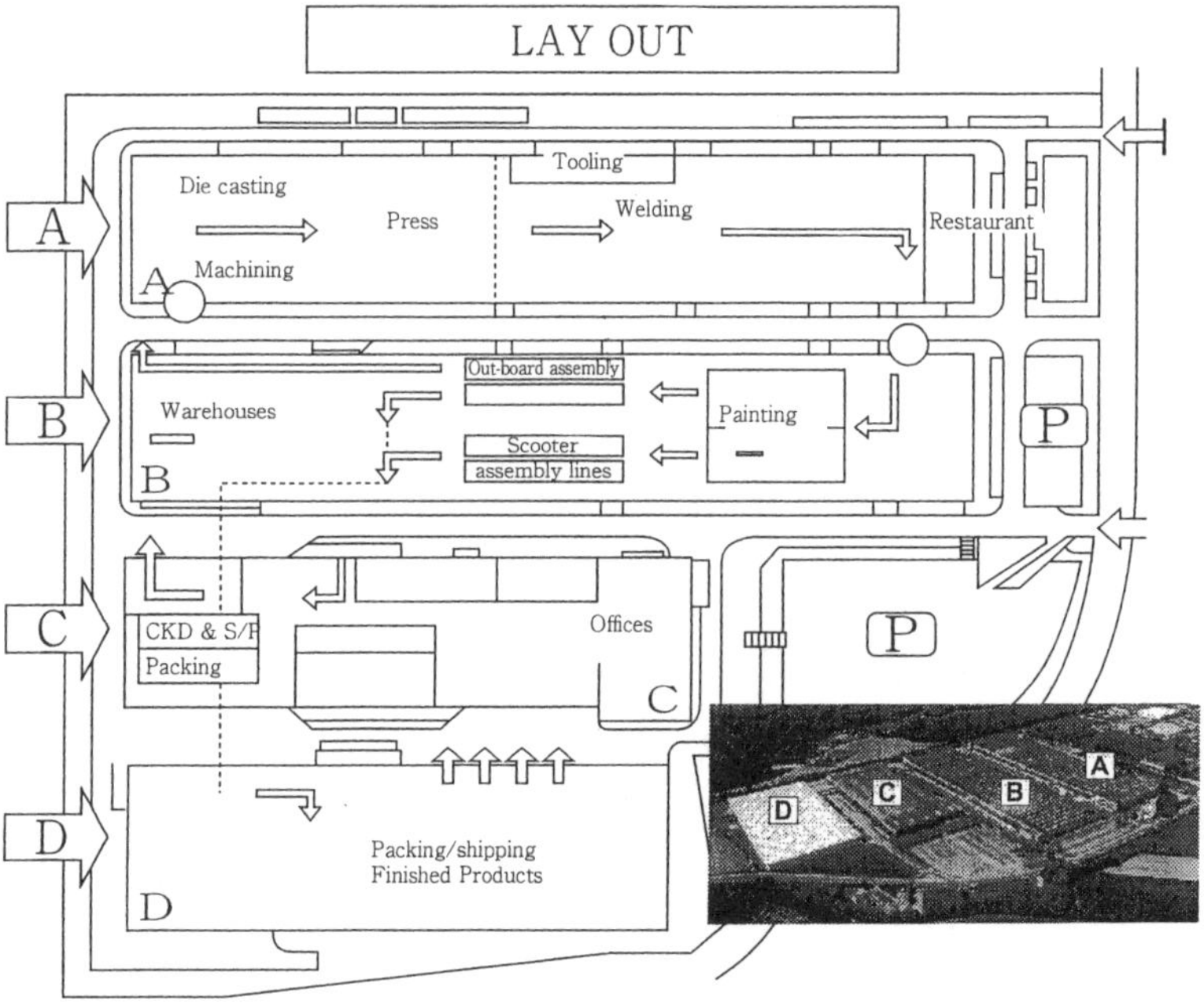

図－6　工場の建屋配置と作業場の配列

は、環境対策にダクトを出たところで燃焼処理させている。組立ラインは二〇〜三〇の要素作業からなり、スクーター、モーターサイクルを対象に二−六分のタクトタイムで日産八〇−二四〇台ペースである。昨年の四月から船外機のエンジン、電装品、ドライブアッシーのモジュールを結合するのにセル生産方式が導入され、タクトタイムが二五分となった。これは将来的にタクトタイムを機種にかかわらず一定にする組立ラインのモジュール化への含みがあるようだ。船外機の組立は、生産量も少ないため手押し台車方式である。Cの建屋は外注品の受け入れ検査や日本から運ばれてきた加工前の材料、電装品などコンポーネントを主体に開梱作業と分類を行う作業場と事務所である。このほかモーターサイクルのCKD（コンプリートノックダウン）セットとスペア部品のコンテナ詰めを実施している。Dの建屋は最終製品の保管と国内外に向けて輸送を行うための梱包を行う。

MBKには専業部品メーカー、機械加工の外注先などフランスを含めEU域内に二〇〇社余りのサプライヤーがある。サプライヤーは五段階にランク付けされ、このうち一七社が優秀サプライヤーとしてランクされている。部品毎に初期生産品の検査結果に応じてノー検査で受入れているが、日本のように全数ノー検査にはなかなか壁が厚く、当分は望めないようだ。フランスの企業でも日系とアメリカ系では、経営に対する考えが、かなり異なり日系は中長期的な戦略で品質重視のスタンスだが、アメリカ系は短期的なキャッシュフローで成果を求める傾向にあり、MBKは前者の企業との取引を重視している。また、日系アジアのサプライヤーを含め全部で二四〇社あるサプライヤーのうち八〇～九〇社からMBKで使用する六〇～七〇パーセントの部品を調達している。

アジア・アメリカ地域と異なりヨーロッパに進出した日系部品企業は少ない。これには二輪の先進国として、現地に多くの関連部品企業がすでに存在していたことが大きい。最近になって日本で構築されたビジネスモデルのシステムサプライヤー体制すなわち、開発・製造・調達スルーの一貫化が、徐々に導入されてきている[21]。ヤマハグループのEUにある二輪工場も、現地の産業集積を利用した部品加工のアウトソーシングとEU域内のモーターサイクル関係のコンポーネント専業メーカーのネットワークを利用した調達が行われている。それらのうち主なサプライヤーの数例を、以下に紹介する。

MBKの近傍にあるMecaelec社[22]は機械加工を行う日本で言う鉄工所であるが、MBKとの取引前はアメリカのGEに向けてヒューズボックスを納入していた。現在はMBKの仕事を主力とする従業員が、六八名のローカルな企業である。年間の労働時間は一六〇〇時間内で、これを守るため、五～一〇名の臨時工で、受注の負荷変動を調整するバッファーの役目を果たし、現在は七名の女性を含む一〇名とのことであった。労働組合は企業内組合で一名が半専従で、会社と組合の仕事をしている。

ヤマハの改善指導を受け、リードタイムの短縮することを身に付け、三シフト制でQCDを満たす作業を行っていることが同社の売りで、「ジャストインタイム生産と高品質な生産システム、顧客ニーズに柔軟かつ即座に対応」をあげているように、在庫は二〜三週間分と少ない。受注できる機械加工の範囲は広く、パンチング、曲げ加工、深絞り、精密切断、溶接、汎用的な工作機械を使用した加工から表面処理まで多岐にわたり、これに加え試作の仕事も請け合い作業工程表を添付して納入する。ヤマハの外作仕事は主にシャフト・箱物類の加工で、材料込み価格で受注納品している。ヤマハから同社に二ヶ月前に注文が入り、最終確認を三日前にして納入というのが通常の形態である。

車体関連のフレームワークつまりパイプの曲げ加工と溶接による車体の製作は、スペインのマドリッド北部にあるSOLDAVIGIL社[23]と、イタリアのボローニャにある戦前からの伝統あるパイプ構造物、特殊なハンドル、排気管を手がけるVERLICCHI社[24]がある。前者は主にモペット、スクーターを、後者はモーターサイクルと棲み分けがなされている。戦後の一九四七年にドカティがはじめて手がけたモペットのクッチョロの車体を製作したのがVERLICCHI社で、イタリアを代表するDUCATI社の基礎を担ったことになる。油圧を使ったテレスコピック・オレオ式のフロントフォークやリアのサスペンションの専業メーカーであるPAIOLI社[25]は、フェラーリで有名なマラネロに近いモデナにあるメーカーである。創業は一九一一年にモーターサイクルの泥除け生産であるが、一九七〇年代に入り油圧を応用した部品製作に転業し、レース用サスペンションに関する技術は、日本のカヤバ工業から供与を受けている。取引先はフランスではＭＢＫとプジョー、スペインではスズキ、デルビ、オーストリアのＫＴＭそして地元イタリアではアプリリア、ドカティ、ホンダ、マラグティ、ヤマハなどがあげられる。

ブレーキ関係のコンポーネントはイタリアのベルガモにあるBREMBO社[26]で、モーターサイクル以外に乗用車、レース用仕様まで作る専業メーカーである。ハブ、ホイールおよび関連部品は、ボローニャにあるGRIMECA社[27]で、創業は一九五〇年である。そのほか大型モーターサイクルのオイルクーラーは、オーストリアのザルツブルグに近いところに工場のあるＫＴＭ社[28]で、特殊な部品だけにＥＵ域内のモーターサイクルメーカーのほぼ全てに納入している。

タイヤはフランスの超大企業のミシュランとイタリアのピレリである。ざっと見た限り、専業部品メーカーの多くがイタリアに多く、その中でも機械産業の発達しているミラノの北の地域に多い。また、中部地域でやや北よりのエミリア・ローマニア州のボローニャ、モデナ地域に多いのは、二〇世紀初頭の包装機械産業を主力に、戦前から歴史的にモーターサイクル・乗用車関係の企業の多い産業集積の効果である。[29][30][31]

六　MBKにおけるハイブリッド型日本的経営の評価

日本企業のグローバル化が、ここ二〇数年ほどの間に急速に進み、世界の隅々に日系企業が進出し、日本型経営・生産システムが適用されている。海外進出に際し現地人労働者の水準や意識あるいは文化などの諸問題を考慮すると、現地生産システムに日本型経営を適応させたハイブリッド型日本的経営が行われている。ここではアメリカおよび中国における日系自動車組立工場について、日本型経営・生産システムの適用・適応度を調査したものと、MBKの調査データとの比較を行った。アメリカにおける日系自動車組立を調査したデータは安保らの先行研究を用いた。また中国におけるデータは筆者らの調査による。[32]調査・分析は、日本多国籍企業研究グループ（代表安保）が提案する「ハイブリッド評価モデル」[33]と日本多国籍企業研究グループの分析の枠組み[34]に準拠している。本論の調査は試論の域を出ておらず、分析概念などの詳細はこれらの文献に譲りたい。

アンケートによる一二項目適用度評点の集計結果は表－1および図－7に示すとおりである。各項目別に見ると、職務区分では中国が評価制度を取り入れているが、フランスのMBKは三つを比較して最も評価制度を導入していない。賃金体系も中国の評価制度を反映させるため、日本的な年功序列の賃金体系が中国人労働者には受け入れられず、資格や仕事の難易により賃金体系に差がつくシステムであり、アメリカは賃金体系にさほど差がなく、年齢や男女の性別が賃金に影響を与えていない、年功的な要素が働くのがMBKである。面白いことに社会主義の

表1　アンケートによる12項目適用・適応度評点

	職務区分	賃金体系	ジョブ・ローテーション	作業長	メンテナンス	品質管理	生産設備	ローカル・コンテント	雇用保障	小集団活動	現地人経営者	日本人従業員比率	平均得点
自動車組立(中)	5.0	3.7	3.0	5.0	2.5	3.0	2.0	2.0	3.5	4.0	3.7	1.0	3.2
自動車組立(米)	4.7	1.8	3.7	4.0	3.1	3.0	3.3	2.3	3.7	3.8	4.6	4.0	3.5
モーターサイクル組立 (仏)	4.0	1.0	3.5	2.0	2.3	3.0	1.0	2.0	2.0	1.0	5.0	2.0	2.4

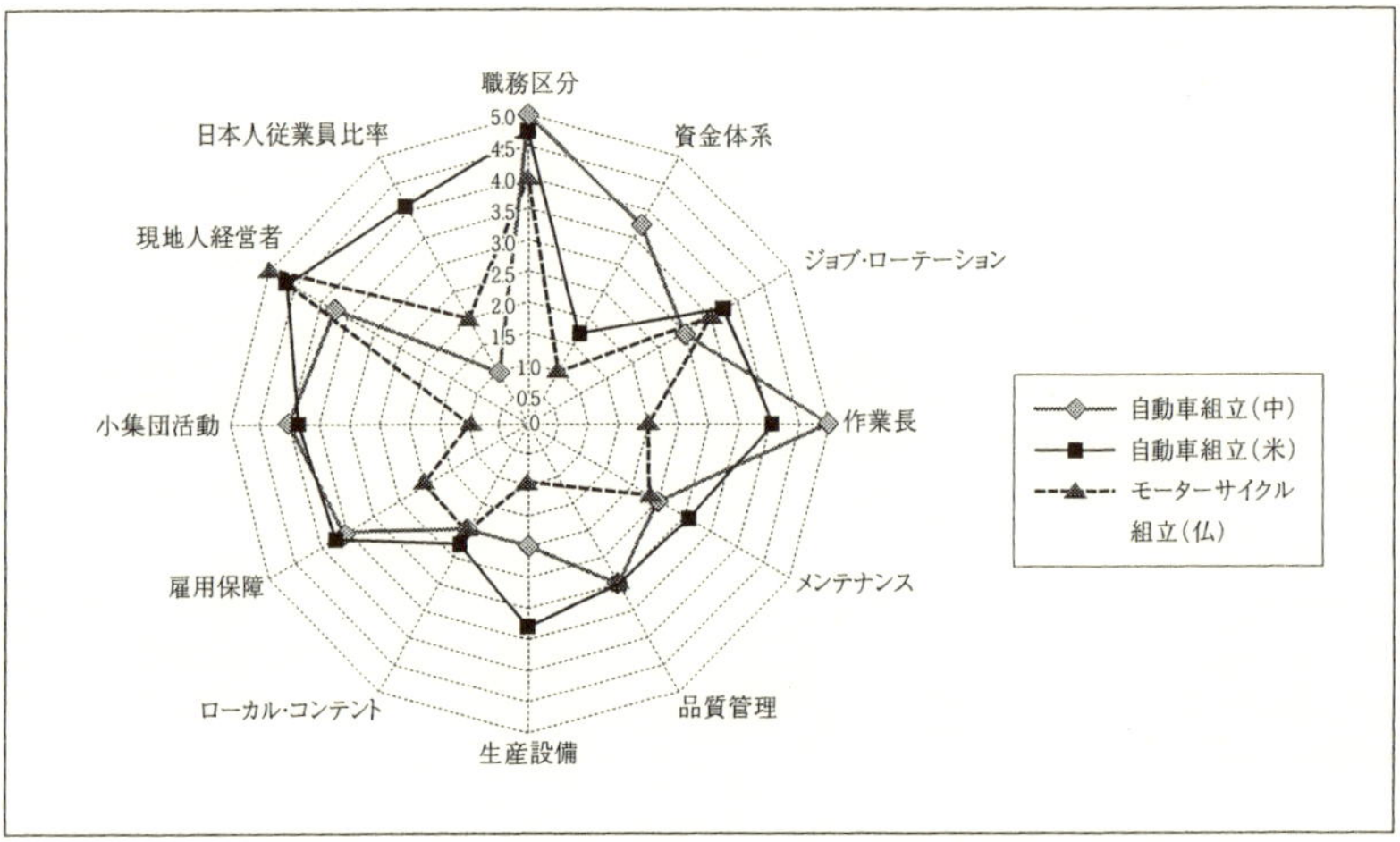

図－7　アンケートによる12項目適用・適応度評点の比較（中・米・仏）

中国が成果主義的な要素が高く、アメリカがさほどでもなく、保守的で社会主義的な国・フランスの職務区分と賃金体系は文化的にうなづけるものがある。

ジョブ・ローテーションは、欧・米・中に一般的な単能工制と異なり、多能工制が採用され、かなり日本的な管理システムの導入が進んだと見ることができる。中国の工場では作業長の評点が高い。作業長は内部昇進によって決められるかどうかがポイントになっており、一般労働者の中から能力が高いものを抜擢する場合に高い評点がつけられる。作業長にはチーム的運営能力、工程の技術的掌握度の高さなどが求められるが、内部昇進によってこの地位のものを抜擢するところが多いことは、現地労働者の教育・訓練が上手くいっている証拠である。あるいはまた、現地労働者が高い意識をもって作業に取り組み、自らの能力を高めていることがうかがえる。

中国人労働者は基本的に個人主義的な気質を持っているものの、より高い技術習得が望め、給与ベースも高い日本的な多能工的作業を行うことを望んでおり、そのことが能力向上の意欲を高めていると見ることができる。[35]これに対し、MBKでの作業長は、内部昇進と経験者の中途採用と併用する制度で、やや内部昇進への動機付けが低いように思える。アメリカは両者の中間より、やや中国に近い。

現地人経営者の評点は工場長・社長・会長の地位にいる人物が日本人であるならば一点、現地人であるならば五点としてその平均値を求めたものである。中国人経営者の割合が高いのは、資本を五〇パーセントずつ出資する合弁企業ゆえ、トップマネージメントが日・中同数の制約が働くためと見られる。つまり経営者をたすき掛けで選出する結果である。MBKはヤマハが一〇〇パーセント出資のため、会長は名目的だがヤマハ本社の役員が兼務、現地社長、工場長とも日本からの派遣駐在員で、アメリカはこの中間である。

現状では欧・中において独資で進出した日本企業は、三つの地位全てが日本人で構成される工場が多く、日本型経営・生産システムの適用が日本人主導により進められている。このほか現地人が経営トップあるいは役員を占めていても、黒子として親会社から派遣された日本人駐在員の存在も多く、本社の意思を受けているので、現地会社の経営の方向付けに与える影響は大きい。日本型経営・生産システムを根付かせる過程において止むを得ないことなのかもしれない。中国のケースでは、就職の際に重要視することとして「将来の昇進」をあげる者が多く、現地人に高い地位を提供しない日本企業のやり方には不満を感じている。実際、中国の就職人気ランキングにおいても、日本企業がベスト五〇に入ったのはソニー（二六位）と松下電器産業（四六位）のわずか二社にとどまっている。ベスト五〇にランキングされた外国企業が三三社あることから考えると、[36]将来的には日本型システムを身につけた現地労働者の中から抜擢することが急務と思われる。

ローカル・コンテントは部品の調達を、現地に頼るのか日本から持ち込むのかを表しており、日本からの調達比重が高いほど評点が高くなる。したがって、部品の調達は現地に頼っていることが分かる。この要因は欧・米・中ともそれぞれの国の国策として、現地の雇用確保や高いレベルの技術移転を促進する意図があり、現地調達率（六〇～八〇パーセントを現地調達）を法律で義務付けている側面と、キーになる部品を除き現地でも日本よりコスト的に安く、かつ遜色ない部品が入手できる背景が存在している。現地調達できずコストに高い割合を占めるのが、排気量が六〇〇 cc程度以上の大排気量エンジンである。

雇用保障の評点が低いことも見逃せない結果であるといえる。雇用保障は労働者の長期に渡る雇用を保証しているか否かを示しているが、長期の雇用保障は作業者に企業内熟練の機会を与えることになり、作業長の内部昇進を促すことになる。ところが作業長の評点がアメリカよりも高い中国が、雇用保障についてはアメリカと比較しても大差ない評点となっている。このことから、作業長の内部昇進による抜擢には、教育・訓練によって現地労働者の能力を高めることで行われているものと考えられる。また、現地人のリーダーを抜擢することで、より円滑な作業遂行を目指しているとも言えるだろう。MBKの場合は、ヤマハの経営参画と同時にリストラによる会社再建がスタート、また二年前にもシュリンクする市場売り上げの低下を前に、思い切った再度のリストラを実行したことから米・中に比べても雇用保障が低いことが、明らかな結果として現れている。

工場運営に際して日本人比率が低いほど、日本的経営が定着したことを物語っており、日本人従業員比率の項目は、比率が高いほど評点が高くなる。この意味で規制上の制約によるが、中国が最も日本化が進行しており、アメリカへの進出時期は早いが日本化の定着が容易でないことを示している。一つには日本文化の理解が同じアジア圏に属するためか中国のほうが高く、欧米人には通用しない日本的労働慣行を受け容れ易いことなどが考えられる。MBKはアメリカより中国に近いが、一つにはモーターサイクルと自動車という商品の違いを考慮する必要がある。部品数が自動車の三万点からモーターサイクルの三〇〇〇点と一割という少なさが、全ての面で目が行き届くことを考えても明らかであろう。

欧・中・米三国の結果を比較すると中・米に概ね同じような得点傾向にあるが、平均得点が示すように中国工場の調査結果のほうが全体的に低い評点が得られていることが分かる。だが欧というよりフランスのMBKは、中・米の自動車工場のケースと比べかなり差が見られる。各項目で差が大きいところを書き出せば、すでに述べた賃金体系、作業長に加え生産設備、小集団活動ということになろう。ここで生産設備の内容を検討すれば、MBKは買収した設備を生かしながらEUもしくは日本からリプレイスする形で工作機械を調達することで対応している。自動車生産ほど大型の専用機を投入せずに、汎用型機械の改造で対応できるモーターサイクル類を含めた商品生産の手軽さにある。

小集団活動は個人主義が進むフランスの文化と祭り好きな中国・アメリカの文化と異質なことは明らかで、今後ともその可能性は低い、むしろ日本や海外のほかの工場などで成功した事例の水平展開を推し進めることが、MBKに日本的経営を展開するのに無駄なエネルギーを使わない賢明な策だと思われる。

トヨタの工場のあるバレンシェーヌは炭鉱町で、失業者が多くフランス政府はトヨタに雇用の創出を求め工場を誘致したのである。全くゼロからの工場立ち上げだが、トヨタの組織力を使い現地の従業者採用は、トヨタの方針を理解させせシングルユニオンしか認めていない、このやり方を「焼畑式」とも言われているようだ[37]。これだけでも組合対策の煩わしさは低減され、最初からかなり日本型経営の徹底化が図られていたと考えられる。筆者が見学した二〇〇三年九月二六日（金）の翌日は、トヨタの日本の工場で行われている「駅伝」つまり、工場内の親睦のため部門間の対抗戦である、長距離リレーが行われる準備がなされていた。バレンシェーヌ工場はヤリス（ギリシャ神話の女神を意味し、日本の商品名はビッツ）専用の工場で、日本の高岡工場をベンチマークして作られ、二〇〇一年から稼動に入りローカルコンテントは八五パーセントと高い。従業員数は二六八四人で、このうち日本人駐在員は社長を含め二四名である。高須社長は、フランス人でも日本人でも作るということ、つまり仕事に対する態度は同じで品質に変わりはないと述べられた[38]。

以上の諸点を踏まえ総合的に検討すれば、ＭＢＫの適用・適応度評点に基づく日本的経営の浸透度は中・米に比べ劣るが、その差は数字に表れたほど大きくないと考えられ、十分とは言えなくとも日本的経営は定着したと見られる。今後の改善でさらにＭＢＫにおける日本的経営は、日本化を推進できる余地は残されているように思われる。

次にアンケート結果に基づき四側面評価を行い、結果を集計すれば表－２および図－８に示すとおりである。「ヒト・方式」は職務区分、賃金体系、ジョブ・ローテーション、作業長、雇用保障、小集団活動から、「モノ・方式」はメンテナンス、品質管理から「ヒト・結果」は現地人経営者の地位と日本人従業員比率、「モノ・結果」は生産設備とローカル・コンテントからそれぞれ構成されている。また「方式」は「ヒト、モノ・方式」、「結果」は「ヒト、モノ・結果」から構成されている。

「方式」に関する評点が高いことは日本型経営・生産システムの「システム」としての移植度の高さを、「結果」の評点が高いことは日本型経営・生産システムの適用度向上を日本から完成されたシステムを持ち込み、それによって日本型経営・生産システムの運営を支えていることを表している。なお、『アメリカに生きる日本的生産システム』では、「結果」を「直接」と表記してあるが、本稿では、最近の論文[39]の表記にしたがい「結果」としている。

集計は一～五点のうち三点を基準にして、それより数字が大きくなるほど日本的経営の浸透度が高いと、概略ではあるが判断できる[40]。表－２を見ると自動車組立工場に関して中・米ともヒト・方式が高い評点である。自動車組立工場については、「方式」の評価が高いことから現地での日本型経営・生産システムの移植度合いが高く、日本からの「持ち込み」に対する依存度が低い。このことより、経営・生産システムのシステムとしての自立度合いはそれなりに進んでいるといえる。これらの項目を自動車組立と比べてもフランス・ＭＢＫのモーターサイクル生産

表2　アンケートに基づく四側面評価

	中国	アメリカ	フランス
	自動車組立	自動車組立	モーターサイクル組立
ヒト・方式	4.0	3.6	2.3
モノ・方式	2.8	3.0	2.7
ヒト・結果	2.3	4.4	3.5
モノ・結果	2.0	2.9	1.5
方式	3.7	3.4	2.4
結果	2.2	3.8	2.5

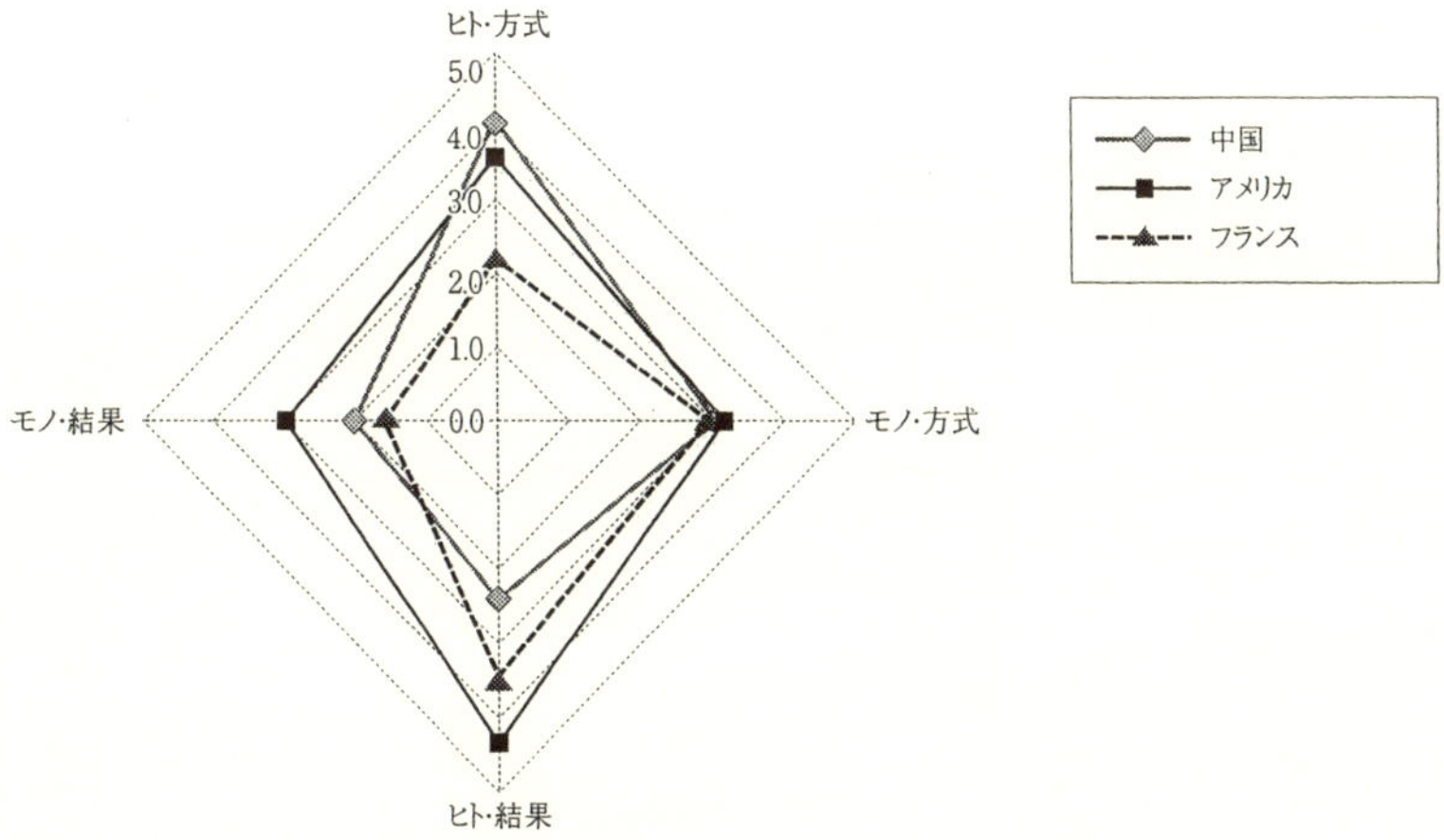

図－8　四側面評価の比較（中・米・仏）

は、かなり低い数値で日本型経営の定着に解決すべき細かな問題点が残されている。

特に「ヒト・結果」の評点が高いことから、アメリカの自動車組立、ＭＢＫにおいて日本の駐在員に頼った操業・経営が続いていると考えられる。つまり、人的資源は日本に頼るが、物的資源（設備など）は現地のものを用いて工場を運営するという形をとっているようである。「モノ」に関しては「方式」「結果」ともに評点が低い。「モノ・結果」は現地工場において、完成された設備等を持ち込むことで工場全体の日本型経営・生産システム向上を補完すべき側面であるにもかかわらずこの評点も低い。これらの結果から自動車・モーターサイクルの両方の組立工場では、日本からの「出来合い」の持ち込み度合いが低く、人的にも物的にも現地調達で運営されており、「ヒト」に関してはシステムの移植度合いが高いことが分る。

七　結論

フランスのＭＢＫは倒産したモペット生産の老舗・モト・ベカーン社の後を受け、ヤマハ発動機の梃入れから一〇〇パーセントヤマハ資本の子会社に至る二五年近い企業史を有し、今ではヤマハのＥＵと言うよりグローバル戦略の重要拠点になった。ＭＢＫはヤマハグループの海外の中核企業として、ライバル企業のみならず同じヤマハグループの海外六一工場と競争しながらも協調して、その存在感を高めてきたといえる。二〇〇五年現在、ＭＢＫ製造では一〇万台以上のスクーターやモペット、二万台のモーターサイクル、三万五〇〇〇台以上の船外機を生産している。そしてＭＢＫ販売は自転車、スクーター、モペットなど多彩な商品群の販売を手がけている。特にスクーターはＹＡＭＡＨＡとＭＢＫの二ブランドでヨーロッパ各国に販売、また船外機についても全世界に輸出されている。ＭＢＫの年間売り上げは三〇〇ミリオン・ユーロ、従業員数は八七〇名を数え、新たに六六〇ccの大型モーターサイクル生産が、ＥＵグループのイタリアのミナレリ社製エンジンを使い加わった。

しかし、現在に至る道のりは決して平坦と言えず、伝統的なフランス企業の幹部職員と現場作業者との間に存在する階級性の壁が存在していた。食堂一つを取って階級によって隔てられ、もちろん食事の内容も雲泥の差があった。そのようなヨーロッパ型スタイルを日本的に、全従業員が同じ釜の飯を食う関係に改めるなど、様々な取り組みがなされた。それでもモーターサイクルの先進国は厳しい市場で、経営を軌道に乗せるため日本で行われているような純日本的な経営では立ち行かなくなり、リストラなど血を流す改革の上にMBKの日本的経営が築かれ、正に継続は力なりを証明したのである。それでもアジアの中国、アングロサクソン系のアメリカとラテン系のフランスでは、かなり日本文化を理解する上で差があることは否めない。

同じフランスでもトヨタのように、全くゼロから工場を立ち上げるようなケースでは、当初からトヨタの経営方針を前面に出し求人活動ができる。会社が稼動しても日本的な方法を当初から持ち込めるので、これがトヨタ流あるいは時間の経過と伴に慣行となれば、フランス人でもトヨタに入れば多少の文化摩擦を犠牲にして、従わざるを得ない環境に身を置くことが当たり前になっているように思える。初期投資を抑えるため、合弁からの出発と子会社化に至る道と、あるいは進出時期によるヨーロッパの環境の違いが、日本的経営の受入に差があるように思われる。

〈付記〉

現地調査ではヤマハ発動機から多大な協力を得た。特にMBKの滝沢社長・松山上級部長には、再三のお手を煩わしたことを記し御礼に代えたい。

注

（1）当時、課長としてアメリカに同行した小野俊常務取締役から生前にヒアリング。

（2）M・E・ポーター『国の競争優位（下）』ダイヤモンド社、一九九二年、一九八頁。

（3）出水力『オートバイの王国』第一法規出版、一九九一年。
（4）出水力『オートバイ・乗用車産業経営史』日本経済評論社、二〇〇二年、二一五－二二九頁。
（5）ヤマハ発動機五〇周年記念誌『Times of YAMAHA　挑戦と感動の軌跡』二〇〇五年、二二一頁。
（6）ＴＤ１は日本でも一九六二年の鈴鹿サーキットの開場を飾ったノービスクラスの二五〇ccレースで上位を独占し、ライバルのホンダＣＲ72を打ちのめした強さが印象的であった。
（7）一九六二年にベルギーに生産工場を立ち上げたホンダは、当初オランダを予定していたが、まだ戦後の余韻が残り日本人に対する感情が悪く変更を余儀なくされたが、その後に日本人に対する感情は改善された。
（8）当時の二ストロークエンジンには、一定の比率でオイルを混合したガソリンを燃料に使用する混合潤滑方式を採用していたので、油が飛散、白煙が出る、扱いにくい、といった悩みが付きまとった。分離潤滑方式は、走行条件に合わせてエンジンが必要とする適量のオイルをオイルタンクからポンプで供給するので、オイルを効率的に使え、排気煙を大幅に減らせるという利点もあった。軽四輪車の場合、一九六二年に二ストロークエンジンの分離給油装置は実用化されていた。二輪車で導入が遅れたのは、ひとえにスペースの問題があった。二輪の限られたスペースに装置を配置するためには、構成部品の小型化が前提になるからだ。四輪車に比べて高回転域を多用する二輪車では、性能上の問題がより厳しく求められたこともある。
（9）ベルギーホンダの生産立ち上げも、スーパーカブにペダルを付けたタイプであるが、現地人の好みに会わず、現地モデルを開発したが、それでも市場対策は予期した成果をあげるに至っていない。
（10）小林茂『ヤマハ発動機21世紀への挑戦』日本工業新聞社、一九九七年、二〇八頁。
（11）Motri Minarelli の会社概況ＣＤロム、二〇〇五年による。
（12）二輪を生産しているホンダ・イタリアの田口修一工場長から二〇〇六年三月に、現地でヒアリング。
（13）*Motobecane—MBK de la Mobylette au Booster*, Emmanuelle Priss, 2002, pp.26–28.
（14）高島鎮雄編『バナール　プジョー』世界の自動車⑨、二玄社、一九七三年、八一頁。

(15) 当時、MBKの調査プロジェクトの一員だった持田弘一、ヤマハ・エスパニア総合技術ディレクターからヒアリング。

(16) フランス軍がサラセン軍との戦いで勝利した場所で、「反撃」を意味していた。

(17) 一九八三年四月八日付け朝日新聞、ポワチェ事件と呼ばれ、日仏の大きな経済摩擦問題であった。

(18) 前掲（5）ヤマハ発動機五〇周年記念誌、二一三頁。

(19) ＭＢＫの会社案内資料による。

(20) ヤマハがホンダに対して、市場シェア一位を目指して、仕掛けた市場確保競争で、乱売合戦となり、最終的にヤマハの敗北でけりがついたが、その結果大きな負債を抱える結幕を迎えた。

(21) 平野彦一「海外モノづくり情報共有システムの有効活用とその広がり」『技報（海外開発／海外生産特集）』No.35、ヤマハ発動機、二〇〇三年、二四頁。

(22) Mecaelec社はＭＢＫの購買担当者の案内で見学とヒアリングを行ったが、ほかの企業はホームページの記載事実に基づいている。

(23) http://www.soldavigil.com/

(24) http://www.verlicchi.it/Italiano/index.htm

(25) http://www.paiolispa.com/chisiamo_1.asp

(26) http://www.brembo.com/ENG

(27) http://www.grimeca.it/eng/news.htm

(28) http://www.ktm-kuehler.at/En/Default.htm

(29) http://www.michelin.co.jp/groupe/p 1111.htm

(30) http://www.pirelli.co.jp/ja_JP/index.jhtml?_requestid=120877

(31) Antonio Campigotto et.al, PRODOTTO A BOLOGNA, Renografica,2002,pp.118-135

（32）出水力、渡邊輝幸「ハイブリッド評価モデルに基づく日系自動車工場の分析——中国における日本型経営の現地化」『大阪産業大学経営論集』第六巻第二号、二〇〇五年、四三－六〇頁。

（33）安保哲夫・板垣博・上山邦雄・河村哲二・公文博『アメリカに生きる日本的生産システム　現地工場の「適用」と「適応」』東洋経済新報社、一九九一年。

（34）日本多国籍企業研究グループ編・報告論文集『日本型ハイブイリッド経営の世界比較——日本企業グローバル生産戦略の指針』二〇〇四年。

（35）黄佳偉・川浦孝之・和多田淳三「中国現地作業員の作業効果分析」、『平成15年度日本経営工学会秋季大会予稿集』、日本経営工学会、二〇〇三年、一〇二－一〇三頁。

（36）『朝日新聞』二〇〇四年五月二〇日朝刊による。

（37）二〇〇三年九月にHUM（ホンダUK）の工場現場で、溶接担当の日本人マネージャーからヒアリング。

（38）二〇〇三年九月トヨタのベルギー事務所の世話で、ベルギーの国境を越えたフランスのバレンシェーヌ工場を見学した時に、高須社長ほか幹部役員とのヒアリングによる。

（39）日本多国籍企業研究グループ『日本型ハイブリッド経営の世界比較——日本企業グローバル生産戦略の指針』報告論文集（帝京大学）二〇〇四年によれば、全て「結果」が用いられている。

（40）前掲（32）の分析データによる。

参考文献

『日本の二輪車業界の世界戦略２００３年版』IRC、二〇〇三年。

ヤマハ発動機株式会社50年誌『Times of YAMAHA—挑戦と感動の軌跡』二〇〇五年。

本田技研工業株式会社『２００５年版　世界の二輪車概況』二〇〇五年。

Didier Ganneau *Motobecane—MBK de la Mobylette au Booster*. E-T-A-L, France, 2002.

第十章　組織研究における会社文化の位相

――方法論的アプローチの考察と在米日系企業の事例

鷲見淳

組織の研究においては、グローバル化に伴い企業組織の形態、雇用関係や生産組織にどのような変化が生じているかについて、近年、多くの関心が向けられている。また、近年の職場では雇用形態の変化を通して組織の制度と人のあり方にも多くの多様性が見いだされる。このような中にあって、組織の理解の仕方にも、新たな制度と人のあり方を考察の視野に入れる必要性が出てくる。

組織の文化を考察の対象として取り扱った研究は、主に、労働社会学や文化人類学および経営学の分野に数多くみられるが、日本の労働研究には、このような研究は数多くは存在しない。日本の労働研究では、企業組織の制度やルールの機能を極めて詳細かつ緻密に提示することを特色とする個別的実証研究が伝統的であり、問題の所在や調査手法に関して、組織の文化に関連する問題が最初に提起される研究は多くは存在しないのが現状であると言わねばならない。しかし、組織の制度とルールの理解を通して労働現場の実態を記述すると言う点に関しては、文化人類学的な手法と実証労働研究との間に共通点が明確に存在する。

この論文の目的は、コンセンサス・アプローチとコンフリクト・アプローチと呼ばれる組織の文化の考察のための二つの分析視点を明確にし、各々の視点の分析手法としての有用性を考察することである。第二の目的は、両アプローチの統合に向けて、組織の文化の考察の新たな視点を探索することである。さらに、組織の文化の考察と実証労働研究との接点がここで重要な手がかりとなる得ることを明確にすることである。

一　組織と人

二つのアプローチ

組織には、基本的に、三つの理解の仕方がある。最初の理解の仕方は、規則と制度を通して組織を理解しようとする方法であり、第二の理解の仕方は、人を通して組織を考察しようとする方法である。前者は、組織を、ルールや規範、報酬制度、労使協議や交渉の制度、労働組合本部と支部との関係および事業部門間の関係などの形式的な枠組みや制度を通して把握しようとする立場であり、前述のように、これが日本の労働研究に中心的な実証的アプローチである。この方法論的立場においては、文化は副次的な考察の対象である。

これに対して、後者は、組織を、職場での人間関係と仕事生活の側面から理解しようとする立場であり、組織の枠組みとしての形式的な制度の理解よりも、職場での人間関係や従業員のキャリアと育成といった人的側面の考察に重点が置かれる。アメリカ経営学におけるメイヨー（Elton Mayo）を中心に展開された人間関係学派（Human Relations School）がその典型的な例である。

第三番目の見方は、組織と人の両方を考察の視野に入れるものであり、ここでは形式的な制度と人の理解のみならず、非形式的な側面の理解、特に、人と制度との関わり合いの理解に重点が置かれる。組織の研究において、文化が考察の対象となるのは、この立場においてであり、これには二つの対照的な分析の視点が認められる。第一の視点は、企業文化を中心的に取り扱うものであり、このような視点は、コンセンサス・アプローチと呼ばれる。第二の視点は、制度の運用や職場の実態の考察に焦点を当てる考察の視点であり、これが、コンフリクト・アプローチである。以下、二つの視点をそれぞれ明確にする。

（a）コンセンサス・アプローチ

コンセンサス・アプローチは、社会、組織、および個人の関係をシステムとして捉え、システム全体を構成する各々の部分がどのように統合され、一つのまとまりのある総合体を構成しているのかという視点から、社会、組織、および個人のそれぞれのあり方を考察する方法論的立場である。この見解では、一つの総合体としての社会（あるいは組織や集団）とそれを構成する部分との関係、すなわち制度の考察に重点がおかれる。全体と部分の関係の理解や解釈の仕方は様々であるものの、ここで重要なのは「統合（intergration）」の概念である。統合の概念は、文化人類学では、B・K・マリノフスキーの機能主義やラドクリフ・ブラウンの構造機能主義を経て、また、アメリカ人類学においては、マーガレット・ミードやルース・ベネディクトを中心に展開されたカルチャー&パーソナリィティ学派の文化理論において中心的な役割を果たしてきた重要な文化概念である。

この立場から組織と人をみた場合、文化が考察の対象となるのは、前述のように、「制度としての組織」の側面よりも、「制度と人との関わり合い」の側面においてであり、組織全体を構成する「部分」としての規則と制度、および組織の構成員である従業員個人が、どのように日常の仕事生活を通して、組織の文化に統合され、組織自体がまとまりのある一つの総合体となるかが中心的な問題点となる。ここで考察の対象となるのは、組織全体を構成する各部分の「機能」であり、各部分の機能は、基本的に、組織全体への統合を目的とするものであると理解される。

ここで一般的に、会社文化（company culture）、経営文化（management culture）、および企業文化（corporate culture）のように形容する場合の「文化」は、経営理念、規範、価値観、さらに広い意味では、企業風土などをさし、それらは組織の構成メンバー間で一様に共有されているものである。このような文化は、一つの統合された総合体である。日本の組織と人のあり方を「家族主義」や「集団主義」および「温情主義」や「企業福祉主義（welfare corporatism）」という概念を通して理解しようとする立場がコンセンサス・アプローチの例である。このような見解においては、家族主義や温情主義から派生するさまざまな価値観や規範は、組織の構成員（従業員）の間で一様に共有されているものであり、新入社員は、日常の形式的および非形式的な教育訓練を中核とする社会化の過程を通して組織の既存の文化を習得し、共有するように育成されていく、すなわち、企業文化に統合されていく、という見方が基本的な理解の仕方である。この見解においては、組織と人との間に存在する矛盾や葛藤などの対抗関係は主要な論点とはなり得ず、両者の「コンセンサス（共生）」が中心的問題として考察される。この視点がコンセンサス・アプローチとよばれる所以である。

コンセンサス・アプローチの視点から浮き彫りにされる会社文化は、その統合された性格のゆえに、相対的に継続的および固定的（あるいは安定的）なものであり、従業員個人のレベルでみると受動的なものである。

最後に、コンセンサス・アプローチと日本の労働研究の多くに見られる個別的実証研究の方法論的視点との類似性に言及したい。前述のように、コンセンサス・アプローチは、全体とその構成部分との関係を考察の対象とし、構成部分の各々の機能を分析する方法論的な視点であり、これは、基本的には、機能主義による見方と同じである。これに対して、実証労働研究は、労使関係、賃金制度および評価制度などを中心とした組織の制度のあり方とその現場での具体的な運用のされ方に考察の重点をおく。方法論的には、石田［一九九七］や富田［一九九八］の生産システムの研究に典型的に見られるように、現場における制度と規則の綿密な記述とそれらの組織全体の中での役割（＝機能）の分析を特色としている。これらの実証研究は、企業文化そのものを考察の対象とはしないが、方法論的には、正に、機能主義的なアプローチである。両者の間には多くの共通点が有るといっても過言ではない。この点については、本稿の最終節（三四一頁）において詳しく考察する。

（b）コンフリクト・アプローチ（葛藤理論的アプローチ）

コンセンサス・アプローチに対して、組織の研究で、しばしば用いられるのがコンフリクト・アプローチである。前述のコンセンサス・アプローチを通して理解される企業文化や経営文化は、組織の構成メンバー間で一様に共有される文化であり、このような文化に対して組織従業員は、イメージとしては、受動的な存在である。これに対して、組織の構成員一人ひとりがどのように企業文化（あるいは経営文化）に積極的に対処、対抗、あるいは意識的に操作しようとしているのかに考察の焦点を当てる方法がコンフリクト・アプローチである。この視点は、現場労働者や経営者を含めた行動主体（active agent）としての社員一人ひとりが積極的に企業文化や経営文化を操作し、あるいはそれに対抗する過程の考察を通して、企業文化や経営文化を通しては描き出されない職場の実態を描き出そうとするアプローチである。

企業文化を通して理解される組織と人のあり方は、基本的に、組織と人との共生に基づいたものである。このような組織の文化の理解の仕方は、（労働者に対して）経営者により強調される組織と人のあり方を中心に考察することになり、しばしば、職場の実態の一部のみを過渡に抽象化して解釈する結果となる。

これに対し、職場での日常の仕事生活の実態には、権力関係や駆け引き、および交渉の過程といった組織の文化を考察するにあたり見落とすことの出来ない重要な過程が存在する。このような組織と人との対抗的な関係性は、コンセンサス・アプローチよりもコンフリクト・アプローチによりより効果的に考察することができる。このような意味において、コンフリクト・アプローチは職場の実態の考察により適した組織の文化の分析の視点であり、この視点から、浮き彫りにされる組織の文化は、企業文化や経営文化というよりも、「職場の文化」と呼ぶによりふさわしいものである。コンフリクト・アプローチは、手法としての性格については、より対抗的で葛藤派であり、従業員個人のイメージとしては能動的である。この視点による職場文化の考察は、コンセンサス・アプローチを通して描き出される企業文化や経営文化の考察とは一線を引くことができる。

以上のように、組織の考察には、制度としての組織と人としての組織の考察という二つの側面がある。組織の文化の考察では、これらの両方の側面を含む、制度と人との関わり合いが中心となり、これには、コンセンサス・アプローチとコンフリクト・アプローチという二つの対照的な視点があることを明確にした。次ぎに、両アプローチにより組織を考察した研究の例を取り上げてみたい。

日本の企業組織の研究例

日本の企業組織について書かれた文献をみると、一九六〇年代以降の日本経済の高度成長を背景として、製造企業の高い生産性と国際競争力が、諸外国、特に、欧米諸国のメディアや学際的研究者の関心の的となり、現在まで膨大な数の研究がうみだされてきた。問題意識は様々であるが、基本的には、これらの研究は、日本の企業組織の形態や雇用慣行および生産方式の何が特徴的に「日本的」であるかを描き、日本の企業組織の高い生産性と国際競争力の源泉とその仕組みの解明に焦点を当てている。

このような日本の企業組織の競争力とその仕組みの解明に関連して、労働者の自発性、すなわち「やる気」をいかに引き出すかという問題は古典的な論点である。ベッサー［一九九九］によれば、これは、労働者が生産に必要な知識を組織のために自発的に提供することを差し控える（サボタージュする）ことを経営者がいかに克服するかという問題として捉えられ、この論点から、日本の組織と人のあり方を理解することが、競争力の解明への重要な鍵となる。ここで、石田［一九九七］の指摘する議論の整理の仕方は有用である。石田によれば、企業組織の議論には、大きく見て二つの論点がある。第一の論点は、これが労働者の働く意欲を引き出すシステム（work smarter）であるとする見方である。第二の論点は、様々な統制やプレッシャーを通して、日本の企業組織を労働強化の一形態（work harder）とする見方である。

前者の見解は、組織の諸制度が組織と人との共生を目的として、組織全体に有機的に関連しあう組織と人のあり方をイメージするものである。このような意味において、前者の見解は、上記のコンセンサス・アプローチに基づく見解であり、日本の企業組織の生産性、効率性における優秀さを認める立場である。このような見方は、日本の企業組織の制度と企業文化が、労働者の働く意欲を増大させることを目的として機能する点に注目する。他方で、後者がコンフリクト・アプローチ（葛藤理論）に根ざした見解であり、日本の組織と人の効率性を認めつつも、日常の仕事生活の実態がいかに過酷でストレスに満ちたものであるかの提示に考察の重点を置く立場である。

以下のセクションでは、これらの二つの視点に基づいた考察の例を挙げる。

(a) コンセンサス・アプローチによる考察の例

前述のように、コンセンサス・アプローチは機能主義的な立場から、組織の制度と人との関係を理解しようとする方法論的立場である。欧米および日本の経営学の分野には、コンセンサス・アプローチの視点から経営文化や企業文化を考察した文献は数多くある。しかし、これらの多くは、いわゆる経営スタイル中心のシステム議論であり、労働現場の実態の考察を含まない。これに比較して、労働社会学や文化人類学的な視点からの組織の研究には、組織と人のあり方について洞察力に富む事例を提供するものが多い。従って、ここでは、労働社会学と文化人類学の分野における体表的な研究の例を中心に取り上げる。

コンセンサス・アプローチによる研究の例は、雇用関係や組織制度の機能的な統合に注目した考察、経営家族主義理念を中核とする企業文化の統合に注目した考察、および生産管理システムを中心に組織の機能的統合に注目した考察の三つに分けて整理することができる。

● 制度の機能的な統合に注目した考察の例

コンセンサス・アプローチの代表的な例として注目に値するものは、アベグレン［一九五八］、コール［一九七一］による研究である。これらのいずれもが日本の企業組織の最も顕著な特徴として、長期雇用を中核とする年功序列型の賃金制度と昇進制度、および企業内組合が、組織と人との共生を目的として統合的に機能していることを指摘し、この統合的な機能が日本の企業組織の高い生産性の源泉であると主張した。

アベグレンとコールの研究に加えて、ドーア［一九七三］は日本の企業組織に顕著に見られる特徴を「企業福祉主義（welfare corporatism）」という概念を通して分析した。企業福祉主義は、日本の企業組織の国際競争力の源泉を企業の包括的な福利厚生制度に注目して説明づけようとする立場である。

日本の企業組織では、雇用の安定のみならず、広範囲にわたる手当ての給付を通して、社員の仕事のみならず、本人と家族を含めた生活全般の厚生の促進が重要視されており、その中には、独身者用の賄いつき宿舎、扶養家族のある社員向けの社宅、通勤手当の給付、住宅購入資金の貸し付けの制度から、仕事外での学習会（書道や生け花など）、組織内外の保養施設の利用、企業内外のスポーツ等が含まれる。経営者からのこれらの保護や手当に対して、従業員は、その見返りとして、組織や仕事に対して高いコミットメントを示し、組織の目標達成のために自発的に労働意欲を示し、熱心に働くという組織と人のあり方をドーアは明確にした。

ドーアによれば、これらの広範囲に渡る福利厚生の制度は、長期雇用、作業チームに基づいた職場組織と生産方式、合意形成を重視した労使関係といった日本の企業組織の特徴と機能的に密接に関連している。さらに、企業組織の形成は、国家の中核的（＝統合的）な文化的諸価値により影響を受け、これらの文化的価値観には、集団主義、和と調和の尊重、組織への忠誠心、年功による序列の重要性、および権威主義的な要素が含まれるとされる。このような意味において、ドーアによる研究も、企業福祉主義という制度の機能的統合および企業文化の統合を見出すことにより、日本の企業の卓越した競争力を説明づけたコンセンサス・アプローチの例である。

ドーアの研究の他に、組織と人の共生を目的として制度が機能し、一つのまとまりのある総合体を構成するというイメージで日本の企業組織を考察し、欧米の伝統的組織の生産性に対する日本企業の卓越性を唱えた研究の例として、パスカル＆エーソス［一九八一］とオーウチ［一九八一］も挙げられる。パスカル＝エーソスとオーウチの両者とも、従業員のより高い組織への忠誠心や仕事に対するコミットメントを引き出す日本の企業組織の仕組みに、その高い生産性と国際競争力の源泉があると主張した。パスカル＆エーソスによれば、その仕組みの中核にあるのが長期雇用の慣行と年功序列型賃金制度、および企業内組合、さらに、これらの諸制度を中核として形成される「運命共同体的文化」とも呼ぶべき企業文化である。オーウチは、日本の企業組織の原型を産業化社会以前の氏族社会に見いだし、そこで育まれる集団への帰属意識や忠誠心、および密接な人的つながりが日本の企業組織の高い生産性を説明するものであるとした。日本の企業組織の高い生産性の説明付けの仕方は異なるものの、両者とも、様々な組織制度と企業文化が、従業員の組織への忠誠心や働く意欲をより効果的に引き出すことを目的として統合的に（有機的に）機能していると解釈した点において、コンセンサス・アプローチである。

● 経営家族主義理念を中核とした企業文化の統合に注目した考察の例

日本の研究者の中では、間の研究［一九七八］にコンセンサス・アプローチの視点が顕著に伺える。間は、日本の企業組織の家族主義的な経営理念、特に、温情主義の観点から、日本の組織と人を考察した。間は温情主義的理念の起源を江戸時代の家制度に見出し、これには、集団主義、経営者と従業員の相互依存関係、和と協調性の尊重が中心的要素として含まれた。間によれば、第二次大戦後の日本の企業組織に特徴的に見られる長期雇用や企業内組合の雇用慣行は、温情主義的理念が存在したからこそ進展したものであり、この温情主義に基づいた労使関係の枠組みの中で、労働者の組織への帰属意識と高い忠誠心、および働く意欲が促進されたとされる。間の研究は、経営家族主義の下での日本企業の組織と人の共生により労働者の高い働く意欲を説明づけたという点において、コンセンサス・アプローチの典型的な例である。

日本の企業組織の文化人類学的な研究の中で、コンセンサス・アプローチの典型的な例としてあげられるのが、ローレン［一九七四］による銀行の職場の考察である。この研究は、銀行業一社の企業文化を一一ヶ月の参与観察を通して考察した文化人類学的研究である。ここでは、入行式やオリエンテーション、および社員教育・訓練や研修などの様々なＯＪＴやｏｆｆ－ＪＴを中心とした形式的な過程のみならず、就業時間後の飲み会や社員旅行および週末のスポーツ・趣味活動、さらに、社員寮での毎日の生活等の非形式的な過程を通して、新入社員が「会社の人間」として育成されていく社会化の過程の分析に重点が置かれている。

この研究の特徴は、組織の文化が体系的な一つの総合体として捉えられ、温情主義、家族主義、愛社主義を中心的テーマとして組織の文化が描かれていることである。さらに、銀行組織の文化の記述に当たっては、会社を構成する従業員一人ひとりが、毎日の仕事生活を通して、組織の文化の中心的なテーマを一様に同意し、共有するようになるものとして理解される。温情主義、家族主義、愛社主義を中心的テーマとして分析される組織の文化は職場文化ではなく、経営文化あるいは企業文化と呼ぶべき文化である。ここでは、従業員一人ひとりが、こうした企業文化をどのように受け止め、内面化しているのかという問題、および企業文化の内面化の過程における従業員個人の多様性の問題は考察の中心ではない。

日本の組織の文化人類学的な考察でコンセンサス・アプローチのもう一つの典型的な例が中牧の会社文化の研究である。中牧は会社の社史および社葬や物故社員の供養塔に示される碑文、そして、社祖をはじめとする会社の擬制的先祖に対する祭祀などに反映される経営理念や会社永続と発展の願いの解釈を通して、企業組織の文化を考察した［中牧、一九九二］。さらに、中牧はこのような会社文化が、グローバル化の影響のもとで変容しつつある組織形態や制度のなかでも姿・形を変えて存続し、従業員に対して、様々な形で動機付けの機能を果たすという見解を示している［中牧2006］。中牧の論じる会社文化は、組織と人のあり方と「イエ」（日本の家制度）とのアナロジーに基づくものであり、間の主張する経営家族主義と平行して、企業文化あるいは経営文化として理解できる。このような企業文化は、組織に対する理念や価値観の統合された部分に照らし合わせて語られる文化であり、基本的には経営者により語られる文化である。これは、前述のローレンの研究における新入社員の研修や教育・訓練制度に反映される会社の理念、および社員の間に一様に共有されるエートスを読み取る方法論的な立場と同じである。

●生産管理システムを中心に組織の機能的統合に注目した考察の例

上記の研究に加え、生産管理システムの側面から日本の企業組織の制度と人を考察した研究に、ウォマック&

ジョーンズ&ルース［一九九〇］による「リーン生産方式」の分析がある。彼らの主張するリーン生産方式は、在庫や生産における無駄の排除、及びその効率性、システムの柔軟性、低コストを特徴とし、その卓越した国際競争力のゆえに、世界各国から多くの関心を集めた。リーン生産システムを取り入れた工場での労働も、従来の大量生産方式に典型的に見られる熟練度の低い単純反復労働から、多能的な知的作業を行う労働者からなるチーム労働に転換される。日本の企業組織の企業福祉主義（welfare corporatism）や経営家族主義の分析を中心とした上記の研究に対して、企業文化の考察には重点が置かれていなく、分析の角度は異なるが、この研究も、組織が労働者の働く意欲を引き出す仕組みを「リーン生産方式」という機能的に統合されたシステムにより説明した点において、コンセンサス・アプローチである。

最後に、私は、ケニー&フロリダ［一九九三］の見解を加えたい。リーン生産方式モデルに対する代替的なモデルとして、ケニー&フロリダは日本企業の生産組織を「知的革新媒介型生産方式（innovation-mediated production system）」と呼び、この生産方式は他のいかなる生産方式よりも効率的に、労働者の知的資源や生産能力を引き出すシステムであるとみなした。知的革新生産方式は、知的労働と肉体労働との明確な区別に基づく欧米の大量生産方式（フォーディズム）とは根本的にことなる生産方式であるとされ、その特徴は以下の二点に要約することが出来る。

第一は知的労働の重視である。これには、肉体労働から知的労働への移行、個人的な知識や技能から社会的、あるいは集団的な知能への重点の移行、技術革新の速度の加速化、生産現場での改善の過程の重要性の増大、生産現場と研究開発（R&D）との区分の曖昧さの増大が含まれる。第二は生産管理における自律性の活用である。ここでの中心議論は、経営による統制（corporate control）の問題である。知的革新媒介生産方式のもとでは、労働者が自主的に創造性を提供するような動機付けと社会的文脈の創出の機能が重視され、労働者の利害を会社のそれと一致させることが目標とされる。そのための仕掛けの一例には、経営によるピアー・プレッシャーの恣意的な活用なども含まれる。

ケニー＝フロリダの主張する知的革新媒介型生産方式はウォマック等のリーン生産方式を、いわば、裏面から読み込んだような概念である。システムの中心的な特徴とされる経営による統制やピアー・プレッシャーの活用の問題などは、下記で考察するコンフリクト・アプローチに顕著にみられる論点であるが、労働者による創造性の提供を自発的なものと見るか、あるいは強制的なものと見るかは、基本的には、労働者本人あるいは研究者の解釈によるものである。労働者の働く意欲が自発的に引き出されると解釈した点において、彼らの視点は、基本的に、コンセンサス・アプローチである。

(b) コンフリクト・アプローチによる考察の例

コンセンサス・アプローチによる考察の例と同様に、コンフリクト・アプローチによる職場の実態の考察も、生産管理システムの分析を中心とする考察と経営文化と職場文化の相違に注目した考察との二つに大きく分けることが出来る。

● 「ストレスによる管理」モデルに基づいた考察の例

コンセンサス・アプローチの例としてこれまでに挙げた代表的な研究では、長期雇用、年功序列型の賃金制度、企業内組合、および経営家族主義に代表される相互依存的な企業文化に特徴付けられる日本の組織と人のあり方は、労働者の「やる気」や自発性を引き出す意味においては他のいかなる組織より優れているとして評価された。他方で、コンフリクト・アプローチは、これらの成果を過酷な労働と自己犠牲の上に成り立つものであると解釈する立場である。

このような立場を顕著に示しているものとして、第一にパーカー&スローター［一九八八］による「ストレスによる管理（management-by-stress)」の見解を挙げることができる。この見解では、日本の企業組織における組織と人のあり方は、労働者の知的労働を含めて、彼らの意志とは関わりなく、労働者からより多くの剰余労働を効果的に引き出す経営管理システムであり、労働生活の質はきわめて低い過酷な状態であると解釈される。生産管理方式に眼を向けると、日本企業の生産方式は、より速い作業ペースとチーム作業に付随する労働強度の増大を特色とするテーラリズムをさらに徹底させたシステムとみなされる。

このストレスによる管理の見解から、工場労働の実態を労働者の立場からリアルに描き出した研究が鎌田による自動車工場での労働生活の記述である。鎌田［一九七三］はトヨタ自動車本社組み立て工場で期間工（季節工）として自動変速機組み立てラインで働き、作業現場での六ヶ月に及ぶ労働生活の日記を通して、ミッション組み付けコンベアでの組み立て作業という単純反復作業がいかに過酷な労働であり、期間工としての毎日の労働生活がいかに自己犠牲に満ちたものであるかをリアルに描き出した。鎌田によれば、そこでの労働生活は、労働者の権限拡大を伴うドーアのいう企業福祉主義と呼べるものではなく、コンベアの速いペース、長時間労働からの疲労の蓄積を伴う過酷な労働条件が経営上の理由により常に正当化される毎日であった。作業チームは労働者の創造性や働く意欲を自発的に引き出す仕組みとして機能しているというよりは、むしろ、労災や疲労のために欠勤するチームメンバーの作業をカバーしなくてはならない現状のため、結果として、自らの労働の強度がいっそう高まる仕組みとして機能することになる。これは上記のテーラリズムがいっそう強化されたシステムの実態についての記述として理解できる。

●企業（経営）文化と職場文化の相違に注目した考察の例

パーカー&スローターのストレスによる管理モデルと鎌田による自動車工場労働の実態の記述は生産システムの分析に焦点をあてたものであるが、コンフリクト・アプローチの特徴は、生産システムの分析のみに見出されるものではない。コンフリクト・アプローチの最も基本的な特徴は、これが職場の実態の考察にあたり、多くのメリットがあるということである。

職場の実態を理解するためには、経営管理職や正規社員を中心に語られる組織と人との一様な共生的な関係のみならず、組織と人との多様なあり方にも考慮が払われなくてはならない。近年の職場では雇用形態の多様化を通して組織の制度のみならず、人のあり方にも多くの多様性が見出される。このような多様性には、年齢や職位およびジェンダーの相違、さらに、正規社員と有期雇用の社員および非正規従業員の組織における位置づけの違いに基づいた仕事生活の経験の相違などが含められる。

このように、組織の中でも、従業員個人の置かれる職場環境や労働条件および利害が異なるために、職場の実態の考察では、権力関係や取引関係などの組織と人の対抗的なあり方に焦点が当てられる傾向が強い。前述の企業文化に対する意味での、職場文化を描き出した研究は欧米、特にアメリカの人類学と社会学の分野に多く見られ、その中でもベンソン［一九八六］、ターケル［一九七四］、ラムフィアー［一九九三］、ガーソン［一九七五］による研究が代表的なものとして挙げられる。これに対して、日本の組織における職場の実態をリアルに描き出すことに成功した人類学的研究はそれほど多くはない。日本の企業組織の職場文化をコンフリクト・アプローチの視点から考察した人類学的な研究として、ここで注目に値するのが、ターナー［一九九一］による労働組合活動を中心とした職場文化の考察、ロバーツ［一九九四］、オガサワラ［一九九八］、ロー［一九九〇］による女性の仕事生活の実態を描き出した研究、およびマツナガ［二〇〇〇］によるサービス業のパート労働を考察した研究、そして、ノグチによる日本国有鉄道の経営家族主義の理想と現実のギャップを考察した研究である。

職場の実態の考察

ターナー［一九九二］は中小規模の製造企業二社におけるブルーカラー労働者の日々の労働生活と労働組合の活動を中心として、組合員の職場文化を描き出した。近年の労働組合活動の衰退に伴い、労働研究の中でも組合活動の考察に焦点を当てる研究が少なくなりつつ中で、ターナーによる考察は、日本の中小企業の組合の積極的な活動を描きだしているものとして意義のある研究である。コンセンサス・アプローチの視点から照らし出される企業内組合のイメージは協調的、同調的なものであり、そこで描かれる労働者のイメージも従順で保守的なものである。これに対して、ターナーは経営側に対する組合の対抗的で積極的な協議や折衝の過程、さらに、組合内部での様々な利害の対立とその克服の過程を考察することにより、コンセンサス・アプローチを通しては提示されない組合員のあり方を生き生きと描き出している。

ロバーツ［一九九四］による繊維製品製造工場における女性作業員（ブルーカラー従業員）の立場から見た職場文化の考察もコンフリクト・アプローチの例として挙げられる。この研究では、女性従業員が会社の「シスター」あるいは「嫁」と呼ばれる比喩的表現に典型的に反映される経営家族主義のもので理想化される「誰もが（すなわち、男性および女性従業員の両方）組織（＝家族）の一員である」という理念とは裏腹に、実際は、男性従業員と女性ブルーカラー従業員のあり方がいかに異なったものであるかが明瞭に示される。男性従業員が雇用保障と昇進の特権を享受する反面、女性従業員は結婚とともに、離職することを暗黙に期待される。主に経済的な理由から、簡単には離職できないブルーカラーの女性従業員たちが、この文化的な期待に対抗して在職し続けようとする仕事生活が生き生きと描き出されている。ロー［一九九〇］の電化製品製造工場における女性従業員の仕事生活の考察においても、同様な職場の実態が描かれている。

日本の職場の実態を考察した人類学的な研究のもう一つの例として、オガサワラ［一九九八］によるオフィスの女性従業員（いわゆるＯＬ）の職場生活の考察があげられる。女性の職場参加を問題領域とした研究には、組織の制度面からのアプローチが多く、会社での女性従業員の地位の低さや昇進に対するさまざまな障壁とその要因が指摘される一方で、ＯＬは闘争的というよりは従順で受動的であるというのが一般的なイメージである。これに対して、オガサワラはＯＬを積極的な行動主体とみなし、男性中心の企業文化に対処あるいは対抗する姿を描き出した。ＯＬは組織制度や企業文化に対して形式的に従順であり、好ましくない制度や職場環境を積極的に変革しようとはしないと社会的に見なされる一方で、オガサワラは、人類学的な視点から、噂話、人気投票、協力や同調を差し控えるなどの非形式的なやり方で、OLが傲慢で高圧的な男性ボスの職場での権限に対抗しようとする職場生活の実態を照らし出している。

このように、コンフリクト・アプローチにより最も効果的に描き出されるのは、コンセンサス・アプローチのみでは把握しきれない組織と人の多様なあり方である。このような領域には、組織の中核ではなく、いわゆる「周辺」として一般的に受け止められている制度や人（女性労働、移民労働、非正規社員の労働、パート労働やサービス産業）の考察が多く含まれる。もちろんここで、組織の中で周辺にある制度や人のあり方が「周辺＝重要性の低さ」という図式で捉えられるべきではないことは明確にされるべきであり、それゆえに、コンセンサス・アプローチに対するコンフリクト・アプローチの重要性が認識されるべきである。

日本の企業組織の制度と人の考察では製造企業の研究が中心であることは前述したとおりであるが、近年、サービス産業などの製造業以外の産業において、雇用形態の多様化に関連する問題の重要性が増大している。雇用形態の多様化は決して無視できる社会・経済・文化現象ではなく、女性労働力の増加、パート労働者や派遣および有期雇用の従業員数の増加がもっとも顕著なのがサービス産業である。多様な雇用形態を通して組織と人のあり方にも多くの多様性が観察されるサービス業においては、長期雇用や企業福祉主義のように機能的に統合された制度により組織と人のあり方を一元的に説明しようとする視点や、理想化あるいは形式化された企業文化を描き出す組織の理解の方法のみでは、職場の実態は把握しきれない。マツナガ［二〇〇〇］による長崎屋の職場文化の考察は、組織の中での従業員個人の多様な役割や位置から見た組織を描き出すことを通して職場の実態を把握しようとしたコンフリクト・アプローチの例である。

組織のあるべき姿として経営者により語られる経営家族主義と職場の実態との矛盾をうまく描き出したのが、ノグチ［一九九〇］による国鉄の職場の人類学的研究である。この研究は、一九八七年の日本国有鉄道（JNR）の民営化をめぐり、「国鉄一家」のフレーズに典型的に反映される経営家族主義が象徴的意義を持つ概念でしかなく、実際の職場での仕事生活がいかにこれとかけ離れたものであるかをうまく描き出している。
間［一九七八］の解釈に典型的に見られるように、経営家族主義の文化論的解釈は、封建制における家制度にその発生の起源を見いだす見解であるが、この研究では、経営家族主義に反映される会社組織と従業員との間の密接な感情的な絆が、実際に影響力を伴いつつ、高度成長期を経た日本の会社組織で、実体を伴って、存続し得るかどうかが基本的問題であった。

ノグチによれば、「国鉄一家」のような表現に含蓄される経営者と従業員の理想化された労使関係は、国鉄のような組織では、実体を伴わない概念であった。経営家族主義に特徴的に見いだされる経営者と労働者との間の密接な感情的・情緒的絆は、日常の仕事生活の中では、変化せざるをえないものであったとノグチは主張する。実際の職場では、「国鉄一家」という経営家族主義の概念には、一方で、経営者と労働者の利害や立場の相違を超えた感情的な絆という側面があり、他方で、目的達成のための手段としての側面が認められた。ノグチによれば、「国鉄一家」の二つの側面が労使間の交渉や一般市民、メディア、政治家などの会社外部との交渉の過程で、それぞれの権益のために恣意的に使い分けられたのであり、このような二枚舌の経営家族主義と通して、ノグチは分断された職場の実態を描き出している。この研究は、経営者により語られる経営家族主義ではなく、従業員により受け止められる国鉄一家のイメージを描き出したものとして、コンフリクト・アプローチの例としてあげられる。

以上のように、ここでは、職場の実態を効果的に描き出したコンフリクト・アプローチによる代表的な研究を概観した。

二　在米日系企業の事例研究から

取引、権力、適応の分析概念の導入

これまでに見たように、近年の職場では、組織の制度のみならず職場の実態にも多くの多様性が観察される。このような多様性を前にして、組織と人をどのような視点から考察するのが有効であるかが問題となる。ここで、私の、アメリカ合衆国カリフォルニア州および中西部での日系企業の職場調査とニューメキシコ州の日系企業一社の事例研究に基づく職場文化の考察［スミ　一九九八］を例にとり、現場の多様性を理解するために有用であると考えられる三つの分析概念の導入を試みたい。在米日系企業の職場は、以下で説明するような分析概念を活用し、現場の多様性、および企業文化と職場文化の相違を考察するにあたり、まさに、最適の対象である。ここで、（a）取引の概念、（b）権力とコントロールの概念、（c）適応の概念に分けて簡潔に説明する。

（a）取引の概念

取引（ネゴシエーション）という概念に関して、概念をすこしでも明確にするために定義づけをしてみたい。ここでは、取引とは「要求事項や必要事項に関してメンバー間で何らか合意、または了解に到達するまでの、目的のある意識的、能動的、選択的な過程で、この過程には、共存的、あるいは競争的側面が含まれる」として定義することも可能である。ここで重要なのは、取引は意識的（思惟的）、能動的、合目的的、および選択的な過程ということである。

（b）権力と統制（コントロール）の概念

ウォルフ［一九九〇］は、権力という概念を、一方で、社会や組織の構造や制度のレベルで把握される権力（structural power）、他方で、現場、すなわち、職場レベルで表面化される権力として、組織的権力（organizational power）と駆け引き的権力（tactical power）とを区別した。ここでの駆け引き的権力という概念は、上記の取引の概

念と関連して、有用な概念である。

さらに、権力の概念は、職場のレベルでは、コントロールの問題としても把握することが可能である。ここでは、職場のコントロールという概念は、エドワーズ［一九七九］によるシンプル・コントロール、官僚的コントロール、人格的コントロールの三種類に類型化される。しかしながら、これらは概念上の区別であり、実際の職場（工場現場）では、後に述べるSuntech Americaの事例で考察するように、これらの三つの要素は「階層的コントロール」と「ポカヨケ・コントロール」という形態で表面化された。この事例では、職場のコントロールの観点から権力関係を捉えた。

（c）適応の概念

取引の概念と関連して、重要なのが適応の概念である。事例の中でも、適応する日本人（あるいはアメリカ人）社員、適応しない日本人（アメリカ人）、適応できない日本人（アメリカ人）等がみられるが、適応しない日本人社員と適応できない日本人社員が同じかというとそうではなく、適応しない社員の中には、敢えて、適応しないことを選んでいる社員が存在することを強調したい。すなわち、自分のキャリアの発展に照らし合わせて、個人の意志的な選択により、自分の環境に適応するか、しないかが左右される訳である。

特に、そのような社員の中には、五年の枠組みの中で日本の本社に帰っていく者が多い。アメリカに適応しすぎてしまった社員は、日本の本社に戻ってからハンディキャップになるということは現場ヒアリング調査の過程でしばしば指摘されたことである。これに関連して、以下に説明する「適応しすぎた日本人社員（Altered Japanese Employee）」とケニー&フロリダ［一九九三］が指摘する「再構築されていないアメリカ人管理職（Unreconstructed American Managers）」の存在はアメリカの日系企業において、権力関係の問題のみならず、適応の問題が重要であることを示唆するものである。

●例1　「適応しすぎた日本人社員」

北カリフォルニアの日系ハイテク企業のアメリカ人取締役社長にインタビューしている時に、彼が日本人の社員（技術者）の例に言及した。彼は非常に有能であり、会社への貢献も大きく、社長は彼をアメリカの会社にとどめたかった。しかし、本社（日本の親会社）からの辞令により、彼は日本に帰らざるをえなかった。本人にしてみれば、日本で子供を育てたいという家族の願望もあり、日本に戻ったわけであるが、結果として、彼は日本でいういわゆるアメリカナイズされすぎた日本人と見なされた。このような社員は、職場で自己主張が強く、仕事と家庭との明確な区別をつける傾向が強いこと、さらに、上下の序列や相互依存的性格の強い人間関係を中心とする職場での日本的な慣行に批判的になってしまうため、本社での、すなわち、日本の職場に再適応できなくなる傾向が強い。日本の職場では、通常の職務はグループの一部として位置づけられ、グループの「内」と「外」を分ける壁は非常に高い。このような社員は、通常の場合、グループの外にだされることになる。要するに、村八分的な存在になってしまうわけである。このような状態では、仕事が効率的にできない。結果として、この社員は、本社での昇進コースから外されてしまった訳である。

上記の例は、日本の職場における社会的制裁の存在を物語っており、多くの日本人社員の中では、「こうなると職場からの制裁を受ける」とか「これをやったら、昇進コースにありつづけるために不利になる」などという過去の経験に基づいた知識が正に暗黙の了解として存在する。日本企業の海外駐在社員が通常五年の時間的な枠組みで帰国するのはこのためである。海外滞在期間が五年を越えると、よく言われることは、人事異動のために、日本でのポストや人脈が無くなってしまうと言うわけである。このため、多くの日本人社員は、日本の本社との関係性を維持することが現地への適応よりも重要であると考える。

●例2　「再構築されないアメリカ人経営者」

ケニー&フロリダ［一九九三］のいう「再構築されないアメリカ人経営者」とは、日系企業における制度と人のあり方に適応することが出来ず、その結果として、孤立し、袋小路に入り込んでしまうホワイトカラーの中間管理職のことである。このようなアメリカ人管理職の存在は、私の日系企業の研究の中でも指摘したことである。アメリカ中西部の日系自動車金型製造工場に務める現地採用のアメリカ人管理職の以下の叙述が、このような袋小路の状態をよく示している。

トヨタやホンダで働いた人はもちろん知っている。そこで、アメリカ人と話したこともある。どこへ行っても話は同じだ。幾らかの違いはいつもあるけれど、基本的に、問題はすべて同じだ。すなわち、日本人から見れば、アメリカ人は辛抱強くないということかもしれないけれども、どのように仕事というものを理解し、仕事がどのように遂行されるかということに関して、日本人とアメリカ人従業員との間に大きな相違がある。経営管理の仕方の相違や、「ガラスの天井」といった問題もあるのも確かだ。加えて、これが根本的な問題なのだけれども、日本人社員はアメリカ人を軽蔑していると思う。日本人はアメリカ人の自動車関係者を尊敬しているとはどうしても思えない。私は、アメリカ人としては、この会社では、取締役として最も高い地位にあるけれども、日本人の社長は、この職場で最も地位の低い日本人従業員により多くの価値を見出しているありさまだ。いつも彼にばかり、用件を伝えている。私にはまったくの無しのつぶてだ。こういうことが何回もある(日本語訳筆者)。

以上、私の研究から二つの例を挙げたが、このようなアメリカ人取締役の例、さらに、上で述べた適応しすぎた日本人社員の例は、職場文化を考察するにあたり、取引、適応、権力概念を通して職場の実態を観察することが重要であることを示唆するものである。

アメリカ的な組織の制度の中での日本的「期待」

在米日系企業の組織と人を見た場合、組織の制度としては、アメリカ企業との類似点が多く見られるが、同時に、日本人社員からの仕事と生活に対する「日本的な期待」が存在し、これらの二つの要素が往々にして対抗関係にあるという文脈が観察される。

日本的な要素には、広い意味での「働き方」に対する日本人従業員間で共有された期待があり、その中には、時間管理の仕方、仕事と生活全体の中での会社の仕事の優先的な位置付けなどが含まれる。これらの期待が具体的には、厳格な仕事開始時間、会社への忠誠心、長時間勤務、所属企業でのキャリアの進展、アメリカ人とよりも日本人従業員間、および日本の親会社とのコンセンサスの形成を重要視する意思決定の過程などに反映されると考えられる。これに対して、アメリカ的な要素は仕事と家庭生活のはっきりとした区別、より頻繁な昇進や昇給、仕事の明確な定義、素早い意志決定の過程、職務の進捗に対する上司からの頻繁なフィードバックの必要性などとして観察される。このような文脈の中で日本人の管理職、技術者、また、アメリカ人の組み立てライン作業員、ホワイトカラーの中間管理職、人事担当の者達が自己のニーズ、要求、希望などを取引しているというのが職場の実態である。

このように職場をみた場合、制度としての組織が存在する一方で、人のあり方に目を向けると、毎日の仕事生活の中では、アメリカ的な期待と日本的な期待が交錯するといった極めて複雑な実態がある。それ故に、一例ではあるが、職場文化の考察には、組織の制度としては現れない期待がどのように毎日の仕事生活に反映され、アメリカ人、日本人従業員の双方が制度や期待にどのように対処しようとしているのかを描くという一つの視点が必要となろう。

ここで、事例研究の対象である日系企業 Suntech America の工場現場を見てみたい。工場現場の考察からは、日本の親会社（Suntech Japan）、ニューヨークの Suntech America 本社、ニューメキシコ工場間の権力関係の中で、アメリカ人部長と日本人部長による管理の仕方に対して、日本人社員、アメリカ人現地従業員がどのように対処しようとしたのかという職場の実態が描き出される。以下の事例では、このような視点から、工場現場にアプローチしてみた。

● 事例企業：Suntech America

Suntech America（偽名）は日本のSuntech Japanの北アメリカにおける子会社であり、ニューヨークに本社をおき、一九六〇年代後半以来、Suntech Japanにより生産された医療機器の販売を受け持つ販売会社としての機能を受け持ってきた。一九八九年に設立されたニューメキシコ工場は販売会社としての伝統の長いSuntech Americaにとり、北米での始めての内視鏡の生産、および修理と保全を受け持つ工場である。

日本のSuntech Japanが北米における内視鏡の初めての製造を決定するにあたり、工場の所在地をニューメキシコに選んだ第一理由は良質の労働力がカリフォルニア州などに比べると比較的に安価に調達できるという、ニューメキシコの経済的地域性であった。ニューメキシコ州は伝統的に軍事産業により州の雇用が支えられてきた州であり、近年の軍縮の傾向のため、軍関係者、および関連技術者のレイオフが盛んに行われていた。ハイテク産業のメッカである北カリフォルニア地域に比べて、ニューメキシコ州の土地の安価さ、これに派生する、物価水準の低さなどは、他の州に比べて、企業が質の高い労働者を安価に調達できることを意味した。

ニューメキシコ工場の製造設備を立ち上げた一九八九年には、工場における総従業員数は四〇人と少数であったが、その後、着実に従業員を増やし続け、私が聞き取り調査を行った一九九二〜三年には従業員数は一一〇人であった。ニューメキシコ工場施設には、（1）管理部（人事を含む）、（2）研究・開発部、（3）製造部、および（4）修理・保全部の四部が存在した。従業員一一〇人の中で日本人社員は一一人であり、そのうち、工場長と修理・保全部長はSuntech Americaの現地法人の社員であった。残りの日本人社員は、すべて技術系の社員で、親会社であるSuntech Japanからの北米駐在社員である。ここではコントロールの問題に焦点をあてて、Suntech Americaのニューメキシコ工場の職場の実態を簡潔に紹介したい。

ニューヨーク本社は営業事業部であるために、ニューメキシコ工場におけるアメリカ最初の内視鏡の製造を管理する経験はまったくなかった。ニューメキシコ工場での生産が、Suntech Americaにとって最初の経験であったために、ニューヨーク本社はニューメキシコ工場における製造計画を極度にコントロールしようとした（この事例では、これをリモート・コントロールと呼ぶ）。さらに、日本の親会社であるSuntech Japanもニューメキシコ工場における生産を厳しくリモート・コントロールしようとした。これは現地アメリカ人中間管理職の日常の仕事に対する裁量を大幅に限定するという形で表面化した。このためアメリカ人中間管理職の間では、仕事への不満のレベルが極度に高く、これらの不満は彼らの見たところの、長期雇用の理想や遅いペースの昇級や昇進といった、いわゆる「日本的な」雇用慣行や日本人社員の「仕事のやり方」に向けられることになった。このような日本の親会社とニューヨーク本社からのリモート・コントロールに加えて、工場の現場では製造部と修理・保全部において、対照的ともいえるコントロールの形態が観察された。これらは、一方では階層的コントロール、他方では、筆者が呼ぶところの、ポカヨケ・コントロールである。各々のコントロールの特徴は以下のようにまとまられる。

製造部（Manufacturing Department）におけるコントロール：階層的コントロール

アメリカ人ライン作業者に対して、アメリカ人製造部長により行使される軍隊的な態度を通してのトップ・ダウンの作業命令

官僚的であり、非人格的（Impersonal）

仕事と私生活の明確な区分

労働者は代替が可能

出勤時間、勤務時間に対する緩慢な規定

服装に対する緩慢な規定

修理・保全部（Repair Department）におけるコントロール：ポカヨケ・コントロール

日本人修理・保全部長により、アメリカ人中間層管理者を経由して、アメリカ人組み立てライン作業員に対し

て行使される基本的にトップ・ダウンの指令。アメリカ人中間管理者が、日本人部長の期待をアメリカ人作業員向けに「翻訳」しなくてはならない
仕事と私生活の区分が曖昧
「温情主義」と「見習い」の要素を多く含む
出勤日及び勤務時間に対する厳格な規律
服装に対する厳格な規律
勤務態度に対するコントロール
けじめと形式の強調、及び会社への忠誠心と仕事への献身
労働者は代替が不可能
仕事に対するマイクロ・マネージメント
日本国内工場における生産現場での業績管理に類似

職場文化と企業文化の違い

リモート・コントロールを通して極度に高まっていたアメリカ人中間管理職の不満は、ある意味では、製造部と修理・保全部における上記の二種類のコントロールの差異をさらに顕著にさせ、日本的な仕事のやり方に対するアメリカ人中間管理職の競争意識をいっそう激化させる要因となった。職場文化のレベルでは、アメリカ的な要素(=期待)と日本的な要素の融合は観察されない。Suntech America のニューメキシコ工場は次第にアメリカ人従業員の離職を経験するようになる。日本企業に対する工場立上げ当初の期待感は崩れ去り、多くのアメリカ人ホワイトカラー従業員は幻滅感とともにアメリカ企業へ戻っていくことになる。これと平行して、一九九〇年代後半には、日本におけるバブルが崩壊し、経済の後退が次第に深刻になる中で、日本の親会社である Suntech Japan は北

米での内視鏡の製造を取りやめることに決定した。主な理由は、生産活動を親会社に戻すことにより、日本国内工場での従業員の一時解雇の回避であった。一九九六年には、残念ながら、Suntech America のニューメキシコ工場は閉鎖される運びとなった。

このような仕事と生活に対するアメリカ的な期待と日本的な期待の乖離が明確になったのは、あくまでも、職場文化に考察の焦点を当てたからである。これに対して、人事担当の管理職従業員と彼らにより紹介される、いわゆる「優等生」的なアメリカ人従業員とのインタビューに基づき、描き出された組織の文化は、「我々は大きな虹のかかった和気藹々とした家族（We are one big rainbow family.）」という表現や、週末のカラオケ・パーティーに反映されたように、会社組織を一つの運命共同体として解釈し、組織と人との共生的なあり方を強調するものであった。Suntech America のニューメキシコ工場では、人事担当の従業員は皆アメリカ人であったが、彼らにしても、毎日の仕事生活の中で、いわゆるアメリカ的期待と日本的期待との間に大きな隔たりがあることは理解していた。しかしながら、両者の相違に対する対処の仕方は、あくまでも、「互いに学び合うことができる（We can learn from each other.）」という表現に典型的に表されるように相互補完的なものであった。人事担当の管理職従業員をとおして典型的に語られる企業文化は、前述の職場の実態とはかけ離れたものであり、あくまでも、現場では、象徴的な意味をもつものでしかなかった。この解釈は、ノグチ［一九九〇］による経営家族主義の理想と現実との相違を描き出した手法と平行するものである。

最後に、このような職場文化と企業文化の乖離は Suntech America の場合では特に顕著であったが、これは、カリフォルニア州、および中西部地域における他の日系企業においても、典型的に観察されたことを付け加えたい。

三　コンセンサス・アプローチとコンフリクト・アプローチの統合に向けて

第一節では、組織の制度と人の考察のための分析の視点は、コンセンサス・アプローチとコンフリクト・アプローチとの二つの視点に大別されることを労働社会学および文化人類学における体表的な研究例を通して考察した。

さらに、職場の実態を効果的に描き出すために、取引、権力、適応の3つの分析概念の導入を試み、このような考察の一例として、私の今までの研究から在米日系製造企業1社の職場を取り上げた。

ここで、コンセンサス・アプローチとコンフリクト・アプローチとの統合的な視点への可能性について考えてみたい。

ここでの論点を簡潔に要約すれば、実態の理解に強みを発揮するコンフリクト・アプローチによる組織の考察においても、文化の記述のためには、何らかのコンセンサス（統合）の視点が必要となるのではないかということである。このような統合的な視点を示唆する研究は、以下で述べるように、本稿で考察例として取り上げた研究の中にも幾らか見出される。

コンセンサス／コンフリクト・アプローチの接点

コンセンサス・アプローチとコンフリクト・アプローチとの接点を見出すにあたり、コンフリクト・アプローチの強みと弱点をここでもう一度明確にしたい。グローバル化の中での組織と人のあり方、および新たに出現しつつある雇用形態の多様化や職場での多様性を調査研究の主要問題とする場合には、複雑な実態を記述できる方法がより有効である。本稿における考察からは、多様性をはらむ職場の実態を効果的に描き出すためには、コンセンサス・アプローチには無理があり、コンフリクト・アプローチを選択することにより多くのメリットがあると考えられる。しかし、コンフリクト・アプローチにより、職場の実態が効果的に描き出される一方で、職場文化をいかにして記述することが出来るかという問題は未に解決していない。

ここで問題となるのは、現場の多様性をいかにして文化として記述出来るのかということである。事例を通して現場の多様性を提示することは、いわゆる暴露研究のように、今までに知られていなかった組織と人のあり方を新たな知見として提示するという意味で、それなりに意義のあることかもしれないが、これで「文化」を記述したことになるのかは疑問である。

当然のことであるが、職場文化は、企業文化や経営文化と同様に、職場の多様性に照らし合わせて考察されるべき組織文化の一部分である。ここで、「文化」というものは、単に、コンセンサス、あるいはコンフリクトといった二分法的な思考で把握できないことも明記されるべきであろう。ラーツ［二〇〇二］は、組織における労働と感情の考察の中で、組織の文化には、経営文化と職場文化、地域文化の三種類の文化があることを指摘し、感情を通してこれら三つの文化の接点を考察している。

多様な職場文化を描き出すためのもう一つの方向性としては、コンセンサス・アプローチとコンフリクト・アプローチの折衷として、組織文化の考察において、両アプローチによる見解を対比させることにも可能性が見出される。このような折衷的な考察として、多くの可能性を秘めるのがノグチ［一九九〇］の考察であり、さらに、生産管理システムの分析に焦点を当てた考察では、ケニー&フロリダ［一九九三］の研究である。ノグチは経営家族主義という経営文化の一つの「統合点」あるいは結晶点を通して、国鉄組織のあり方の理想としての共生を描き出したが、他方で、国鉄解体を前にして利害関係により分断された職場の実態を描き出した。ケニー&フロリダは日本企業の生産方式を知的革新媒体生産方式という労働者の創造性を自発的に引き出す統合的システムと見なす一方で、他方では、日本的システムの海外移転と経営によるコントロールの問題の分析を通して、職場の実態を描き出している。

組織文化の考察において、いずれのアプローチを採用するにしろ、組織のあり方の統合点を見出し、これらを分析の視点とする必要があるのではないだろうか。職場文化を、単に、多様なサブ・カルチャーの寄せ集めとしてしか提示出来ない場合、職場文化は、イメージとしては、モザイクのような各部分の寄せ集め（“shreds-and-patches” view）になってしまい、そこには、何の纏まり、あるいは統合も見出されない。これでは、職場の実態の総花的記述でしかない。この場合、職場文化をどのようにして記述できるのかという問いに対し、我々（研究者）はいったいどのように応えることができるのであろうか。ラーツの研究では感情、ノグチの研究では経営家族主義、そして、ケニー&フロリダによる考察では知的革新媒介型生産方式といった明確な論点があり、これらは組織の文化の中での統合された一部分である。職場文化もやはり、このような「結晶化」した部分、すなわち、一つの統合された部分を明確な論点として捉え、そこから職場文化の全体を照らし出してこそ、はじめて職場文化を記述することが可能となるのではないか。このような意味において、ラーツ、ノグチ、ケニー&フロリダの研究は、コンセンサス・アプローチとコンフリクト・アプローチとの統合に向けて、組織の文化の考察における一つの方法論的な可能性を示唆するものである。

組織文化の考察と日本の実証研究との接点

本稿の最初の部分で、コンセンサス・アプローチと個別的実証研究を中心とする日本の労働研究との類似性について言及したが、組織文化の考察と実証労働研究との接点が見出されることの中に、新たな視点への可能性も見出される。もちろん、厳格な方法論的意味においては、実証的手法を通して文化自体をどこまで考察することができるは極めて疑問である。従って、実証労働研究と文化の考察との接点を見出すにあたり、双方が共有することのできる考察領域を出来る限り具体的に提示することが限界であるといわざるを得ない。

ラーツ［二〇〇二］が指摘するように、アベグレン、間および中牧の研究に典型的に見出されるような、日本の企業組織の制度と人のあり方を経営家族主義や温情主義により説明付ける文化論的解釈に対して、日本の実証労働研究では、経済学者と労働経済学者を中心として、長期雇用の慣行や年功序列型の報酬制度のような、日本の企業組織のいわゆる「日本的」とみなされる諸特徴の中に「合理性」を見いだそうとする立場が主流である。この立場は、熟練の形成に関する小池の見解に見られるように、上記の慣行や制度の中に、ユニバーサルな機能や要素を見出そうとするものである［小池　一九七七］。このような方法論的立場においては、結果として特殊性や唯一性（ユニークさ）を強調する文化論的解釈はさけられる傾向が大きい。しかし、実証労働研究の中で、組織の文化が問題とされないかというと、決してそうではないことはここで明確にされるべきである。

ここで、石田の見解を見てみたい。石田［二〇〇三］によれば、労働研究は、基本的に、「労働支出と報酬に関するルールの記述とその解釈」である［四二頁］。組織の行動の分析にあたり、経済学者である石田の注目する点はあくまでも原価低減であるが、組織の考察にあたり、石田は文化的要因の考察の必要性を排除する訳ではない。石田にとり社会科学としての組織の考察は、制度と職務に関する規則のいわば記号論的解釈に基づき、組織と人のあり方を読み込むことである。仕事の記述を論じる中で、石田は、仕事の「統一的な全体像」を構築する必要性を示すが、このために、制度を一つの統一体として結合し統合している当事者間の「共通の理解」を発見することの重要性を明確にしている［一二頁］。そこで論じられる「共通の理解」とは、本稿で述べる企業文化の概念と真に同一のものである。さらに、石田はこのような共通の理解の特性を「文学のようにじかには描けないにしても、規則を媒介に間接的にせよ拠るべき制度的裏付けをもって」記述することの重要性を明らかにしており［一二頁］、このような石田の語りの中に文化人類学的な考察への視点が認められる。

このように、方法論的立場に関して厳格な実証的アプローチに基づく石田の見解においても、組織文化についての考察の必要性は、間接的にではあるが、認識されている。しかしながら、繰り返し強調するが、これは、あくまでも、制度と規則から読み込む企業文化の認識である。

ここで、もう一つの重要な点を明確にするべきである。実証労働研究は、分析上の枠組みとしては、機能主義であり、コンセンサス・アプローチであるが、石田や富田の生産システムの研究［石田　一九九七、富田　一九九八］に見られるように、考察の対象としては、本稿で取り上げたコンセンサス・アプローチに属する研究に比べて、制度の運用の実態と作業現場を積極的に取り上げ、考察するものであることを付け加えたい。さらに、コンフリクト・アプローチによる考察に顕著に見出される職場における力の関係の解明についても、労使関係の考察をその中核として進展した実証労働研究にとり、労働組合による職場規制の考察にみられるように、権力関係は最初から主要な問題領域であった。権力関係の問題については、文化の考察の領域において、その重要性が一九八〇年代後半以降、ポスト・モダン主義の台頭に伴い、文化人類学者の間で認識されたものであったことも認識されるべきであろう。同時に、前述のように、実証労働研究においては、組織文化は、分析の重要性から見るとあくまでも副次的に、企業文化として捉えられ、コンフリクト・アプローチによる考察に見られるような企業文化に対する意味での職場文化としては捉えられていないことも明確にされるべきである。

他方で、問題設定の仕方の相違や、分析のための枠組みの相違を考慮に入れても、組織文化を最初に問題にした文化人類学的な考察では、組織の制度の認識とその理解が十分にはなされていないのも明白な事実である。ましてや、企業組織の制度の全体像の把握についてはなおさらである。このように、組織の制度と人の考察に関して、実証労働研究と文化人類学的な考察には、それぞれ、強みと弱点が認められるものの、組織文化の考察という観点からは、文化人類学的な視点からの組織と人の考察が実証労働研究に貢献できる可能性はあると思われる。

このような理解を基に、組織の考察において、文化の考察と実証的考察の接点をどこに見出すことができるのか。ここで、作業現場での業績管理や時間管理の問題、および仕事の自律性の問題が一つの具体的な接点となり得ることを私は主張したい。二〇〇三年一〇月以来、私が参加している国内自動車メーカー二社の労働組合本部でのヒアリング、および支部での現場調査においても、時間管理や業績管理の問題、特に、作業員の自己啓発とその評価の問題が、組織制度と職務に関するルールの考察のみでは把握しきれない問題領域であり、人と文化、さらに制度と人との関係性の考察を視野に入れる必要があることが指摘されている。

これまでに見たように、日本の企業組織の考察には、様々なアプローチがある一方で、労働者のやる気を引き出す仕組みの解明が根本的な問題の所在として認められる。これは、特に、ドーアやパスカル&エーソスなどの欧米の研究に顕著に見出される特徴であるが、富田［二〇〇四］が指摘するように、競争力の源泉としてのコミットメントや「やる気」の問題の探求は、日本の現場労働への実証研究においても重要な論点である。しかし、日本の実証研究においては、このような労働者のやる気を引き出す仕組みの解明については、前述のように、生産システムや組織の制度面からのアプローチに最重点がおかれる。しかし、このような制度面からの分析に重点をおいた研究においてでも、中村［一九九六］のQCサークルの考察のように、文化的な要因の考察の必要性を示唆するものもある。中村の解釈によれば、QCサークルは、行動科学的管理論に基づいて、経営管理により一方的に作られたものではなく、また、現場労働者の熟練や知識の積極的な活用を目的として意図的に経営者により作られたものでもない。中村は、職場の変化の中から自然発生的に生まれた問題解決グループに注目し、これが、経営からの主導によるQCサークルという名前と結びついたと主張する［一九六頁］。中村のこのようなQC活動の自然発生的な解釈は、これまでに述べたような企業文化や職場文化の観点から、QC活動を考察することにも意義があることを否定するものではない。

これに対して、組織研究の中で、労働者の働く意欲と自主性の問題を人と文化の側面から取り扱った研究は、これまでに見たように、コンセンサス・アプローチによる考察の中では、間や中牧、そしてローレンによる経営家族主義や温情主義による組織と人の考察がある。他方で、コンフリクト・アプローチによる研究では、鎌田、ターナー、ロバーツ、オガサワラ、マツナガ、そしてノグチの考察のように、労働者を積極的な行動の主体と見なし、経営文化に対抗する仕事の過程を描き出すことを通して働く意欲の問題を直接的に、あるいは間接的に取り扱っている。

このように、実証労働研究は、方法論的立場としては、組織文化の考察の意義を直接的に認めるものではないが、生産現場での時間管理や業績管理の問題のように、制度とルールからのアプローチのみではその実態および仕組みや仕掛けが容易に把握できない領域が指摘されるのも事実である。従って、このような考察領域にこそ、組織の文化の考察と実証労働研究との接点があるといえる。このような領域において、人を通して組織を考察することと、そして組織の文化に照らして人と制度との関係性を考察することに意義があると考えられる。

参考文献

石田光男・藤村博之・久本憲夫・村松文人『日本のリーン生産方式』中央経済社、一九九七年。

石田光男『仕事の社会科学——労働研究のフロンティア』ミネルヴァ書房、二〇〇三年。

鎌田慧『自動車絶望工場——ある季節工の日記』現代史出版会、一九七三年。

小池和男『職場の労働組合と参加』東洋経済新報社、一九七七年。

富田義典『ＭＥ革命と日本の労働システム』批評社、一九九八年。

富田義典「１９８０年以降における製造業の変化と雇用構造の研究方法」『佐賀大学経済論集』第三七巻第四号、二〇〇四年。

中牧弘允『むかし大名、いま会社——企業と宗教』淡交社、一九九二年。『会社のカミ・ホトケ——経営と宗教の人類学』講談社　二〇〇六年。

中村圭介『日本の職場と生産システム』東京大学出版会、一九九六年。

間宏『日本労務管理史研究：経営家族主義の形成と展開』ダイヤモンド社、一九七八年。

Abegglen, James C. *The Japanese Factory*. New York：Free Press,1958.

Benson, Susan P. *Counter Cultures：Saleswomen, Managers, and Customers in American Department Stores, 1890–1940*.

Urbana and Chicago : University of Illinois Press,1986

Besser, Terry L. *Team Toyota : Transplanting the Toyota Culture to the Camry Plant in Kentucky.* SUNY Series in the Sociology of Work and Organizations. Albany : State University of New York Press,1996

Cole, Robert E. *Japanese Blue Collar : The Changing Tradition.* Berkeley : University of California Press,1971.

Dore, Ronald E. *British Factory-Japanese Factory : The Origins of National Diversity in Industrial Relations.* Berkeley : University of California Press 1973.

Edwards, Richard *Contested Terrain : The Transformation of the Workplace in the Twentieth Century.* New York : Basic Books,1979

Garson, Barbara *All the Livelong Day : The Meaning and Demeaning of Routine Work.* New York : Doubleday Publishing,1975

Lamphere, Louise, Patricia Zavella, Felipe Gonzales and Peter Evans *Sunbelt Working Mothers : Reconciling Family and Factory.* Ithaca : Cornell University Press,1975

Lo, Jeannie *Office Ladies/Factory Women : Life and Work at a Japanese Company.* New York : M.E.Sharpe, Inc,1990

Kenney, Martin and Richard Florida *Beyond Mass Production : The Japanese System and its Transfer to the U.S.* New York : Oxford University Press,1993.

Matsunaga, Louella *The Changing Face of Japanese Retail.* London : Routledge for the Nissan Institute,2000

Noguchi, Paul H. *Delayed Departures, Overdue Arrivals : Industrial Familialism and the Japanese National Railways.* Honolulu : University of Hawaii Press,1990

Ogasawara, Yuko *Office Ladies and Salaried Men : Power, Gender, and Work in Japanese Companies.* Berkeley : University of California Press,1998

Ouchi, William *Theory Z : How American Business Can Meet the Japanese Challenge.* Reading, Massachusetts : Addison-

Wesley,1981.

Parker, M., and J. Slaughter "Choosing Sides： Unions and the Team Concept." *Labor Notes Book.* Boston： South End Press,1988.

Pascale, Richard and Anthony Athos *The Art of Japanese Management.* New York： Warner Books,1981

Raz, Aviad E. *Emotions at Work： Normative Control, Organizations, and Culture in Japan and America.* Cambridge： Harvard University Asia Center,2002

Roberts, Glenda *Staying on the Line： Blue–Collar Women in Contemporary Japan.* Honolulu： University of Hawaii Press,1994

Rohlen, Thomas P. *For Harmony and Strength： Japanese White–Collar Organization in Anthropological Perspective. Berkeley*： University of California Press,1974

Sumi, Atsushi *Japanese Industrial Transplant in the U.S.： Organizational Practices and Relations of Power.* New York： Garland Publishing,1998

Turner, Christena L. *Japanese Worker in Protest： An Ethnography of Consciousness and Experience,* Berkeley： University of California Press, 1995.

Turkel, Studs *Working： People Talk about What They Do All Day and How They Feel about What They Do.* New York： Ballantine Books,1972

Womack, James P., Daniel T. Jones, and Daniel Roos *The Machine that Changed the World.* New York： Rawson Associates,1990.

Wolf, Eric "Distinguished Lecture： Facing Power," in *American Anthropologist.* 92(3)：1990586–96.

あとがき

グローバル化時代の寵児ともいえるコンピューターやインターネットの世界に「民族誌家《エスノグラファー》」が居場所を見出している。デザイン・エスノグラファーとよばれる人たちで、その職種はデザイン・エスノグラフィーである。その役割りは製品開発のためにユーザー環境を調査し、会社に技術開発の提案をすることである。デザイン・エスノグラファーは人びとの日常生活を知るために時間をつかい、いわゆる「参与観察」に従事している。たとえば、現代のアメリカ人の家庭では家族の時間帯がばらばらで相互のコミュニケーションにはコンピューターの支援が必要であるとかんがえ調査してみると、どうやら冷蔵庫が情報のハブになっているらしい。ならばローテクの冷蔵庫用ノート型パソコンにメモやリストやスケジュールを書き込み、それを家庭の家電製品や職場のパソコンにつなぐハイテクな情報環境をつくればいいではないか。そうした提案につなげるのがデザイン・エスノグラファーの仕事らしい。

かたや経営人類学のエスノグラファーたちは会社文化のグローバル化について海外の各地で調査と研究に取り組んだ。外国に進出した日本企業や多国籍企業の経営戦略や生産体制を調査し、職場の日常生活を知るために従業員として働き、小売店では消費者の声に耳を傾けた。会社への提案に代わるものが、研究会での報告であり、本書への寄稿である。それが見事なデザインになっているかどうかは読者の判断を待つほかはない。

本書の企画は序論でもふれたように国立民族学博物館（民博）の共同研究「会社文化のグローバル化に関する人類学的研究」（研究代表者　中牧弘允、二〇〇一－二〇〇二年度）が基盤となっている。民博の会社文化についての共同研究は一九九三年から開始されたが、論文集としては『経営人類学ことはじめ―会社とサラリーマン』（一九九七、東方出版）、『社葬の経営人類学』（一九九九、東方出版）、『企業博物館の経営人類学』（二〇〇三、東方出版）につづく第四弾である。民博による出版経費の一部負担を受けて、これまで同様、東方出版から刊行される。

その東方出版の今東成人社長のあたたかいご支援と北川幸さんのきめこまかい編集のおかげで、ようやく発刊となる。また研究室の河田尚子さん、西雅代さんの労も多としたい。ともども感謝の意を表する次第である。

二〇〇七年二月

中牧弘允

化と日本の自動車産業」「農業と雇用」（共著）「自動車産業の労使関係と国際競争力」（共著）ほか。

住原則也（すみはら・のりや）

天理大学国際文化学部教授。都市人類学、仕事の人類学。
共著に『異文化の学びかた・描きかた』『会社じんるい学』『会社じんるい学PARTⅡ』*Japanese Multinationals Abroad*、編著に『グローバル化の中の宗教』ほか。

髙木裕宜（たかぎ・ひろよし）

文京学院大学経営学部専任講師。組織文化論、国際経営社会学。
共著に『ケアリングのとき』、論文に「組織文化の形成と変容」「日本企業内厚生文化の創造」ほか。

出口竜也（でぐち・たつや）

徳島大学総合科学部助教授。経営学、国際経営論。
共著に『日本的経営の本流』『経営学への旅立ち』、論文に「大塚国際美術館」ほか。

出水　力（でみず・つとむ）

大阪産業大学経営学部教授。技術経営、経営史。
単著に『水車の技術史』『オートバイの王国』『町工場から世界のホンダへの技術形成の25年』『オートバイ・乗用車産業経営史』*HONDA : Its Technology and Management*、編著に『中国におけるホンダの二輪・四輪生産と日系部品企業』など。

晨　光（中国名）／**晨　晃**（はやし・あきら）

神田外語大学異文化コミュニケーション研究所助教授。産業社会学、近代化論。
共著に『証言・日中合弁』、論文に「中国国有企業の組織構造と経済改革」「中国の企業博物館」（上、下）ほか。

松永ルエラ（まつなが・ルエラ）

ロンドン大学東洋アフリカ学学院ティーチング・フェロー、オックスフォード・ブルックス大学欧日研究所リサーチ・フェロー。社会人類学。
著書に *The Changing Face of Japanese Retail : Working in a Chain Store*、論文に“Spiritual Companies, Corporate Religions : Japanese Companies and Japanese New Religious Movements at Home and Abroad”, “Distancing the Personal : Recollections of Life-Crisis”ほか。

編者・執筆者一覧（50音順）

中牧弘允（なかまき・ひろちか）

国立民族学博物館・総合研究大学院大学教授。宗教人類学、経営人類学、ブラジル研究。
著書に『むかし大名、いま会社』*Japanese Religions at Home and Abroad*『会社のカミ・ホトケ』『会社じんるい学』（共著）『会社じんるい学 PARTⅡ』（共著）、編著に『社葬の経営人類学』『経営人類学ことはじめ』（共編）『企業博物館の経営人類学』（共編）『日本の組織』（共編）ほか。

日置弘一郎（ひおき・こういちろう）

京都大学経済学部教授。組織論、経営人類学。
著書に『文明の装置としての企業』『出世のメカニズム』『市場の逆襲』『日本企業の「副」の研究』（共著）『会社じんるい学』（共著）『会社じんるい学 PARTⅡ』（共著）『経営戦略と組織間提携の構図』（共著）、共編著に『経営人類学ことはじめ』『企業博物館の経営人類学』ほか。

＊

王　向華 Dixon Wong Heung Wah（ディクソン・ウォン）

香港大学文学院外国語・文化学部代学部主任。社会人類学。
著書に*Japanese Bosses, Chinese Workers：Power and Control in a Hong Kong Megastore*、『友情と私利』、論文に“Japanese Supermarket to Hong Kong Department Store”「香港の一日系スーパーマーケットの組織文化」「J社の香港現地法人の日本人女性従業員について」「馬照跑、舞照跳」ほか。

島本みどり（しまもと・みどり）

東邦学園短期大学教授。経営人類学、秘書学。
共著に『文化人類学・現代の風景』『秘書学概論』『韓国の働く女性たち』、論文に「日韓企業の慶弔行動比較」「日本の企業秘書」「韓国の企業秘書」「酒の企業博物館」「東と西の醤油産業」ほか。

鷲見　淳（すみ・あつし）

テンプル大学日本校非常勤講師。文化人類学、仕事の人類学。
著書に*Japanese Industrial Transplants in the United States*、論文に「グローバル

索引

ゴシックはそれ以降の諸頁
にも存在することを示す。

［サ］

[ハ]

[マ]

会社文化のグローバル化
――経営人類学的考察

2007年 3 月30日　初版第 1 刷発行

編　者――中牧弘允・日置弘一郎
発行者――今東成人
発行所――東方出版㈱
〒543-0052大阪市天王寺区大道1-8-15
Tel. 06-6779-9571　Fax. 06-6779-9573
装　幀――森本良成
印刷所――亜細亜印刷㈱

落丁・乱丁はおとりかえいたします。

ISBN978-4-86249-064-3

企業博物館の経営人類学	中牧弘允・日置弘一郎編	3800円
社葬の経営人類学	中牧弘允編	2800円
経営人類学ことはじめ 会社とサラリーマン	中牧弘允・日置弘一郎編	3000円
会社じんるい学	中牧弘允・日置弘一郎・住原則也ほか編	1800円
会社じんるい学 PART II	中牧弘允・日置弘一郎・住原則也ほか編	1700円
日本の組織 社縁文化とインフォーマル活動	中牧弘允ほか編	3800円
21世紀の経営システム	日本経営システム学会編	3800円
支援学 管理社会をこえて	支援基礎論研究会編	2800円
韓国の働く女性たち	島本みどり・水谷啓子ほか	1800円

＊表示の値段は消費税を含まない本体価格です。